河南省南水北调中线工程建设管理局委托项目“河南省南水北调工程对受水区高质量发展驱动机制研究”
河南省社科规划办委托项目“推进南水北调后续工程高质量发展研究”（2021WT49）
河南省科技厅软科学研究项目“南水北调中线工程水资源价格形成机制创新研究”（222400410133）
河南省社科规划青年项目“南水北调中线工程河南省受水区虚拟水与实体水统筹管理研究”（2021CJJ148）
河南省社科规划青年项目“灰水足迹视角下南水北调中线工程水资源绿色效率提升路径研究”（2022CJJ160）
南阳市科技发展计划项目“南水北调中线南阳市水源区农业用水绿色效率动态演进研究”（RKX17）阶段性成果
2023年河南省科技厅软科学研究项目“共生网络视域下南水北调中线工程沿线区域创新合作机制与模式”

南水北调中线工程

对河南受水区高质量发展驱动机制研究

张保林　刘梦琴　吴梦　李婷　程文亮◎著

中国经济出版社
CHINA ECONOMIC PUBLISHING HOUSE
·北京·

图书在版编目（CIP）数据

南水北调中线工程对河南受水区高质量发展驱动机制研究／张保林等著．--北京：中国经济出版社，2023.4

ISBN 978-7-5136-7223-8

Ⅰ．①南… Ⅱ．①张… Ⅲ．①南水北调-作用-区域经济发展-研究-河南 Ⅳ．①F127.61

中国国家版本馆 CIP 数据核字（2023）第 024772 号

责任编辑　冀　意
责任印制　马小宾
封面设计　任燕飞

出版发行　中国经济出版社
印 刷 者　北京艾普海德印刷有限公司
经 销 者　各地新华书店
开　　本　710mm×1000mm　1/16
印　　张　16
字　　数　243 千字
版　　次　2023 年 4 月第 1 版
印　　次　2023 年 4 月第 1 次
定　　价　88.00 元
广告经营许可证　京西工商广字第 8179 号

中国经济出版社 **网址** www.economyph.com **社址** 北京市东城区安定门外大街 58 号 **邮编** 100011
本版图书如存在印装质量问题，请与本社销售中心联系调换（联系电话：010-57512564）

序

水是生存之本、文明之源、生态之基。中国是世界上 13 个贫水国之一，且水资源时空分布极不均衡。重塑水资源时空格局一直是中国共产党人的梦想。1952 年 10 月，毛泽东主席在视察黄河时，首次提出了南水北调的伟大构想。经过半个世纪的勘测、规划和研究，形成了“在长江下游、中游、上游规划三个调水区，建设东线、中线、西线三条调水线路，通过三条调水线路与长江、淮河、黄河、海河相互连接，构筑‘四横三纵、南北调配、东西互济’大水网”的中国水资源配置总体方案。2002 年 12 月 27 日，南水北调东线一期工程开工建设，2013 年 11 月 15 日正式通水。2003 年 12 月 30 日，南水北调中线一期工程开工建设，2014 年 12 月 12 日正式通水。截至 2022 年 5 月 13 日，南水北调东线和中线工程累计调水 531 亿立方米，受益人口 1.4 亿，极大地改善了广大北方地区、黄淮河平原供水格局，受水区生态环境明显修复，水资源承载力显著提升，水质大幅度提升。“南水”已成为众多受水区的主流水源，人民群众的获得感、幸福感、安全感不断提升。

党的十八大以来，习近平总书记高度重视南水北调工程，多次专题视察、调研、召开座谈会，科学分析南水北调工程面临的新形势新任务。2021 年 5 月 14 日，习近平总书记在河南省南阳市主持召开推进南水北调后续工程高质量发展座谈会并发表重要讲话，强调“南水北调工程事关战略全局、事关长远发展、事关人民福祉。立足新发展阶段、贯彻新发展理念、构建新发展格局，形成全国统一大市场和畅通的国内大循环，促进南北方协调发展，需要水资源的有力支撑”，并要求在全面加强节水、强化水资源刚性约束的前提下，统筹加强需求和供给管理，要按照高质量发展要求，坚持系统观念，用系统论的思想方法分析问题，处理好开源和节流、存量和增量、时间和空间的关系，做到工程综合效益最大化，为推进南水北调后续工程高质量发展指明了方向、提供了根本遵循。

河南既是南水北调中线工程的水源区也是受水区，工程在河南省境内有731公里，是施工难度最大、战线最长、投资最大、移民最多、占地最多的部分；供水覆盖11个省辖市市区和43个县（其中多个城市主城区100%使用“南水”），成为多个城市供水的“生命线”，受益人口达2600万。对物价水平稳定、就业率提升、居民可支配收入增加、经济增长、城乡产业融合发展、生态环境改善等，起到了显著的推动作用。但也存在水资源利用效率不高、人水和谐度较低等问题。如何进一步落实习近平总书记重要指示精神，充分挖掘南水北调中线工程对受水区高质量发展的驱动作用，将工程的外生冲击转化为内源发展动力，是值得研究的重大课题。

南阳是南水北调中线工程的水源地，担负着一渠清水永送北京的政治责任。南阳师范学院作为南水北调中线工程水源地高校，始终以服务南水北调国家重大战略为己任。围绕创新驱动发展、水源地生态保护等重大需求，成立了南水北调学院，拥有南水北调中线水源区水安全河南省协同创新中心、河南省南水北调水安全院士工作站、南水北调精神研究院等研究平台。发挥学校在人才培养、水生态保护、科技成果转化等方面的优势，积极联合国内外创新力量，有效聚集创新要素和资源，构建协同创新的新模式，促进人才链、产业链、创新链有机衔接，形成协同创新的新优势，在水源区水污染综合防控技术、水土保持及特色产业创新升级和转型等方面取得系列研究成果，并取得良好的经济社会效益。为进一步提高服务南水北调重大战略质量，以创新引领发展，强化人才支撑，加快新旧动能转换，提升水产业核心竞争力，南阳师范学院将围绕提高南水北调中线工程运行效能，深入思考南水北调中线工程与受水区经济社会发展的内在关联，从经济、社会、文化、生态等维度开展全方位研究，通过定性与定量相结合，深化南水北调中线工程调水与受水区经济社会高质量发展驱动的规律性认识，得出更为客观的结论，为国家南水北调重大战略实施和省委、省政府科学决策提供智力支持和参考。

张宝锋

2022 年 6 月 10 日

目 录

第一章　绪　论

第一节　南水北调中线工程概述

2021 年 5 月 14 日，习近平总书记在推进南水北调后续工程高质量发展座谈会上强调，要在全面加强节水、强化水资源刚性约束的前提下，统筹加强需求和供给管理；处理好开源和节流、存量和增量、时间和空间的关系，做到工程综合效益最大化；处理好发展和保护、利用和修复的关系，决不能逾越生态安全的底线；坚持节水优先，把节水作为受水区的根本出路，长期深入做好节水工作，根据水资源承载能力优化城市空间布局、产业结构、人口规模，为南水北调中线工程高质量发展提供了根本遵循。针对目前南水北调中线工程河南受水区水资源利用效率较低、产业绿色发展模式尚未形成、水价尚不能完全反映水资源稀缺性等问题，本研究以提升南水北调中线工程对河南受水区高质量发展驱动力为研究对象，以南水北调中线工程水资源利用效能提升为主线，在评价南水北调中线工程河南受水区高质量发展和南水北调中线工程受水区水资源绿色效率的基础上，从虚拟水和实体水统筹管理、水资源配置机制优化、河南受水区城乡和产业空间优化三个视角，提出增强南水北调中线工程对河南受水区高质量发展驱动力的相关建议。

一、南水北调中线工程河南段基本情况概览

南水北调中线工程是世界跨流域引水工程中最长、最大的自流工程。从丹江口水库调水，经长江流域与淮河流域的分水岭方城垭口，沿华北平原中

西部边缘开挖干渠，通过隧道穿过黄河，沿京广铁路西侧北上，自流到北京市颐和园团城湖，全长 1432 千米。重点解决河南、河北、北京、天津 4 省市的水资源短缺问题，为沿线受水区提供生产生活和工农业用水。

南水北调中线工程在河南省境内有 731 千米，是整个工程中施工难度最大、战线最长、投资最大、移民最多、占地最多的部分。主要体现在 6 个方面：①湍河渡槽内径、单跨跨度、最大流量均属世界首例，被誉为“千里干渠第一跨”；②攻克膨胀土“工程癌症”，解决渠道滑坡问题；③沙河渡槽创下了梁式渡槽的 U 形槽身单个重达 1200 吨、近 4 层楼高、厚度只有 35 厘米的世界纪录；④穿黄工程被视为南水北调中线工程的咽喉，是人类历史上最宏大的穿越大江大河工程；⑤方城垭口工程是整个南水北调中线工程河南段施工难度最大的标段，除了有膨胀土，还有高渗水地层、淤泥带、流沙层、硬岩等复杂地质结构，是世界工程建设史上的创举；⑥穿漳工程，倒虹吸段长 619.18 米，创下了倒虹吸段最长纪录。针对移民安置工作，河南省还实施了“强村富民”战略，总结出了土地开发模式、土地整治模式、土地调补模式、直接补偿模式和社会保障模式五种模式，解决了移民群众的生产、生活问题。

按照《河南省南水北调中线一期工程水量分配方案》（豫政〔2014〕76 号），河南省南水北调中线一期工程水量分配指标为 37.69 亿立方米，除刁河引丹灌区 6 亿立方米水量指标外，剩余部分中的 29.94 亿立方米中，各受水区分配水量见表 1-1。

表 1-1　河南省各受水区南水北调中线一期工程水资源分配数量

受水区	平均水量（万立方米）	水量分配比例（%）
南阳市	49140（含邓州市 9200）	16.41
平顶山市	25000	8.35
漯河市	10600	3.54
周口市	10300	3.44
许昌市	22600	7.55
郑州市	54000	18.04
焦作市	26900	8.98

续表

受水区	平均水量（万立方米）	水量分配比例（%）
新乡市	39160	13.08
鹤壁市	16400	5.48
濮阳市	11900	3.97
安阳市	33400（含滑县5080）	11.16
总计	299400	100

随着配套工程不断完善，河南各受水区的消纳能力不断提升，2019—2020年和2020—2021年基本稳定在29.9亿立方米以上，与规划的分配水量相比，尚有7.7亿立方米的剩余。河南省南水北调工程各年度正常计量水量和生态补水量见图1-1。河南省水利厅、河南省自然资源厅、河南省住房和城乡建设厅《关于严格限制南水北调受水区和地下水超采区取用地下水的通知》（豫水资〔2021〕17号），要求南水北调中线工程受水区城镇公共供水水源为地下水的，应于2022年底前置换为南水北调水源，这将进一步提高受水区的消纳能力。

图1-1 河南省南水北调工程各年度正常计量水量和生态补水量

资料来源：前6个供水年度数据来自“南水北调中线向河南省供水水量计量有关事宜协调会纪要（中线局纪要〔2020〕119号，2020年12月3日）”；2020—2021年数据来自“超90亿立方米南水北调中线一期工程调水量创历史新高［EB/OL］. https：//baijiahao.baidu.com/s？id=1715187567804706631&wfr=spider&for=pc”和“南水北调工程河南今年供水力争超23.6亿立方米［EB/OL］. https：//baijiahao.baidu.com/s？id=1722812028170166655&wfr=spider&for=pc”。

二、南水北调中线工程对河南受水区高质量发展的驱动效应分析

自2014年12月12日通水以来，南水北调中线一期工程已经平稳运行7

年有余。截至2021年底，累计向河南受水区供水150.54亿立方米，其中，生态补水30亿立方米，惠及11个省辖市市区、43个县城区和101个乡镇的2600万人，产生了巨大的社会效应、经济效应、生态效应、系统效应和溢出效应（张宝锋，2022）。

（一）经济效应分析

1. 提高受水区高质量发展的水资源承载力

2014年，河南省全省水资源总量283.4亿立方米，人均水资源总量300.7立方米，远低于全国1987.6立方米的平均水平，居全国第25位。2020年，河南省全省水资源总量408.6亿立方米，人均水资源总量411.03立方米，远低于全国2241.30立方米的平均水平，居全国第24位。人均综合用水量239立方米，远低于全国412立方米的平均水平，居全国第8位。从人均水资源总量来看，河南省属于缺水地区。水既是消费品也是生产资料，水资源短缺将严重制约区域高质量发展。从实际用水的紧缺程度①（见图1-2）来看，南水北调中线一期工程河南受水区除了安阳、鹤壁两市用水短缺程度相对较低外，其余区域都属于用水短缺程度比较严重的区域。非受水区中，开封市、商丘市用水短缺程度相对较高。据悉，郑开同城东部供水工程预计2022年6月完工，南水北调工程将通过开封市第二水厂向开封市供水。2022年2月，商丘市已成立南水北调中线供水工程领导小组，供水配套工程取水口门方案已经进入论证阶段。这将进一步提升南水北调中线工程对河南水资源空间均衡的作用，提升河南省高质量发展的水资源承载力。

① 一般情况下，区域实际用水紧缺程度采用需水量与供水量之间的差异进行表征，但由于需水量是面向未来的资源需要，受经济社会发展预期、水利设施建设预期、水资源分配制度等众多因素影响，因此，传统水资源短缺程度测度方法更多面向未来的水资源短缺预测。同时从水资源公报来看，各年各区域供水量与用水量之间是平衡的，系统搜集各区域各年度的用水需要量存在较大困难。为探索南水北调中线工程对河南受水区水资源空间平衡的影响，本研究采用区域用水短缺程度=（用水量-水资源量）/水资源量来表征。这一测度方法类似于水资源利用率，水资源利用率是指流域或区域用水量占水资源可利用量的比率，水资源利用率高除了表征水资源节约、集约利用水平高外，在很大程度上也表征了区域水资源短缺程度。

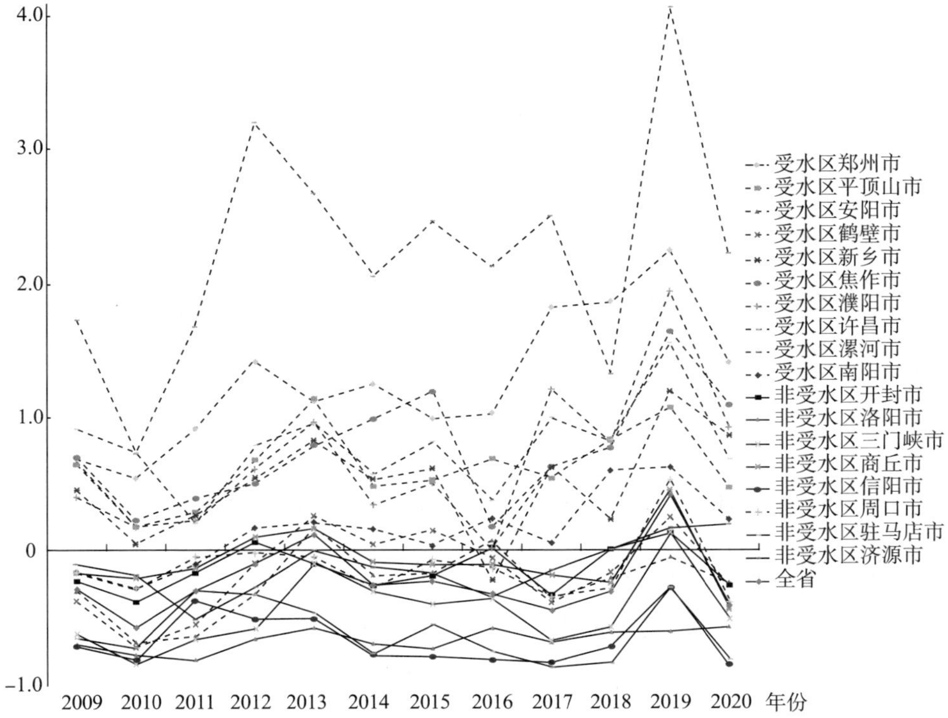

图 1-2 2009—2020 年河南省各地级市实际用水紧缺程度

南水北调中线一期工程建成通水后，成为河南省受水区优质可靠的重要水源，受水区用水紧张状况得到极大缓解，供水的“单一性、脆弱性”得到有效化解。从南水北调中线工程各年度调水量占受水区水资源总量的比例和占用水总量的比例来看（见图 1-3），整体上都呈现出递增趋势，占受水区水资源总量的比例从 2015 年的 5.68%提升至 2020 年的 18.88%，最高为 2019 年的 28.50%；占用水总量的比例从 2015 年的 4.76%提升至 2020 年的 19.02%。这说明各受水区南水消纳能力不断提升，同时也说明南水北调中线工程对受水区水资源承载力的提升作用不断加强，为河南省作为经济大省、农业大省、人口大省提供了强有力的水资源保障。

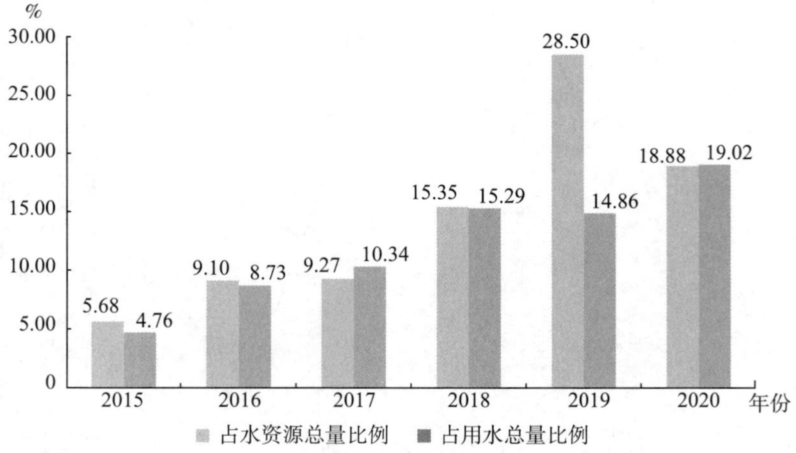

图 1-3　2015—2020 年调水量占受水区水资源总量和用水总量的比例①

2. 有力支撑受水区经济高速发展

从水资源支撑发展的角度来看，南水北调中线工程为河南省深入实施国家粮食生产核心区、中原经济区、郑州航空港经济综合实验区、郑洛新国家自主创新示范区、中国（河南）自由贸易试验区等国家战略规划提供了有力保障，也为受水区经济社会持续健康发展注入了新的动能和活力。以郑州航空港经济综合实验区为例，《郑州航空港经济综合实验区发展规划（2013—2025 年）》中，航空港区设计面积约 415 平方千米，定位是全国重要的航空港经济集聚区，中原经济区的核心增长极，也是郑州市朝着国际航空物流中心、国际化陆港城市、国际性的综合物流区、高端制造业基地和服务业基地方向发展的主要载体。但该区域内没有大的河流、地下水量少，水资源严重匮乏。为破解水资源难题，保障航空港区可持续发展，河南省以前瞻性的高度规划港区水资源问题，协调南水北调工程规划设计在航空港区最大限度延伸流经长度，并且将受水量在最初不足 2000 万立方米的基础上增加了 7000

① 此处各受水区年度水资源量和用水总量采用的是对应年份《河南省水资源公报》中的年度数据。按照《南水北调工程供用水管理条例》，南水北调中线工程水量调度年度为每年 11 月 1 日至次年 10 月 31 日，南水北调中线一期工程供水量采用的是水量调度年度数据，例如 2014—2015 年度的调水时间为 2014 年 11 月 1 日至 2015 年 10 月 31 日，由于主要供水月份集中在 2015 年，此处将其视为 2015 年的调水数据，略有误差。

多万立方米，最终达到 9400 万立方米，占郑州市受水总量的近 1/5。实验区获批以来，经济总量增速全省领跑，到 2021 年生产总值完成 1172. 8 亿元，同比增长 12. 1%，分别比国家、省、市高 4. 0 个、5. 8 个、7. 4 个百分点，两年平均增长 9. 9%。工业总产值突破 4000 亿元，达 4174. 5 亿元，同比增长 31%。其中电子信息产业完成 4110. 5 亿元，增长 31. 9%，占郑州市、全省电子信息行业的比重分别达到 95%、79%。外贸进出口总额突破 5000 亿元，达到 5245. 6 亿元，同比增长 17. 9%。在充沛的水资源保障支撑下，一座面向全球的航空大都市加速崛起。按照河南受水区 11 个地级市 2015—2020 年 GDP 总量、总用水量，测算出各年的万元 GDP 用水量，据此测算出南水北调中线工程调水量所支撑的 GDP 数量（见表 1-2）。在不考虑价格因素的情况下，2015—2020 年南水北调中线工程调水共支撑起 2. 42 万亿元的 GDP 总量，分别占各年全省 GDP 总量的 3. 20%、5. 92%、6. 94%、10. 27%、9. 98%、12. 70%，南水北调中线工程已成为河南经济发展的重要支撑。

表 1-2 2015—2020 年南水北调中线工程河南受水区总用水量、供水量、GDP

年份	总用水量（亿立方米）	供水量（亿立方米）	受水区 GDP（亿元）	万元 GDP 用水量（立方米）	支撑 GDP 数量（万亿元）	占全省 GDP 比重（%）
2015	146. 88	6. 99	24935. 25	58. 90	0. 12	3. 20
2016	147. 82	12. 91	27290. 83	54. 16	0. 24	5. 92
2017	155. 32	16. 06	30092. 22	51. 61	0. 31	6. 94
2018	152. 77	23. 36	33537. 04	45. 55	0. 51	10. 27
2019	155. 08	23. 04	36094. 62	42. 96	0. 54	9. 98
2020	157. 57	29. 96	36744. 59	42. 88	0. 70	12. 70
合计	915. 44	112. 32	188694. 55	—	2. 42	8. 60

资料来源：总用水量来自 2015—2020 年《河南省水资源公报》，GDP 数据来自 2016—2021 年《河南统计年鉴》。

3. 加快产业结构调整步伐

习近平总书记强调，南水北调，成败在水质。按照国务院南水北调办公室、国家环境保护总局、水利部、国土资源部（现已更名为自然资源部）下发的《关于划定南水北调中线一期工程总干渠两侧水源保护区工作的通知》，中线总干渠两侧划定一级、二级水源保护区。对于明渠段，工程管理范围边线两侧外延 50 米为一级水源保护区，一级水源保护区边线两侧外延 1000 米为二级水源保护区；对于非明渠段，工程外边线两侧外延 50 米为一级水源保护区，一级水源保护区边线两侧外延 150 米为二级水源保护区。并要求在一级水源保护区内，不得建设任何与中线总干渠水利工程无关的项目，农业种植不得使用不符合国家有关农药安全使用和环保有关规定、标准的高毒高残留农药。在二级水源保护区内，不得从事新建扩建污染较重的废水排污口、新建扩建污染较重的化工项目等对总干渠输水水质存在潜在风险的建设项目及其他开发活动。解决水质保护与地方经济发展之间矛盾的唯一抓手就是产业结构调整和产业转型，仅水源地南阳就先后否决、终止各类工业项目超过 430 个，投资额超 70 亿元；关停规模以上企业 1163 家，关闭搬迁畜禽养殖场 1500 家，取缔库区养鱼网箱 51279 箱，依法拆除“三无”船舶 3500 余艘（席茜，2022）。充足的外调水源能为生产用水提供充分保障，有利于企业扩大生产规模，刺激新兴产业发展，形成“产业基地化”“产业集群化”“产业园区化”发展格局，吸引资金、技术集聚，重塑区域经济格局。

水源地淅川县是南水北调中线工程水质保护的核心区域，也是转型发展的重点区域，全县 80%以上区域被列在生态红线以内。为保障南水北调中线工程水源区水质，淅川县关停大量造纸、化工、冶炼、养殖企业，县财政收入一度下滑 40%。为实现发展增量不增污，在深入调研、广泛论证的基础上，淅川县统筹水质保护与共同富裕，确立“短线抓短平快项目、中线抓生态经济林果、长线抓生态旅游”三线结合的产业发展思路，研究出台扶持政策，引导养殖户转产，发展食用菌、经济林果等产业，实现安稳致富。短期项目大力发展“农光互补”产业，建成 56 兆瓦光伏电站，在巩固提升食用菌、艾草等传统种植业的基础上，依托福森药业、九州通药业等上市企业，发展金银花、丹参、迷迭香、天麻等中药种植产业 5 万余亩，在有水源区域推广水产养殖 2. 5 万余亩，无水源区域推广发展白玉蜗牛 7000 余万只、黄粉虫 10 万余盒，在深山区、石山区推广发展乌骨鸡、鹊山鸡等 7 万余只；中期项目综合考虑水质保护、适生性、群众意愿等因素，在平原丘陵区主要发展软籽石榴产业；在山区、库区辅助发展优势比较明显的薄壳核桃、杏李、大樱桃等产业，兼顾发展湖桑、柑橘等传统产业，套种油牡丹、花生等林下作物，全县生态林果面积达到38.7万亩，林下套种面积超过50%。在丹江沿线建成32个精品生态观光示范园，6.5万名渠首农民端上“生态碗”（王瀚等，2019）。长线抓生态旅游。丹江口水库周边是淅川县旅游资源最丰富、最集中，发展潜力最大的区域。因此，淅川县把丹江湖5A级景区创建作为旅游工作的重中之重，全力推进。修建了全长205千米、串联库周10个乡镇的环库公路，以环库公路为纽带，把沿线的景区景点串珠成线。同时，大力发展全域旅游、乡村旅游，推动农旅、林旅、体旅、文旅深度融合，打造环湖生态文化旅游圈。淅川县培育精品旅游村36个、农家乐和民宿500多家，3万多群众端上旅游“金饭碗”（李向东等，2019；《人民日报》特约调研组，2020）。水源地西峡县，在农业方面，猕猴桃、山茱萸、香菇等无公害农产品获批国家生态原产地保护产品，成为当地三大特色生态产业，年综合产值达到200亿元（田雨阳等，2021）；在工业方面，当地建设产业聚集区，重点吸纳科技含量高、经济效益好、资源消耗低、环境污染小的新能源、智能制造等高端产业项目，积极引进农产品仓储加工物流企业，完善生态农业产业链，带动了县域经济高速发展，近年来多次进入河南省县域经济发展速度前十行列，荣获“全国可持续发展生态示范县”“国家生态文明建设示范市县”等荣誉称号；在旅游方面，着力打造“水墨龙乡、生态西峡”旅游品牌，成为中国生态旅游大县、全国旅游标准化示范县（王小军等，2022）。据统计，目前河南水源区有12大类300万亩无公害农产品生产基地通过省级认定（苗洁，2020），极大地促进了产业结构调整。

河南省人民政府办公厅下发的《关于印发河南省四水同治规划（2021—2035年）》，要求优化产业结构布局，加快涉水企业落后低效和过剩产能淘汰，制定实施落后产能淘汰方案，加快企业集中布局、产业集群发展、资源集约利用；以造纸、焦化、氮肥、农副食品加工、印染、石化、化工等高污染高耗水行业为重点，深入推进清洁生产审核，提高产业集约化、绿色化发展水平，引导流域涉水企业绿色发展。2022年1月《河南省南水北调饮用水水源保护条例》正式实施，对丹江口水库河南辖区饮用水水源保护区、输水沿线保护区、汇水区以及其他需要保护的区域项目建设的污染要求作了明确规定。随着相关政策的实施，必将进一步推动南水北调中线工程河南受水区产业结构调整和产业转型。

（二）生态效应分析

1. 南水北调中线工程水面、生态补水以及绿化防护工程极大地改善了沿线生态环境

河南境内700多千米的总干渠水面及两侧的生态廊道，为沿线地区带来了最直观的生态效益。南水北调总干渠两侧各规划了至少100米的生态绿化带，据统计，干渠沿线各地近年来在宜林地段完成造林绿化18万亩，干渠两侧的生态廊道起到了较大的防风固沙、涵养水源作用。截至2022年2月21日，南水北调中线工程累计向河南省供水154.07亿立方米，占全线累计供水的35.2%，累计向河南省26条河流、8个湖库生态补水32.83亿立方米，相当于为河南提供了约1042个西湖的优质水源（席茜，2022）。

以郑州市为例，辖区内干渠长度129千米，渠道水面达1.5万亩，相当于增加了百亩水面的湖泊150个，干渠两侧的水保生态林相当于干渠条带上增加60毫米的降水量，且每日吸收尘粉20吨，吸收有害气体350吨，吸收二氧化碳500吨，排放氧气360吨，对净化空气、改变生态环境、调节气候产生巨大作用（刘铁军，2005）。

河南受水区生态补水效益突出的是许昌市。许昌一直是一座缺水的城市，人均水资源量是全国的1/10，不足河南省人均的一半。南水北调中线一期工程建成通水后，每年为许昌市增加2.26亿立方米水资源，置换出2.26亿立方米地表水地下水。许昌市抓住历史机遇，谋划了水生态文明城市建设试点、水系连通工程和50万亩高效节水灌溉项目三大工程，形成了“五湖四海畔三川，两环一水润莲城”的水系格局，改善了水环境，打造了水景观，修复了水生态（刘杨，2018）。2013年7月，许昌市被水利部列入全国首批水生态文明城市建设试点，2017年4月通过验收。

南水北调焦作段工程长38.46千米，焦作市是唯一一座干渠穿越中心城区的城市，由于地形原因，形成地上悬河。焦作市以南水北调中线绿化带工

程建设为契机，沿南水北调中线干渠两侧设计 10 个节点公园，总占地面积约 268.53 万平方米，形成了贯穿主城区，东西全长 10 千米的生态廊道，公园总绿化面积达 140 多万平方米、水景面积达 10 万平方米，改善了城市生态环境，提升了居民生活品质（杨帆，2021）。焦作市 2014 年被确定为全国水生态文明城市建设试点，2018 年 11 月通过验收。南水北调中线工程河南受水区中郑州、许昌、焦作、南阳四市先后成为国家水生态文明城市。

2. 强化污染源治理，工程沿线区域生态环境进一步优化

为确保水环境安全，河南省开展常态化隐患防治工作，加大水源区和干渠沿线污染源整治力度，加强风险隐患排查和生态环境基础设施建设，严格执行涉水行业准入制度，严守生态红线和环境质量底线，加强保护区域环境管理，开展常态化巡查监管和联合执法（刘俊超，2022）。仅南阳市已完成 541 个村庄环境综合整治、20 余家工业点源污染治理。建成治污设施 300 余台（套），建设县城污水处理厂 8 座，建成乡镇污水处理设施 27 个、垃圾处理设施 30 个（席茜，2022）。

3. 水源置换带来生态效益的进一步放大

南水北调中线工程通水后，受水区通过用丹江水置换超采的地下水，促进了地下水源涵养和回升，遏制了地下水超采现象，工程沿线地下水水位得到不同程度回升。水利部、国家发展改革委、财政部、自然资源部组织开展的评估结果显示，截至 2020 年底，河南省城区压采地下水 5.06 亿立方米，受水区浅层地下水水位平均较 2019 年末上升 0.56 米，深层地下水水位平均上升 0.73 米。河南省水利厅资料显示，郑州市中深层地下水平均回升 6.46 米，许昌市平均回升 6.76 米。地下水储量得到有效补充，河湖生态环境复苏效果明显，促进了河南省森林、湿地、流域、农田、城市五大生态系统建设，水生态得以逐渐修复（李乐乐等，2021）。

截至 2021 年 8 月 31 日，南水北调河南受水区已建成通水 89 座水厂，其中 47 座地下水水厂实现了水源置换，年供水能力 6.3 亿立方米，其他城乡集中供水地下水水源置换工作正在按计划加快推进（王勇生，2021）。南水北调对河南省的生态效益正在进一步放大。

（三）社会效应分析

1. 扩大就业保民生

南水北调中线工程可为受水区创造一系列就业机会。重大、系统性的水利工程不仅凸显“覆盖面广”和“吸纳投资大”的特征，而且具有“产业相关性强”和“创新就业机会多”的特点，进而能较好地彰显“投资拉动经济增长”的功能。在工程建设期间，按照中国宏观经济研究院测算，南水北调中线工程等重大水利工程每投资 1000 亿元能新增就业岗位 49 万个；若按照每 5 万~10 万元的投资可创造 1 个就业机会来推算，根据 2000—2013 年投资年度分摊计算，南水北调中线工程每年能为河南省增加 8.6 万个就业机会，加上相关行业的带动作用，每年可增加数十万个就业岗位，拉动国内生产总值增长率提高约 0.12 个百分点，通过乘数效应对经济增长的影响更大。南水北调中线工程通水之后，吸纳就业的因素会逐步增多。为保证优质“南水”充分发挥效益，截至 2021 年 5 月，河南省财政累计投入 139.93 亿元用于干渠分水口门至水厂和调蓄水库输水的配套工程建设，分别向南阳、平顶山、郑州等 11 个省辖市市区、34 个县（市）的 83 座水厂供水，输水线路总长约 1000 千米（曾鸣，2021），提供就业机会 6.9 万个。同时，为确保工程平稳运行，需要建立一支专门的管护队伍，仅丹江口水库的护水队伍就达到 2900 余人（刘俊超，2022），在确保工程高质量运行的同时，也为居民提供了就业机会。

2. 改善水质提民生

南水北调中线工程通水前，河南省受水区城镇供水主要源于黄河水、径流、水库和地下水，水质普遍较差（吴海峰等，2019；葛爽，2021）。为保证经济发展，挤占生态和农业用水情况严重，很多城市不得不筑坝拦水构建城市水面，众多河道非汛期仅仅起到排放污水的功能，极大地降低了居民生活质量，甚至严重影响居民身体健康。通水后，依托南水北调中线干渠这条纵贯南北的主动脉，河南受水区城市水资源紧张状况获得很大改观，增加的水源供给充实了城市生活和生产用水，11 个省辖市市区、43 个县（市）城区和 101 个乡镇供水水质始终保持在Ⅱ类及以上标准（冯子雍，2022）。南水北调中线工程已经由规划时沿线大中城市生活用水的补充水源转变为主要水源，其中，郑州中心城区90%以上居民生活用水为南水北调水，基本告别饮用黄河水的历史（水利部南水北调司、南水北调集团公司，2021），极大地改善了受水区的环境卫生条件，不断优化受水区水资源空间均衡配置，受水区城市长期因缺水而形成的社会环境问题得到根本性改观，居民生活的获得感、幸福感、安全感大大提高。

《河南省国民经济和社会发展第十四个五年规划和二〇三五年远景目标纲要》提出，优化南水北调水资源配置，合理扩大供水范围，科学布局调蓄工程，完善供配水体系，让中线工程综合效益得到有效发挥。根据“节水优先”“优水优用”“先近后远”“先易后难”的水资源配置思路，河南省向省内水资源紧缺、水源单一的城市以及无其他替代水源的深层地下水开采区扩大供水，扩大范围包含沈丘、项城、孟州、沁阳、林州、开封市区等26座市（县）。到2025年河南省将从南水北调中线工程配套体系就近引水，向中东部地区城市和工业供水，改善125万人用水问题，最终受益人口将达到2525万人。河南省规划新建供水管道2742千米，新建观音寺、沙陀湖、鱼泉、马村等4座调蓄工程，形成“以总干渠为纽带，以供水线路、生态补水河道为脉络，以调蓄水库为保障，辐射水厂及配套管网、河湖库网的供配水体系”，进而增强南水北调中线工程对城乡供水的保障能力。未来引江补汉工程实施后，南水北调中线工程年输水能力可扩大为117.4亿立方米，这将更好地满足用水需求，进一步促进中原城市群高质量发展，最终为确保高质量建设现代化河南、高水平实现现代化河南提供水安全保障。

3. 区域合作不断加深

南水北调中线工程不仅是调水工程、生态工程、民生工程和经济工程，更架起了水源区与沿线受水区合作共赢的友谊桥梁。

（1）区域间生态治理协调度不断提高

2021年7月，三省五（县）市检察机关建立服务南水北调中线工程水源区生态保护联席会议制度，发布了《南水北调中线工程水源区突发水污染事件联防联控机制》，实现信息共享、部门联动，形成齐抓共管的强大合力。2021年10月，河南省与北京市、天津市、河北省、湖北省、陕西省等省

（市）检察机关签署《服务保障南水北调中线工程公益诉讼检察工作协作意见》，根据南水北调工程跨区域、跨部门的特点，以及生态治理中存在的信息交流不畅、异地取证困难、办案尺度不统一等问题，从工作原则、主要任务、工作机制、保障措施四方面做出规定，推进南水北调中线后续工程生态保护和高质量发展一盘棋的局面正式形成。

（2）区域协同发展的局面逐步形成

2021 年 5 月 13 日，习近平总书记在陶岔渠首枢纽工程实地察看引水闸运行情况时强调，吃水不忘挖井人，要继续加大对库区的支持帮扶。各受水区饮水思源，不断加大对水源区的帮扶力度，京豫合作成果丰硕。沿线受水区积极响应总书记号召，不断加强对水源区的发展帮扶，其中以京宛合作最为典型。先后出台《豫京战略合作框架协议》《全面深化京豫战略合作协议》《北京市南水北调对口协作工作实施方案》《北京市人民政府河南省人民政府战略合作协议（2020—2025 年）》《南阳市南水北调对口协作项目资金管理办法（试行）》《南阳市人民政府关于进一步加强南水北调对口协作工作的意见》等系列保障制度，在教育、科技、人社、商务、旅游、南水北调等方面分别签订部门间合作协议。北京市西城区、朝阳区、顺义区、延庆区与南阳水源区邓州市、淅川县、西峡县、内乡县分别建立结对区县，在生态保护、精准扶贫、经贸交流、公共服务能力提升等领域展开深度合作（魏昕悦，2022）。合作形式从干部交流、交流互访、项目转移、技术培训、智力支持向合作共赢深化。在农业、教育、医疗、养老等多个领域开展项目合作。南阳市 18 个品类、239 个特色扶贫产业产品，在首农集团双创中心常年展销。淅川县库区养殖场环境修复治理工程、西峡县淇河水生态修复工程、南阳水源地乡镇污水垃圾处理设施进行托管运营、南水北调汇水区生活垃圾焚烧发电项目等一批保水质项目，淅川软籽石榴、邓州国家小麦育种、西峡猕猴桃基地、西峡县食用菌科研中心、内乡县中以现代农业科技创新合作示范园、樱桃试验示范基地项目、菊花试验示范基地建设、熊蜂授粉项目等农业提质升级项目，中关村南阳科技产业园、中关村 e 谷、产业投资基金、创业大街、中青旅合作开发建设卧龙岗文化产业园等 30 多个南阳经济发展战略支撑项目，光大集团养老产业项目、北控集团投资建设南阳中心城区供水事业项目、淅川县思源学校建设、西峡县中医院改扩建等一批强民生补短板项目落户南阳（孟向东等，2022）；河南省南水北调水源区水安全院士工作站、北京市委党校厅级干部主体班现场教学基地、北京院士专家南阳行、京宛光电产业产教融合创新联盟、南水北调高质量发展战略研究院、南阳智慧康养协同创新联盟等一批智力交流项目建设，有力地推动了南阳省域副中心城市建设。京宛合作的范围从干部交流、产业转移、技术支持向人才培养、战略决策咨询、教育科研纵深发展，从支援受援向优势互补、协同发展的合作共赢转变，合作的范围不断拓宽、合作深度不断加强。

（四）文化效应分析

南水北调中线工程不仅是受水区安全供水的生命线，也是中原文化大放异彩的锦带。南水北调精神已成为中原儿女干事创业的新写照。自 2009 年 12 月 28 日 10 时，南水北调中线工程总干渠渠首陶岔枢纽工程在九重镇陶岔村奠基，数十万移民和移民干部无私奉献，数十万建设工人日夜奋战，中原儿女舍小家顾大家、无私奉献的伟大精神再次照亮古老的中华大地（贺健等，2021）。丹江口大坝贴坡加高工程解决了新老混凝土贴合关键技术；襄汉漕渠折戟方城垭口，而今一朝梦圆；攻克膨胀土“工程癌症”，解决渠道滑坡问题……一个个工程难题的攻克进一步激发了中华儿女干事创业的激情和信心。南水北调中线建管局将创新作为提高中线工程运营效率的首要手段，先后建立了先进、快捷、准确的水量水质调度检测系统、安全预警系统、工程抢护维修机制，指挥统一、反应灵敏、协调有序、运转高效的应急管理机制。不断开展创新研究，牵头承担国家水体污染控制与治理科技“十三五”重大专项“南水北调中线输水水质预警与业务化管理平台建设”，国家重点研发计划项目“南水北调工程运行安全监测与检测体系融合技术研究及检测装备和预警系统示范”“南水北调工程应急抢险和快速修复关键技术与装备研究”等系列重大项目研究，“南水北调中线工程勘察关键技术与实践”项目荣获大禹水利科学技术一等奖。南水北调中线工程所呈现出的“调水为民、治水兴邦的使命担当精神，南北统筹、经略江河的开拓创新精神，节水优先、绿色发展的科学求实精神，攻坚克难、勠力同心的拼搏奉献精神”（南水北调干部学院，2021），成为中华民族宝贵的精神财富。

文物发掘再次创造历史与现代的握手。南水北调中线工程河南段731千米总干渠南北纵贯南阳、平顶山、许昌、郑州、焦作、新乡、鹤壁、安阳8市的32个县（市、区），这些区域是古代中原地区的核心区域，文物丰富，考古发掘总面积达92万平方米，获取各种文物10万余件。鹤壁刘庄遗址、安阳固岸墓地、荥阳关帝庙遗址、新郑唐户遗址、新郑胡庄墓地、荥阳娘娘寨遗址等6个项目先后当选“全国十大考古新发现”，占全国南水北调文物保护项目的80%以上（王韶卿，2022）。南阳是南水北调中线工程建设过程中文物保护工作任务最为繁重的地区，考古发掘项目和出土文物数量均接近整个南水北调中线工程总量的一半。旧石器遗址、系列仰韶文化遗址、屈家岭文化遗址、石家河文化环壕聚落遗址、石家河古城址等古文化遗址陆续被发掘。石家河文化遗址见证了中国早期历史由聚落定居向“邦国”过渡的历史变迁；夏响铺鄂国墓地见证了南北文化在南阳的交融；长岭、郭庄、徐家岭等一众墓地的发现，绘就了生动的楚国贵族生活场景。考古发现再次见证了南阳悠久的历史，进一步描绘了南阳的楚风汉韵。

第二节　南水北调中线工程相关研究综述

南水北调中线工程的相关研究，主要集中在供水量计量与校核、安全运行、地下水补给、沉降监测、藻水分离、冰塞风险、水量调度、建设资金监管、蒸发站建设、抽排泵自动控制等工程技术领域。南水北调中线工程对受水区经济社会发展以及工程运营保障机制的相关研究较少，主要集中在南水北调中线工程的效益分析、水价和配水量、受水区内水资源配置、水权交易、区域协调发展、生态补偿等方面。

一、工程效益相关研究

相关研究认为，南水北调中线工程的效益包括正反两个方面。正面影响主要包括工程建设投资带动区域经济发展；改变水资源分布不均衡状态，缓解受水区用水紧张，提高水资源承载力；改善生态环境，提高资源开发利用效率；改善供水区居民用水条件，保障人民的身体健康；促进城市化进程，提升城市形象和品位；缓解“三农”问题，加快农村发展；促进产业发展与结构优化；提高防洪标准，减轻洪水灾害，特别是大洪水的威胁；对汉江中下游平原具有防洪、发电和航运效益（邱忠恩，1995；吴海峰，2005；胡庆和等，2006；张蕾，2006；李昊，2006；王卫东，2007；苗红昌，2007；张中旺，2007；贡志飞等，2008；李姗姗，2009；刘少峰，2011；王殿茹，2015）；提高人均 CPI 指标、提升居民就业率、增加人均可支配收入（葛爽，2020）；同时，能够防止地面沉降和地裂缝的危害，提高水体自净能力（王文楷等，1995）。

负面影响主要包括增加移民安置的社会成本，出现土壤盐渍化，降低资源承载能力，潜在地质灾害的威胁加剧（胡昌明等，1989；胡庆和，2006；王文楷等，1995），对已有排水系统、气候、沿线井灌区和其他水库灌区、小流域治理和河道整治带来不利影响，引起淹没造成大量损失（吴海峰，2005），加剧汉江中、下游流域的缺水状况，严重影响汉江供水区的农业用水，降低丹江口水电站效益，影响汉江的航运状况，降低汉江的自净能力，直接影响生产力布局（胡昌明等，1989），加剧局部地区资源环境压力，对生态环境以及传统文明造成冲击，对产业发展带来新的约束，对环境治理提出了更高要求（李昊，2006），对群众生产和城市交通、防洪安全、农业灌溉和管理、沿线农村经济发展、沿线地区部分产业项目建设带来不利影响（王卫东，2007），耕地大量减少，人地矛盾更加突出，气候等环境条件发生变化，给农业和生态带来不利影响，拉升农业生产成本（吴海峰，2010），降低水源区居民福利水平（杨佩刚等，2017）等。

但总体来看，南水北调中线工程有一定的财务盈利能力，贷款可以按期偿还，财务上基本可行；国民经济盈利能力指标高于国家规定的基准值且具有一定的抗风险能力，经济上合理（吕满堂等，2006）。从南水北调中线一期工程的运行情况来看，在有力的制度支持和配套措施保障下，理论上的消极作用逐步在消弭，正面效应在不断放大。

二、水价、水资源配置、水权交易相关研究

鉴于水价对水资源配置的重要影响，众多学者在研究南水北调中线工程运行相关问题中，屡屡提及建立合理水价形成机制（张中旺，2007；贡志飞等，2008；程相洗，2015）的重要性。王流泉等（1996）认为，对于水利水费标准的确定，既要使工程按照一定期限偿还投资，有利于良性经济循环，又能使供水用户合理负担，提高用水的积极性；建议基建投资不计入农业水价；实行应时水价制度；当地水和引江水统一水价，促进节约用水。邱忠恩等（2000）认为，如果将南水北调工程定性为营利性项目，全部或大部分采用银行商业贷款兴建，则水价很高，用户难以承受；如果将其定性为以社会公益性为主，兼有经济效益的项目，不以营利为目的，但需做到自我维持；在北方地区严重缺水的情况下，工业和城市生活用水是可以承受的；黄河以北农业灌溉水价偏高，可以借鉴国外经验和有关省提出的建议，采取以工补农等办法解决。王卓甫等（2008）提出了南水北调工程具有公益属性和最大限度引水的理念，在容量水价与计量水价相结合的水价结构基础上，提出以受水区经济发展水平为依据，逐步提升容量水价的设想；以最大限度引水、充分发挥工程效益的理念为指导，应根据水源区和受水区丰枯遭遇情况，对计量水价进行动态管理。都瑞丰（2015）回顾了南水北调中线工程水价形成过程，认为制定水价应遵循公平负担、成本回收、合理利润、价格调整和水资源配置原则；同一水质、同类用户、不同水源地用水，应执行统一的水价；不同行业实行不同水价。鼓励受水区各省市间开展水量配额交易，最大限度发挥工程效益。王殿茹等（2015）认为，要充分发挥好水价的调节作用，形成科学的阶梯水价机制，严控水资源开发利用红线、用水效率红线以及限制纳污红线等。都瑞丰等（2020）针对南水北调中线工程经营性与公益性结合的准市场运行机制特点，提出应以更灵活、多样的方式来应对南水北调中线工程水价问题，并在执行过程中不断优化、完善。

三、区域协调发展相关研究

区域协调发展相关研究，包括区域内协调发展和区域间协调发展两方面。

（一）区域内协调发展方面

张玉萍（2000）认为，按照优先保证城市用水兼顾农业用水的供水原则，通过加强水资源调度管理，大力推广农业节水灌溉等措施，保障用水需求。吴海峰（2010）认为，在保证粮食生产前提下，积极调整农业产业结构；大力发展生态农业，合理规划区域布局，减少农业面源污染；加强水土流失治理，加大管理和执法力度。张丽丽等（2010）探索了南水北调中线工程受水区生态补水目标及优先级。常国瑞等（2015）基于生态环境与经济协调发展相关性，对库区生态环境与经济协调发展进行 SWOT 分析，提出了建立完善的南水北调中线工程管理体制；加强库区生态环境建设；发展循环经济，构建生态产业体系；走“内安外迁”的道路，解决好移民问题；加快建立绿色“GDP”核算体系以及建立和实施合理的生态补偿机制等促进协调发展的对策措施。

（二）区域间协调发展方面

吴海峰（2007）提出在南水北调中线工程沿线要强化城镇功能，完善城镇体系，形成功能互补的城市带，发挥北京的龙头作用，突出天津的重要地位，坚持大、中、小并举，把城镇建设纳入区域经济大系统之中，实现区域经济协调发展。吴涛等（2009）提出以构建生态型政府为目标，在中央政府层次上，协调资源，对资源性缺水进行补充，对调水区进行生态补偿，督促和激励地方政府治理污染，节约用水。对于生态环境建设用水，应根据水资源条件和生态环境特点，由国家进行统一管理。在多层次上引入市场交易制度提高用水效率；实行强制性制度变迁，推进农业水利设施投资和水地制度创新；构筑水资源管理体制，通过水市场建设提高用水效率，实现水行政保证公平。优化产业结构，加大对受水区的财税支持和补偿，积极引导受水区的经济结构调整与优化。树立新型的全面协调可持续发展的社会共识。吴海峰（2010）认为南水北调中线工程建设，必须处理好水源区与受水区之间的关系，处理好经济发展与环境保护之间的关系，要完善生态环境的补偿机制，系统推进水源区生态建设，强化水源区水质保护，实现南水北调中线工程相关区域经济协调发展。关爱萍（2011）基于利益相关方理论，提出了跨区水资源调配中区域利益相关方的圈层式结构，分析了南水北调中线工程水资源调配中不同层次利益主体及其区域利益关系的变化，旨在加强受水区和调水区之间的合作，调节区域间的利益关系。王树山（2011）从南水北调中线工程与河南区域关系特征入手，从理顺治理结构、探索具有激励相容的工程区域合作模式、选择可行的政策工具组合、构建工程区域关系、引入工程影响评价机制等角度，提出了对策建议。刘立钧等（2018）提出了保护核心水源区生态环境，建立国家公园体制；协作区产业协同，形成产业集群；交通互联，规划引领；发展全域旅游，树立核心水源区旅游目的地形象；完善生态补偿机制，加强政策扶持；建立区域协同发展组织机制等南水北调中线工程核心水源区城市协同发展实施战略。吴海峰（2019）认为，共享发展是南水北调中线工程建设的目标要求和归宿，提出了以共建推动共享、以共享引领共建，使相关地区在共建共享中各尽所能；加快配套设施建设，增强输水保障能力，完善水权交易，扩大受益范围，合理配置水资源；健全对口支援机制，深化受水地与水源地合作共赢；加大移民发展支持，完善生态补偿机制；强化工程建设管理，共享工程管理信息等共享发展策略。安晓明（2019）认为，开放发展对于提升南水北调中线工程综合效益意义重大，从整体上来说，南水北调中线工程开放发展仍处于初级阶段，开放的主动性不足，开放领域较少，开放力度仍然较小；同时，南水北调的精神、技术和经验“走出去”不足；应当遵循开放发展理念，主动开放、双向开放、公平开放、全面开放，着力提升南水北调中线工程综合效益。

四、生态补偿相关研究

王小平（2013）提出了构建民生改善机制、发展持续机制、协作援助机制、特殊补偿机制有机结合的生态补偿机制。李雪松等（2014）提出了水权交易模式、发展权流转模式、生态经济模式、公共物品市场购买模式四种水源地市场化生态补偿模式。王乾（2015）认为，首先，需要完善生态补偿的法律制度和产权制度，落实自然资源有偿使用理念；明确生态补偿的主客体、补偿标准、补偿方式和实施策略，规范生态补偿主客体的权利和义务，为生态补偿机制的建立提供法律和制度保障。其次，创新补偿方式，将“造血式”补偿和“输血式”补偿结合起来，保证受偿者的良性发展。最后，通过制定相关法律法规、宏观调控及提供政策和资金支持，加强政府的主导作用。目前，在生态补偿中，政府责任的不明确、补偿手段的单一、横向管理体制的不健全等，都阻碍着生态补偿机制的完善。因此，需要进一步发挥政府的主导性作用，切实强化生态管理部门的责任，严格监督生态补偿，承担协调和仲裁责任，逐步开展市场化生态补偿，完善生态补偿机制。

五、评述

南水北调中线工程是一个跨多流域和多省市的特大型调水工程（都瑞丰等，2020），学者们从工程效益、水价、水资源配置、水权交易、区域内协调发展、区域间协调发展、生态补偿等众多视角对其展开研究，并取得丰硕成果。水是生活、生产、生态的战略性、基础性、支撑性、必要性资源，水利工程驱动受水区高质量发展的关键是受水区水资源高效利用，而其中水资源统筹管理、水资源配置机制优化、生产生活空间重塑是主要抓手。南水北调中线工程已正式通水 7 年有余，南水北调中线工程对河南受水区高质量发展影响的量化评价、受水区水资源利用效能评估、受水区水资源统筹管理、受水区水资源配置机制优化、生产生活空间重塑等问题研究仍显薄弱。

第三节 技术路线

本书的技术路线见图 1-4。首先，通过文献综述提出要分析的问题。其次，通过统计综合评价，分析南水北调中线工程对河南受水区高质量发展的影响。再次，通过灰水足迹测算以及超效率 SBM 模型，分析受水区水资源绿色效率存在的问题。复次，通过投入产出模型探索河南省虚拟水进出口状况，提出涵盖生态补偿的南水北调中线工程受水区水资源优化配置机制，通过统计综合评价，探索河南受水区城乡产业与空间优化措施。最后，进行总结和研究展望。

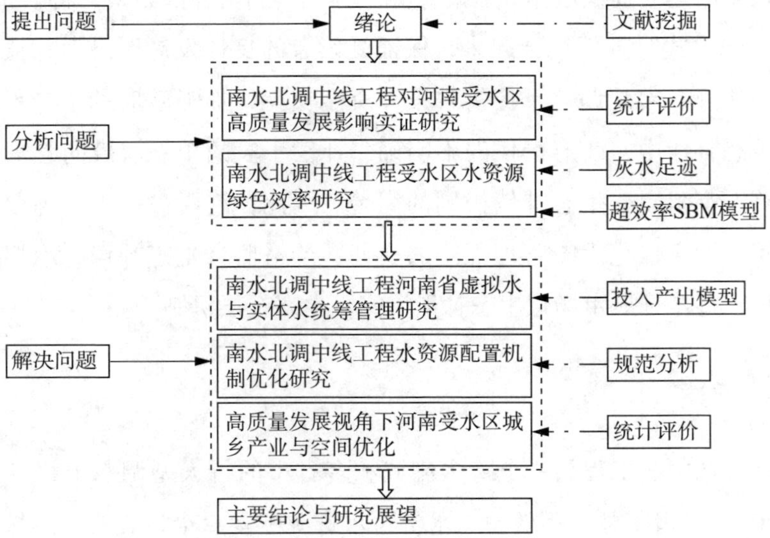
提出问题
绪论
文献挖掘
南水北调中线工程对河南受水区高质量发展影响实证研究
统计评价
分析问题
南水北调中线工程受水区水资源绿色效率研究
灰水足迹
超效率SBM模型
南水北调中线工程河南省虚拟水与实体水统筹管理研究
投入产出模型
解决问题
南水北调中线工程水资源配置机制优化研究
规范分析
高质量发展视角下河南受水区城乡产业与空间优化
统计评价
主要结论与研究展望

图 1-4　本书的技术路线

第二章 南水北调中线工程对河南受水区高质量发展影响实证研究

第一节 南水北调中线工程对河南受水区高质量发展影响概述

党的十九大以来，我国经济增长由高速增长阶段进入高质量发展阶段。高质量发展是新时代中国特色社会主义经济发展的新目标。“高质量”体现我国经济新时代发展的主要特征，体现中国经济发展从重“数量”到重“质量”的转变，高质量发展是中国共产党执政为民和全心全意为人民服务等理念的体现。

水资源是人类生存、经济社会发展必备的基础战略资源。我国水资源的自然配置极不合理，与社会经济发展极不匹配。南水北调中线工程通过水资源的调配，为受水区提供生产、生活必需的水资源，为受水区高质量发展提供基础要素支撑。南水北调中线工程的设计源于协调我国水资源时间、空间分布的不均衡，借南方丰沛的水资源为缺水的北方所用，为构建全国大水网打下基础。南水北调中线工程为受水区经济高质量发展提供基础支撑要素，将从经济、社会、生态、文化和民生等多方面促进受水区发展。基于此，本部分实证分析主要基于水资源与受水区经济高质量发展的关系梳理，构建融入更多水要素的受水区高质量发展评价指标体系进行综合评价和衡量。通过厘清水资源对受水区高质量发展的能动作用，深入分析调水工程对受水区的综合影响，为南水北调中线工程后续运行和其他调水工程的开展提供一些借鉴。

一、相关概念简述及文献综述

（一）相关概念简述

1. 南水北调中线工程

南水北调中线一期工程从丹江口水库调水，自河南省淅川县的陶岔渠首取水，经过河南、河北、北京和天津等四省市，至北京团城湖，输水总干渠1277千米，是南水北调东、中、西三线中水质最好的（西线尚在建设中）一条骨干工程。作为中线源头，丹江口水库水质各项指标稳定，达到或优于地表水Ⅱ类指标。工程以多目标和体现综合系统利用为主，遵循以城镇生活、工业供水为主，适当兼顾生态用水的原则。

2. 河南受水区

河南是我国唯一地跨长江、淮河、黄河、海河四大流域的省份，全省水资源总量403.53亿立方米，人均水资源量约368立方米，不足全国平均水平的1/5，属严重缺水省份。中线工程从丹江口水库引水北上，受水区供水目标为46个，即43座受水城市（包括县城）、邓州1个移民安置区、新郑国际机场和上街区用水，43座受水城市中有11座省辖市、7座县级市、25座县城。11座省辖市中黄河以南6座（南阳、平顶山、漯河、周口、许昌、郑州），黄河以北5座（新乡、焦作、鹤壁、安阳、濮阳）（刘伟等，2007）。本部分所考察的11个受水区省辖市是省内人口较密集、经济较发达的地区，在南水北调中线工程调水之前均存在不同程度的水质较差、水资源较贫乏和地下水开采过度等情况。

3. 高质量发展

2017年，党的十九大报告中首次提出“高质量发展”，并提出“建立健全绿色低碳循环发展的经济体系”是高质量发展的方向，高质量发展是基于绿色经济发展，经济增长方式从量变向质变转变。高质量发展是以创新驱动为主要手段，落实创新、协调、绿色、开放、共享新发展理念，从偏重速度的粗放式经济增长方式向追求质量和效益的稳健、生态高质量经济发展方式转变，以提升国民经济活力、创新力和竞争力的新发展方式。高质量发展的目标，是解决人民日益增长的美好生活需要与不平衡不充分的发展之间的矛盾。

（二）高质量发展与评价指标体系构建文献综述

1. 高质量发展概念界定

关于“高质量发展”的界定，学术界的观点基本一致。金碚（2018）提出，高质量发展的本真属性就是创造发展优势，有效地满足人民群众的多方面需要，走适合我国实际和特色的发展道路。无论是学理意义，还是判断标准，高质量发展的根本特征就是更好地契合人类发展的本真价值目标。胡鞍钢、谢宜泽等（2019）认为，高质量发展是中国特色社会主义新时代区别以往的最集中体现，是经济发展由重“数量”进入重“质量”时代的标志，是坚持以人民为中心，以建设社会主义强国为目标的社会主义发展模式。任保平、李禹墨（2018）认为，高质量发展包括经济发展、改革开放、城乡建设、生态环境、人民生活等五个方面。赵昌文（2020）认为，我国目前面临结构性、体制性、周期性等问题，且受新冠肺炎疫情的影响，安全是高质量发展的前提，高质量发展要实现安全和发展规模、速度、质量、结构、效益相统一。何立峰（2018）认为，高质量发展是体现“五大发展理念”的发展，是能够很好满足人民日益增长的美好生活需要的发展。总之，高质量发展注重效率提升，着眼于推动经济发展质量变革、效率变革、动力变革，提高全要素生产率，不断增强我国经济创新力和竞争力。高质量发展能够更好地满足人民日益增长的美好生活需要，给人民群众带来更多的获得感、幸福感和安全感，提升民众满意度。

2. 高质量发展评价方法

在具体衡量区域或产业高质量发展状况时，熵值法成为很多学者首选工具。熵是对不确定性的一种度量，熵值法（熵权法）作为一种客观赋权法，通过计算指标的信息熵，利用指标的离散程度来度量数据中包含的有效信息和指标权重。指标的离散程度越大，熵值越小，表明其有效价值越大，该指标在综合评价中对目标的影响也就越大；反之若指标的熵值越大，则其熵权越小，表明该指标越不重要（李红，2021）。张国兴等（2021）利用熵值法，构建了创新、协调、绿色、开放、共享5个维度、25个指标对黄河流域39个资源型城市高质量发展水平进行测度。张宛琳（2021）利用熵值法构建了5个维度、23个指标的评价体系，对2009—2017年河南省高质量发展状况进行评价。李红（2021）以反映城市高质量发展的5个维度、25项指标构建评价体系，利用2015—2019年的数据，采用熵权法，测算中原城市群的12个城市的发展状况。总之，受水区高质量发展指标体系的选择需要兼顾生态环保、优化节约、经济合理等要素；要综合考虑受水区各产业的实际用水需求和绿色转型；要考虑人民生活水平提升，其中包括物质生活、精神生活和城市生态环境转变等。

3. 高质量评价体系构建

2018年12月，中央经济工作会议明确提出，“必须加快形成推动高质量发展的指标体系、政策体系、标准体系、统计体系、绩效评价、政绩考核，创建和完善制度环境”。高质量发展指标体系构建实现了定性、定量分析协同融合的趋势，从量化的角度，评价地区、城市或行业高质量发展现状，把握实体经济发展的状况、趋势和程度，为更精准有效地推进地区、行业高质量发展服务。基于“五大发展理念”，在构建评价高质量发展体系时，多数学者都选择5个左右维度，20~40个指标进行评价。

李金昌等（2019）测度高质量发展的前提是，在准确理解和把握高质量发展内涵的基础上构建一套科学合理的评价指标体系，从“人民美好生活需要”和“不平衡不充分发展”这个社会主要矛盾的两个方面着手，构建了由经济活力、创新效率、绿色发展、人民生活、社会和谐5个部分共27项指标构成的高质量发展评价指标体系。鲁继通（2018）从高质量发展体系构建的角度探索，提出从微观、中观和宏观3个层面52个指标全面反映高质量发展，涉及产业升级、结构优化、动力转换、生态建设、区域协调等方面的重大变革和战略调整。吕薇（2018）认为，高质量发展评价体系应包括三类指标：能够反映经济结构和效率的指标；能够体现以人民为中心、提高生产质量和幸福感的指标；能够体现经济活力的指标。师博等（2018）从经济增长的基本面和社会成果两个维度，构建了我国省际高质量发展的指标体系。刘惟蓝（2018）提出了包含产出效益、结构优化、科技创新、开放合作和绿色生态5个方面、由30多项指标构成的评价指标体系。朱启贵（2018）提出由动力变革、产业升级、结构优化、质量变革、效率变革和民生发展等6方面共62项指标组成的评价指标体系。

孟祥兰等（2019）认为，高质量发展具体表现为经济、创新、协调、绿色和民生发展5个方面，并以此为基础构建了湖北高质量发展评价指标体系，采用加权因子分析法对湖北省16个市州高质量发展水平进行综合评价，揭示了湖北在高质量发展过程中存在着区域不平衡的问题。金碚（2018）认为，区域经济高质量发展需要创新思维，包括产业"登高"、环境清美、土地良性使用、新动能和新民生等5个重要特征。姚莉（2020）从发展质量、运行效率和创新能力3个方面，利用35个指标，构建评价湖北省工业经济高质量发展水平的指标体系。冯雅倩（2021）利用经济效益、技术创新、绿色发展和信息化水平等4个一级指标和15个二级指标，对郑州制造业高质量发展水平进行综合测度。芮旸等（2021）针对陕西黄河流域农业高质量发展，提出包括绿色发展、产品质量、产业效益、生产效率和规模经营5个一级指标、20个二级指标的评价指标体系。

二、水资源对受水区经济高质量发展支撑作用分析

水资源是制约区域经济发展的基础要素。水是具有多种功能和属性的战略资源，对于一个区域乃至国家自然环境和生态系统的维持与改善，社会经济的可持续发展和长治久安至关重要（张丛林等，2021）。水资源是人类文明发展的基础，决定了世界文明版图，譬如古巴比伦文明离不开底格里斯河和幼发拉底河、埃及文明离不开尼罗河、古印度文明离不开恒河等。

1. 水资源既是经济社会发展的基础性自然资源，也是战略性的经济资源，为受水区经济发展提供基础支撑

水资源、经济与社会系统相互作用交互耦合，构成一个复合系统。常烃、

贾玉成（2020）通过构建水资源协调度分析模型，分析京津冀地区的水资源—经济—社会系统发展水平，结果发现水资源、经济与社会整体协调度呈现上升趋势。李立元（2022）通过耦合协调度模型评价河南省水资源与经济高质量协调发展状况，研究表明，随着经济由高速增长转向高质量发展，河南省水资源—经济耦合协调发展状况也分两阶段向优质耦合方向发展。南水北调既是生态工程，也是民生工程，南水北调调配的水资源主要使用在农业灌溉、城市供水、生态环境改造等方面，通过将优质的丹江水输送到缺水的北方，置换一定比例的居民饮用水、农业灌溉用水和工业用水等，对北方地下水恢复、产业生态化改造、粮食增产增收、城市经济发展、城市景观改造等起到更新和提升的作用。

水资源用途广泛，是人类社会发展中不可替代的战略性自然资源。南水北调中线工程 731 千米在河南省，总投资 700 多亿元，工程主体投资 670 亿元。这项工程不仅能加强河南省水利、环保等弱势领域建设，为制造业（工程机械生产企业）、建筑业（建筑施工企业）、静脉产业（水污染治理企业）及水泥、钢材、木材等建筑原料生产企业提供广阔市场，在工程持续供水阶段，通过保持一定的运行投资满足工程常态化运营需要，也将持续不断地满足（制造业、建筑业）制成品和原材料的需求，就业岗位、各种生态补偿措施等，对受水区经济形成可持续的拉动效应，增强了区域经济发展后劲。

2. 促进受水区实体经济发展，促进传统产业转型和新产业的塑造，提高受水区创新发展能力

南水北调中线工程对河南受水区的影响表现在，首先是调水工程建设投资会直接拉动地区的经济增长并促进未来的经济提升，增加城市劳动力非农就业，提高城镇化水平。研究显示，GDP 增长对水资源增长的弹性系数为 0.12~0.20，即 GDP 每增长 5~8 倍，对水的需求量就增长 1 倍（李浩然等，2007）。工业生产需要水，水资源分布直接影响区域工业规模和结构，尤其影响高耗能工业如钢铁、纺织等产业的布局。

农业发展离不开水资源，农业用水包括农业灌溉用水和林业、渔业及畜牧业生产用水等。农业用水中灌溉用水是主要用水方面，研究显示，灌溉面

积的增长是我国粮食增长的主要因素（梁书民等，2019）。陈天慧（2018）分析美国重大调水工程中央河谷工程效果发现，中央河谷工程对加州成为农产品出口基地起到关键作用。农业现代化建设中，高标准农田高效节水灌溉示范区建设是重要一环，受水区 11 个省辖市均为粮食生产基地，南水北调中线将有助于高标准农田高效节水灌溉示范区建设。截至 2022 年 4 月，河南省已建设高标准农田 7580 万亩，新发展高效节水灌溉面积 230 万亩。水资源保质保量供给对于农业增产、农民增收等至关重要，利用调水工程灌溉垦荒、发展高效节水灌溉，是提高粮食产量的主要手段（梁书民等，2019）。河南省耕地面积居全国第二，有“中原粮仓”之称，是粮食产量超 3000 万吨的省份之一，主要粮食品种为小麦、玉米、薯类和水稻等，是全国重要的优质农产品生产基地和商品粮生产基地。河南受水区如南阳、漯河、周口、许昌等均为省粮食生产核心区。2001 年河南省委提出以两个基地建设为重点，推进农业结构战略性调整：优质小麦为主的优质粮食和优质畜产品生产与加工。但是受制于水资源贫乏和水质较差的现实，粮食增产受限。南水北调中线工程每年可为河南提供 18.2 亿～19.6 亿立方米的农业用水，增加 26.02 万～28.02 万平方米的有效灌溉面积（孔群喜等，2018），有效促进了河南省粮食增产增收和全国粮食自给自足。

南水北调中线工程建设促进沿线现代服务业创新发展，提供新思路，开拓新途径。现代服务业将成为经济发展的支柱，现代服务业将成为高新技术产业发展的主要带动因素。受水区发展现代服务业是高质量发展的必然，是优化经济结构和传统产业转型优化的必然。水资源的丰沛与否影响现代服务产业的发展。南水北调带动了工程建设相关产业如建筑建材业、机械制造业、水污染治理行业以及旅游业的发展。21 世纪，旅游业将成为世界各国经济发展的重要推动力，旅游业是最有魅力的朝阳产业（刘伟等，2007）。南水北调中线工程受水区各城市均有较为丰富的旅游资源，借助水资源保有量的提升和城市生态环境优化，以及京津冀经济圈的产业联动和技术支持等，未来受水区旅游业创新提升的空间广大，市场广阔。水资源的丰沛与否是各地旅游业开发能否成功的关键：如四川都江堰景点建设、漂流冲浪等水上旅游娱乐业的发展、服务业中高档洗浴业及纯净水产业的发展等。

3. 提高居民饮用水质量，改善受水区水环境，提升居民满意度，提高受水区共享发展能力

水利工程是基础性、公益性和战略性的公共工程，是囊括经济效益、社会效益、生态效益的民生工程。洪思扬等（2017）运用洛伦兹曲线、基尼系数及不平衡指数方法，探究跨流域调水前后的水资源与人口、GDP、土地利用及降水量之间的空间匹配程度，调水使得水资源与各要素间的协调发展程度得到提升。水资源在全世界的分布具有时空不均衡、补给有限性。南水北调中线工程前，受水区居民饮用水主要来自地下水和黄河水，水质为Ⅲ级及以下水平，水质较硬，水碱较大。通水后，居民饮用水水质能够稳定在Ⅱ级及以上。许继军、曾子悦（2021）通过总结南水北调中线工程水资源配置思路，从高质量发展视角分析南水北调中线工程运行效果，分析发现工程缓解了受水区城镇生活和工业与农业、生态用水矛盾，产生的经济社会效益超出预期，显著改善了城市饮用水水质，人民群众获得感幸福感增强。南水北调中线工程增加了受水区水资源保有量，改善了饮用水水质，提高了居民饮用水质量，提升了居民满意度。城市水环境改善、城市景观改善、旅游业发展和劳动力就业增长等各方面的改善，综合提升受水区居民的满意度，使“绿水青山就是金山银山”的观念真正深入人心，使更多的居民和企业认识到发展生态环境的可能、可行和可靠。

4. 促进受水地区生态产业转型和生态环境改善，提高受水区绿色发展能力

南水北调中线工程运行中，受水区潜在的资源优势转化为经济优势，推动受水地区经济的普遍增长。水资源是城市发展必需的生活资料和生产资料，是城市正常运行和生态环境营造的基础要素。水是城市的摇篮，进入城市化时代，水资源的有效供给成为制约城市发展的瓶颈要素。受水区因为水渠的建设和产业发展面临生态环境制约，促使受水区经济增长方式和产业发展生态化转型和改造。南水北调始终坚持“先节水后调水、先治污后通水、先环保后用水”的“三先三后”原则。国家和各级地区通过水保项目、环保项目等投资，直接用于水源地水土保持和生态环境改善，提升了水源地各县市的生态环境质量，使水源地的天更蓝、山更绿和水更清；此外，通过干渠沿线

绿化带的建设，在干渠沿线形成“清水走廊”“绿色长廊”，改善沿线生态环境；南水北调供水后，沿线受水区域已有的供水矛盾将得到极大缓解，生态环境将得到有效改善，地下水过度开采问题、地面径流河流断流问题、湖泊水库湿地萎缩问题都能得到有效缓解，用于城市绿化、清污供水、水体营造的水等也将增加，提升城市水资源保有量，优化城市景观。城市用水包括生产用水、生活用水和生态用水等多方面。生产用水集中在工农产业用水，生活用水主要是居民生活用水，生态用水用于城市环境改善，如城市绿化、道路冲刷、公园湖泊、风景观赏、河道和环境保护及污水稀释用水等（何晓光等，2002）。随着城市化建设的推进，城市生态环境营造重要性日益凸显，用于塑造城市良好生态环境的水需求量日益增长。随着南水北调中线持续调水，各市城乡生活环境综合用水（2019 年该指标细分为生活用水和生态用水）量显著提升，受水区城乡人民生活环境显著改善。

5. 促进受水区集约、科学管理水资源，提升海绵城市潜力

南水北调中线工程调水提升受水区水资源保有量，改善水文气象条件，优化受水区生态环境。南水北调中线工程水源水质好，可基本满足受水区较长时期内工业与城市居民用水需要，是经济社会生态环境可持续发展的基础要素。“海绵城市”是新一代的城市雨洪管理概念，是科学有效利用城区水资源的新型城市建设思路，是解决城市水短缺、水安全、水生态和水环境等水问题的手段（朱伟，2018）。南水北调中线工程通过弹性水价方式，科学调配汛期旱期水资源，有效改善受水区水少、水质差，生态补水，地下水开采过度等不利局面：其一，增加水资源保有量，生态补给使沿线河湖湿地水量提升，地下水水位明显回升；其二，增加应急生态补水，恢复生态用水，扩大受水区水域面积，增加社区地表水，改善水文气象条件，增加土壤含水量，形成局部湿地，保护生物多样性（侯红昌，2020）。

南水北调调配水资源方式与“海绵城市”水资源利用弹性机制异曲同工，因此调水工程与海绵城市规划思路相融合既可以增加受水区水资源，又能做到科学规划、合理使用，使“南水”发挥最大经济效益、社会效益和生态效益。该工程后续运行中，基于水价、水资源交易等经济手段，辅助一定政策

间接调整措施，提升受水区城乡产业融合程度（秦炜琳，2011），促进受水区产业生态转型、构建节水型城市。

第二节　基于熵值法的河南受水区高质量发展评价研究

本部分分别从产业（农业、制造业、旅游业等）发展、创新能力（农业、工业科技含量）和受水区用水、城市景观改善（提升居民满意度）等方面，构成经济发展能力、创新发展能力、共享发展能力、绿色发展能力和海绵城市潜力五大要素，27个指标的高质量发展综合评价指标体系。

一、河南省受水区高质量发展水平测度

本部分研究主要采用熵值法对南水北调中线工程沿线受水区11个地级市高质量发展状况进行评价。基于水资源对经济发展的正向作用分析和对高质量发展核心理念的把握，本部分在衡量受水区高质量发展水平时，从经济综合实力、科技创新能力、社会民生状况、生态产业发展和生态环境营造等5个方面，选取27个指标进行综合全面分析。

各指标的选择本着可比性、代表性、全面性和可操作性等原则，对河南省南阳、平顶山、漯河、周口、许昌、郑州、新乡、焦作、鹤壁、安阳和濮阳等11个省辖市进行高质量发展水平测度。本部分所有数据均来自2015—2020年《河南统计年鉴》、各市相关年份社会经济发展公报和河南省水利厅水资源公报等或据其计算得出，部分城市个别数据缺失，采用相邻年度或相近指标进行替代。根据可行性、可比性、科学性和可操作性原则，在借鉴学者专家经验的基础上，选择了经济发展能力、创新发展能力、共享发展能力、绿色发展能力和海绵城市潜力等5个一级指标，27个二级指标，如社会不安定指数、公共性支出、万元GDP能耗和文化及相关产业利润总额等对受水区11个省辖市高质量发展水平进行综合评价，由于南水北调中线2014年底正式开始调水运行，所以高质量发展评价年度只有6年，而高质量发展二级指标

有 27 个，样本数量远远小于指标数量，最为适合采用熵值法评价。

（一）指标体系构建

1. 经济发展能力

经济实力是城市综合实力的展现，结合高质量发展的要求，主要从人均收入水平、第二产业发展实力、政府调控力、对外开放能力和城镇化水平等方面，选取人均 GDP、一般公共收入、城镇化率、第二产业产值和当年实际使用外资等指标来衡量。

2. 创新发展能力

2018 年 11 月 1 日，习近平总书记在人民大会堂主持召开民营企业座谈会时指出，民营经济是我国发展不可或缺的力量，是创业就业的主要领域、技术创新的重要主体、国家税收的重要来源，为推动我国社会主义市场经济发展发挥了重要作用。在高质量发展指标体系构建中，鉴于民营经济吸引了 80%以上的城镇劳动力就业，在评估城镇就业人员工资性收入差距时，将城镇私营单位就业人员平均工资与城镇非私营单位就业人员平均工资进行比较。创新发展能力是影响城市高质量发展的重要内涵，主要从民营企业发展、科研创新、GDP 能耗和高质量人才培养等方面进行衡量，主要选取限额以上批零贸易业销售总额、专利申请数、研究与试验发展（R&D）活动人员数、万元 GDP 能耗下降率和普通高等学校毕业生数等指标。

3. 共享发展能力

共享发展能力是高质量发展的核心，高质量发展最终是为了提高居民消费水平、物质和文化生活水平，从直接影响居民生活的各个方面入手，基于居民收入差距、居民生活水平、社会保障水平和消费能力等方面，选取城乡居民收入差距指数、社会不安定指数等指标。

4. 绿色发展能力

绿色发展能力是体现城市生态文明建设的重要内涵。习近平主席提出绿水青山就是金山银山，高质量发展的重要内涵就是生态文明，生态文明是工业文明的高质量发展，是体现人与自然和谐发展的高质量发展。这方面主要从规模以上企业绿色发展能力、第三产业产值、文化产业发展、农业生态发展等方面，选取规模以上服务业从业人员数、节水灌溉面积等指标。

5. 海绵城市潜力

海绵城市潜力衡量方面主要着眼于受水区城乡生态环境营造，基于水资源的改善提升城乡居民居住环境，南水北调中线工程的供水主要是地表水，主要从外部绿色环境、城市绿地面积、污水处理和城市综合环境用水量等方面衡量。“海绵城市”能够有效提高城市应对环境的突然变化和大量雨水导致的自然灾害的能力，使城市能够适应环境的突然变化，在应对大量雨水所造成的自然灾害方面具有良好的弹性。该指标是城市高质量发展的体现，是体现城市吸引力和竞争力的重要指标。

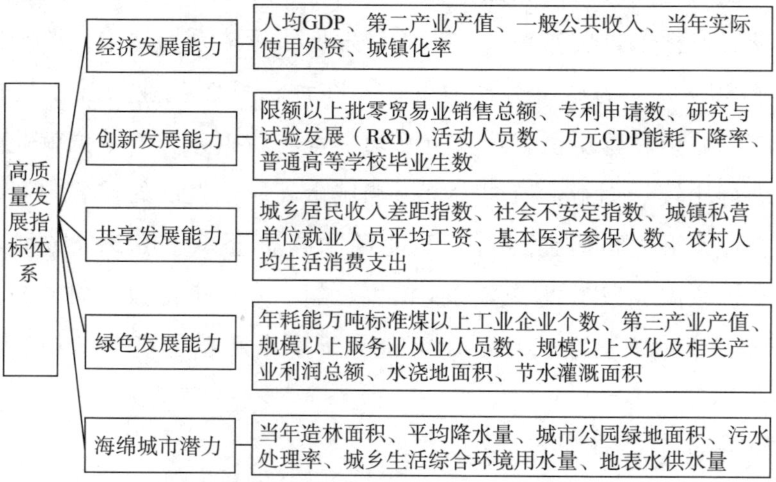

图 2-1　受水区高质量发展评价指标体系

从高质量发展的概念和系统论的观点来看，受水区高质量发展是个复杂的动态系统，通过资源环境要素、科技创新要素、资金和人才要素等形成一个比较优越的城乡高质量发展要素环境，这是受水区高质量发展的物质基础。衡量南水北调中线工程对受水区高质量发展的影响因素，必须通过城市对南水北调带来的水资源产业联动效应出发，结合受水区自身的发展系统进行协调运作和融合创新，譬如通过市场和政府两种手段，对南水北调带来的各种生产要素进行分配、协调、集聚和融合，以提升城市受水区高质量发展的能力。最后结合实证结果，分析受水区利用新生资源要素进行技术、产业等创新的能力，分析其利用效率，观察其是否进入更高速、绿色和协调的发展阶段，从而探索出能够提升经济发展能力、创新发展能力、共享发展能力、绿色发展能力和海绵城市潜力等的新途径，促进受水区高质量发展，提升受水区综合竞争力。

（二）评价方法及过程

1. 构建原始指标数据矩阵

高质量发展评价指标原始矩阵中，有 m 个样本，用 n 个指标做综合评价，原始矩阵为 $X=X_{ij}^{m\times n}$，其中，X_{ij}代表某城市第 i 年度第 j 个指标的指标值。

2. 原始数据的标准化

由于各个指标的量纲、量级存在差异，不能直接比较，为了消除各评价指标的量纲影响，需要对各指标的初始数据进行无量纲化处理。另外，评价指标存在正向、逆向的区别，标准化处理时要区别对待，为了避免求熵值时对数计算的无意义，各指标标准化值要加上 0.01，具体过程如下：

（1）标准化问题

正向指标的标准化：

$$X'_{ij}=\frac{X_{ij}-X_{\min}}{X_{\max}-X_{\min}}+0.01 \tag{2-1}$$

逆向指标的标准化：

$$X'_{ij}=\frac{X_{\max}-X_{ij}}{X_{\max}-X_{\min}}+0.01 \tag{2-2}$$

其中，X'_{ij}是标准化的 X_{ij}，$X_{\max}$、$X_{\min}$代表不同评价对象同类指标的最大值和最小值。

（2）计算第 i 个评价对象第 j 个指标占第 j 个指标的比重 P_{ij}

$$P_{ij}=\frac{X'_{ij}}{\sum_{i=1}^{n}X'_{ij}} \tag{2-3}$$

（3）计算差异性系数

$$g_j = 1 - e_j \tag{2-4}$$

（4）确定评价指标的权重 W_j

$$W_j = \frac{g_j}{\sum_{j=1}^{m} g_j} \tag{2-5}$$

（5）计算综合得分 s

$$s = \sum_{j=1}^{m} w_j \cdot P_{ij} \tag{2-6}$$

二、河南省受水区高质量发展水平实证分析

根据以上计算步骤，对河南省受水区 11 个城市、5 个子系统 27 个指标的数据进行相关处理，依据熵值法计算子系统各指标权重（见表 2-1）。

（一）各指标属性及权重得分情况

1. 河南受水区高质量发展指标权重值

表 2-1 河南受水区高质量发展评价指标及权重

一级指标	二级指标		指标属性	权重
经济发展能力	人均 GDP（元）	X1	正向	0. 033461015
	第二产业产值（亿元）	X2	正向	0. 044349685
	一般公共收入（亿元）	X3	正向	0. 044813083
	当年实际使用外资（万美元）	X4	正向	0. 041065705
	城镇化率（%）	X5	正向	0. 032575547
创新发展能力	限额以上批零贸易业销售总额（亿元）	X6	正向	0. 045401399
	专利申请数（件）	X7	正向	0. 042717783
	研究与试验发展（R&D）活动人员数（人）	X8	正向	0. 039698937
	万元 GDP 能耗下降率（%）	X9	正向	0. 030221541
	普通高等学校毕业生数（人）	X10	正向	0. 045780856

续表

一级指标	二级指标		指标属性	权重
共享发展能力	城乡居民收入差距指数	X11	逆向	0.032807635
	社会不安定指数	X12	逆向	0.032385319
	城镇私营单位就业人员平均工资（元）	X13	正向	0.032264416
	基本医疗参保人数（万人）	X14	正向	0.036064487
	农村人均生活消费支出（元）	X15	正向	0.033150262
绿色发展能力	年耗能万吨标准煤以上工业企业个数（个）	X16	逆向	0.034967777
	第三产业产值（亿元）	X17	正向	0.038127184
	规模以上服务业从业人员数（人）	X18	正向	0.04234805
	规模以上文化及相关产业利润总额（万元）	X19	正向	0.035310156
	水浇地面积（千公顷）	X20	正向	0.035074047
	节水灌溉面积（千公顷）	X21	正向	0.032223354
海绵城市潜力	当年造林面积（千公顷）	X22	正向	0.038442532
	平均降水量（毫米）	X23	正向	0.032502242
	城市公园绿地面积（公顷）	X24	正向	0.043335067
	污水处理率（%）	X25	正向	0.031443622
	城乡生活综合环境用水量（亿立方米）	X26	正向	0.035871552
	地表水供水量（亿立方米）	X27	正向	0.033596747

实证结果验证本部分构建的高质量发展指标体系比较全面、科学合理，能够比较全面地体现新的发展理念和发展方针对城市发展转型的正向作用；此外，水资源与城市的高质量发展既保持着高度一致性，也有着较强的交互性，南水北调中线正式通水以来，受水区 11 个城市在经济发展实力、创新发展能力、共享发展能力、绿色发展能力和海绵城市潜力等方面都有大幅度提升。

2. 各受水区历年高质量发展综合得分比较

河南省受水区各城市 2015—2020 年高质量发展综合得分及排名见表 2-2。

表 2-2 河南省受水区各城市 2015—2020 年高质量发展综合得分及排名

排名	2015 年		2016 年		2017 年		2018 年		2019 年		2020 年	
	地区	得分	地区	得分	地区	得分	地区	得分	地区	得分	地区	得分
1	郑州	0. 04161	郑州	0. 04196	郑州	0. 04959	郑州	0. 05130	郑州	0. 05755	郑州	0. 06483
2	南阳	0. 01487	南阳	0. 01379	南阳	0. 01763	南阳	0. 01685	南阳	0. 01768	南阳	0. 02249
3	新乡	0. 01093	新乡	0. 01250	新乡	0. 01357	新乡	0. 01536	新乡	0. 01387	新乡	0. 01737
4	许昌	0. 01056	焦作	0. 01085	平顶山	0. 01262	许昌	0. 01241	许昌	0. 01335	许昌	0. 01615
5	焦作	0. 00997	许昌	0. 01080	许昌	0. 01255	焦作	0. 01233	平顶山	0. 01289	平顶山	0. 01490
6	安阳	0. 00994	平顶山	0. 01051	焦作	0. 01199	周口	0. 01164	周口	0. 01246	周口	0. 01408
7	平顶山	0. 00926	安阳	0. 01004	安阳	0. 01144	平顶山	0. 01154	焦作	0. 01232	焦作	0. 01389
8	濮阳	0. 00869	濮阳	0. 00846	周口	0. 01094	安阳	0. 01080	安阳	0. 01090	安阳	0. 01328
9	周口	0. 00869	周口	0. 00843	濮阳	0. 00955	濮阳	0. 00871	漯河	0. 00941	濮阳	0. 01088
10	鹤壁	0. 00747	漯河	0. 00780	漯河	0. 00903	漯河	0. 00864	濮阳	0. 00893	漯河	0. 01027
11	漯河	0. 00747	鹤壁	0. 00694	鹤壁	0. 00769	鹤壁	0. 00794	鹤壁	0. 00795	鹤壁	0. 00889

通过设计 5 个维度、27 个指标体系构成的受水区高质量发展评价体系，结合熵值法计算出 11 个受水城市的高质量发展水平，可以发现，经过 6 年多的发展，受水区总体经济发展、产业结构升级改造、创新水平和城市生态环境营造等方面都有较大的发展，高质量得分比较平稳，受水区各城市受益于水资源供给量的增长，高质量发展得分逐年递增（见图 2-2）。

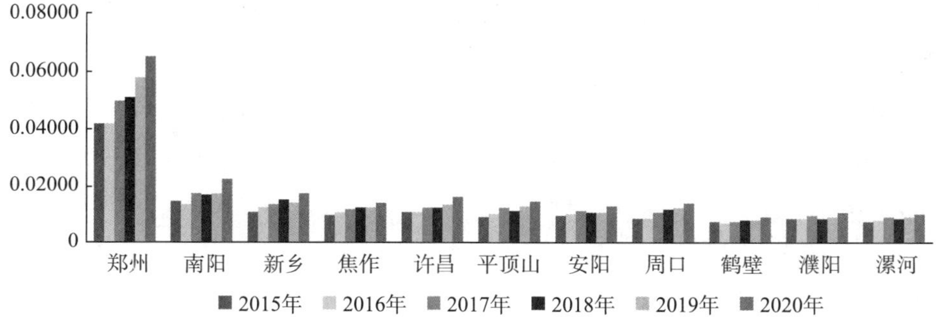

图 2-2　2015—2020 年受水区高质量发展综合得分

（二）河南省受水区高质量发展综合得分情况

2014 年底南水北调中线工程正常供水之后，受水区各城市的高质量发展水平均有明显提升。此外，河南省省会城市和其他城市发展差距较大，作为省会城市，郑州高质量发展综合实力远远超出其他 10 个城市。

1. 受水区高质量发展存在区域差异

从通水 6 年来 11 个城市的高质量发展水平得分可以看出，11 个城市高质量发展水平逐年提升，在发展综合得分比较中，基本可以分为三个梯队：①高质量发展第一梯队：郑州。作为省会城市，郑州是全省经济政治文化中心、产业发展中心、高精尖人才中心，集聚效应显著，是高质量发展水平最高的城市，得分远远高于其他城市。以均值为例，郑州高质量发展总分 6 年均值为 0. 0511，南阳均值 0. 0172，郑州得分是南阳（第 2 名）的近 3 倍，是第 11 名鹤壁（0. 00781）的 6 倍多。②高质量发展第二梯队：南阳、新乡、许昌、平顶山、焦作、安阳和周口。这几个城市高质量发展综合得分均值在 0. 0110~0. 0172，除了南阳高质量发展水平较高之外，其余城市高质量发展水平差距较小，竞争关系明显。③高质量发展第三梯队：漯河、濮阳和鹤壁。这些城市高质量发展得分均值位于0.078~0.092，高质量发展水平相对较差，与缺乏新兴产业和高科技产业带动有一定关系。

2. 高质量发展综合得分综合体现受水区经济实力和绿色生态转型成果

通过对11个受水区2015—2020年高质量发展综合得分的分析，可以发现，在高质量发展中，地区经济实力仍然是最重要的影响因子，高质量发展总分排名与各地市GDP排名保持较高一致性。郑州作为高质量发展第一名，实至名归。新乡、焦作和许昌等作为河南省新兴产业发展骨干力量，凭借毗邻省会的区位优势、交通优势和经济生态成功转型等因素，进步态势显著，高质量发展排名较为稳定（见图2-3）。

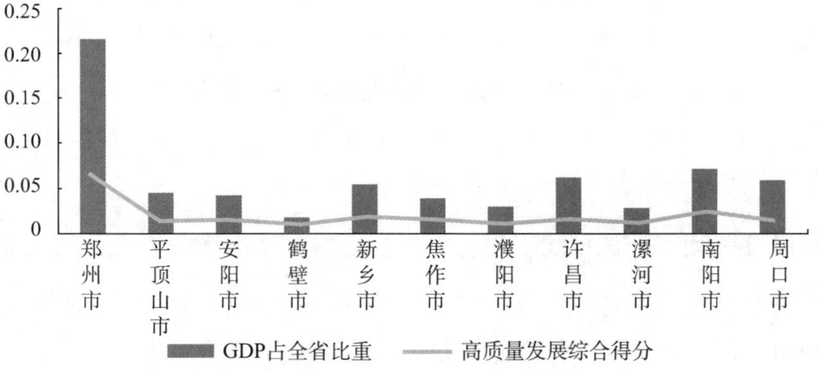

图2-3　2020年受水区高质量发展综合得分与GDP占全省比重

作为高质量发展综合实力亚军，南阳高质量发展总分排名较为靠前。2021年5月习近平总书记视察南阳，给予南阳人民极大的鼓舞和支持。同年10月，随着省第十一次党代会的召开，南阳实现了建设“省域副中心城市”的夙愿，圆了南阳人民多年来的梦想。当然，除了不断增强的经济实力，南阳的高质量发展水平提高也得益于南阳近年来在生态环境建设上的大手笔。作为拥有全国绿化模范城市、国家园林城市和中国优秀旅游城市等优秀生态资源的城市，南阳不断加大在生态经济转型、生态环境营造等方面的投入。不断增加植树造林、丰富森林资源等生态环境营造方面的投入。2018年南阳以森林覆盖率44.28%的高标准获得“国家森林城市”的称号。同时，在城市及周边区域加大力度开展空气、水、工农业和环境污染治理，倡导“让森林走入城市，让城市走入森林”。在此目标指导下，南阳以市域边界有森林公园，居民区附近有游园，城区内道路周边有树木、灌木和花草等城市生态环境营造格局为具体落实措施。目前，城市市域边界有羊山、独山和兰湖等多个森林公园，市区内建成37条城市景观路，中心城区建成梅城公园、如意湖公园等49个游园，为市民提供了“推窗见绿、出门见园、行路见荫”的绿色城市生态环境。

3. 水资源与受水区的高质量发展具有高度一致性和较强的交互性

南水北调中线正式通水以来，河南受水区在经济发展能力、创新发展能力、共享发展能力、绿色发展能力和城市生态环境营造等方面都有大幅度提升。河南省受水区11个城市中，郑州高质量发展水平最高，与其他样板城市拉开较大距离；新乡、焦作、许昌得益于区域优势、交通优势和城市生态产业转型等，高质量发展水平提升较快；南阳得益于中央政府和省政府的高度支持，作为南水北调中线工程的渠首地，高质量发展突飞猛进；濮阳和周口等受水区多数城市位于平原地区，人口多，生态环境营造较为不易，同时，这些城市工农业水资源的供需长期错位，地下水过度开采问题严重，需较长时间的调整才能见到效果。

除实证分析之外，南水北调中线工程的实际运行效果是最明显的证据。南水北调中线工程运行7年来，除为京津冀协同发展注入绿色动力之外，也有力地促进了受水区各城市的高质量发展。水利部数据显示，7年来（2014年12月12日至2021年12月12日）通过南水北调中线工程，累计向河南、河北、北京和天津等北方地区输水441亿立方米。累计向北方50多条河流进行生态补水70多亿立方米，促进华北地区地下水水位持续回升。以2016—2019年全国万元GDP平均用水量70.4立方米计算，约494亿立方米的“南水”，有效支撑了受水区7万亿元GDP的增长，受益人口达到1.4亿人。

南水北调中线工程有力地促进受水区城乡生态环境营造和城市高质量发展。南水北调中线对沿线城市河湖湿地进行生态补水，地下水水位过度开采现象减少。工程沿线省市河南省及京津冀地区城市居民饮用水质量得到明显改善，地下水开采过度现象得到有效缓解。南水北调中线工程供水除了工农业用水之外，还会通过汛期供水和平时供水来增加城乡生活环境消耗。以南阳为例，南水北调供水以来，随着城市生活用水和生态供水量的提升，白河水量明显增加，白河生态明显改善：白河游览区水量提升，水面宽阔，水流清澈，白河国家城市湿地公园更加靓丽多彩。

（三）河南受水区高质量发展子系统得分

2012 年 4 月 2012 低碳城市与区域发展科技论坛中首次提出“海绵城市”的概念。2013 年 12 月 12 日，习近平总书记在中央城镇化工作会议的讲话中强调：“提升城市排水系统时要优先考虑把有限的雨水留下来，优先考虑更多利用自然力量排水，建设自然存积、自然渗透、自然净化的海绵城市。”2015 年 10 月，国务院办公厅印发《关于推进海绵城市建设的指导意见》，部署推进海绵城市建设工作。

根据熵值分析，总体来看，从南水北调中线工程正式调水以来，河南受水区高质量发展水平明显提升。省会郑州高质量发展综合得分由 2015 年的 0. 04161 增长至 2020 年的 0. 06483。南阳的综合得分由 2015 年的 0. 01487 增长至 2020 年的 0. 02249。各子系统得分中，绿色发展能力平均分值最高，海绵城市潜力平均分值稍次，创新发展能力稍低于海绵城市潜力，最后是其他两项发展能力。在海绵城市建设上，郑州、南阳、焦作和鹤壁较早开始，因此得分较高。以鹤壁市为例，我国 2015 年开始推动海绵城市试点城市建设，鹤壁进入第一批 16 个海绵城市试点城市名单，也是河南省唯一上榜的城市。鹤壁市在生态城市建设中，以海绵城市建设为关键，实现传统煤炭资源型城市向生态型城市的成功转型。根据《鹤壁市 2020 年度海绵城市建设自评估报告》，鹤壁市海绵城市建设总投资 34. 11 亿元，建设了 273 项工程项目和 3 项配套能力项目，目前鹤壁市海绵城市达标分区总面积达到 29. 8 平方千米，占城市建成区的比例为 46. 48%。由图 2-4 可知，除郑州之外，实现传统煤炭产业转型的焦作等绿色发展能力得分较高。南阳自从 2016 年启动“森林城市”计划之后，投入较大，城市周边环境营造和城市绿地、水循环等进步较大，海绵城市潜力得分较高。五大发展能力中，11 个城市普遍存在共享发展能力较低的情况，主要原因是我国城乡居民收入差距长期存在，其原因具有多样性，如区域经济发展差异、全要素生产率差异、城乡二元经济存在、工农业产值剪刀差等。另外，我国社会主义建设的过程是先富带后富，差距存在有一定必然性。因此，城乡收入差距不是单单调水问题能够解决的。未来共享是目标，突出全民共享、全面共享，即全体人民共享发展成果。因此，未来南水北调中线工程进入后续发展阶段后，受水区高质量发展要突出共享，选取更合理的共享指标，采取更多元的措施促进全民共享和全面共享。如政府加强民生方面支出，加大教育投入，增强教育普惠性，加强公共服务供给，推动森林城市、海绵城市建设，增加居民幸福感和获得感。

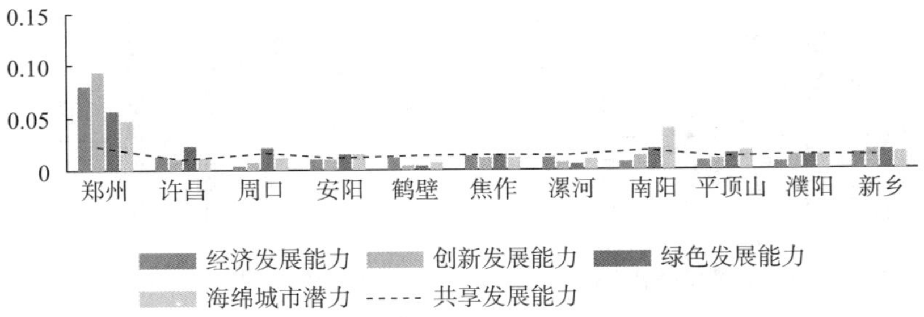

图 2-4　河南受水区城市五大发展能力得分

总之，南水北调中线工程自 2014 年正式开通放水，对受水区各城市高质量发展有显著的正向影响。通过 2015—2020 年的发展，受水区总体经济发展、产业结构升级改造、创新水平和城市生态环境营造等方面都有较大的发展，受水区受益于水资源供给量的增长，高质量发展水平逐年上升。

三、南水北调中线工程河南受水区高质量发展结论与展望

前文通过对各项指数的分析，全面评价了受水区高质量发展水平，比较客观地反映了河南省受水区高质量发展整体特点，为推动受水区高质量发展提供了借鉴。

（一）受水区高质量发展水平有效提升

水资源是承载地区经济发展的重要力量，水资源的支撑是粮食安全、能

源安全、生态安全、产业安全的关键，水资源安全关系到整体经济安全与经济高质量发展（王喜峰等，2019）。南水北调中线工程通水以来，受水区城市经济发展能力得到有效提升，图 2-5 是通水 6 年来受水区 GDP 增长率和水资源（地表水）增长率的比较。数据显示，受水区 6 年来 GDP 增长率平均值为 5.97%，其中郑州、新乡、许昌、漯河和周口年均增长率高于全省平均水平。

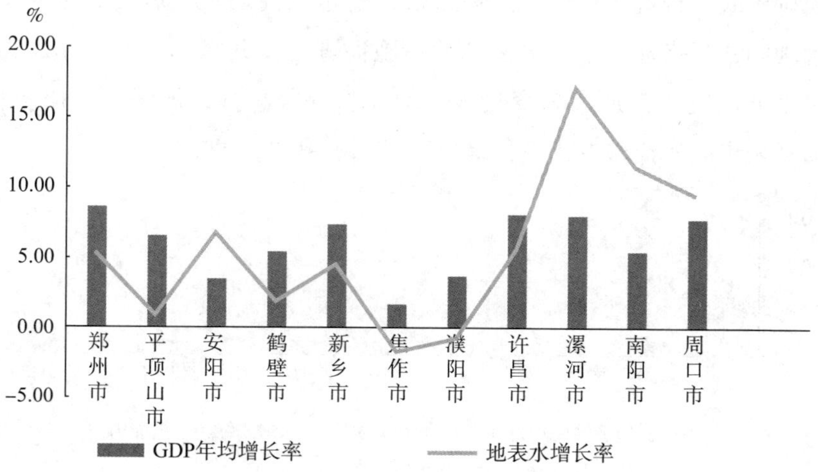

图 2-5　2015—2020 年受水区水资源与 GDP 增长率比较

1. 农业高质量发展显著进步

作为传统农业大省和粮食主产区，通水 6 年来，因为水资源保有量的提升，农业用水获得有效保障，粮食产量逐年提高。

如图 2-6 所示，除郑州外，2020 年受水区城市粮食产量比 2014 年有较大提升，除提升较高的周口、南阳和新乡等粮食核心主产区之外，平顶山排名第四。平顶山也是南水北调中线工程最先受益的城市。早在南水北调中线工程正式通水之前，2014 年平顶山遭遇 60 年来最大旱灾，国家防汛抗旱总指挥部通过南水北调总干渠向平顶山应急调水，有效缓解旱情。目前平顶山的白龟山水库已经由主力水源变为备用水源，待后期的水源置换和对接工程完成之后，平顶山将由饮用“两掺水”升级至地表水Ⅱ类标准的“丹江水”。

另外，多年来河南省已经形成小麦、花生、草畜、蔬菜、中药材等十大优势农产品，建成十大优势农产品生产基地，通过积极加快农业供给侧结构

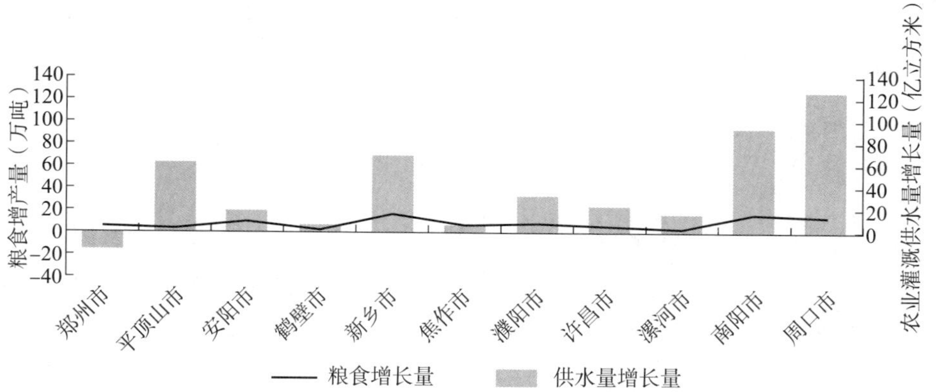

图 2-6　通水后受水区粮食增长率与农业灌溉供水量比较

性改革、调整种养结构等措施，农业现代化水平和市场化、专业化程度都得到有效提升。优质小麦、优质花生、食用菌等产量全国第一，优质草畜、蔬菜和中药材规模位居全国前列，新乡延津优质小麦全产业链入选全国农业全产业链典型，强筋小麦、豫西南肉牛、焦作怀药、伏牛山香菇入选全国优势特色产业集群。南水北调中线工程通水以来，河南省现代化农业发展取得显著进步，特色农业品种、质量和规模都有明显提升，产业、经济和社会效益凸显。

2. 受水区现代化制造业形成高质量集群发展态势

河南受水区各城市是传统工业基地，有一定工业发展基础，工业门类比较齐全。全国 39 个行业大类，焦作、南阳有 38 个，濮阳有 36 个，许昌有 35 个，新乡有 33 个，鹤壁和周口有 32 个。河南省传统优势产业是漯河、鹤壁和濮阳等地的煤化工产业，郑洛工业走廊的氧化铝、电解铝产业，郑州等地的汽车及零部件产业，漯河、周口等地的食品制造业，郑州、许昌等地的装备制造业和安阳、新乡、南阳等地的高新技术产业。

2009 年起，河南省建设约 180 个产业集聚区，将产业集聚区作为工业化、城镇化、农业现代化协调发展，实现制造业强省的战略突破口。产业集群作为制造业创新发展的载体，为受水区制造业高质量产业发展开拓新空间，创造新动能。2022 年河南省发改委公布首批 15 个河南省战略性新兴产业集群，11 个受水区城市有 10 个产业集群上榜（见表 2-3）。

表 2-3　河南省受水区各城市优势产业及产业集群发展情况

城市	优势产业	战略性新兴产业集群
郑州	电子信息、汽车及装备制造、生物及医药、新材料、铝及铝精深加工、现代食品制造等 6 个超千亿元主导产业，新能源汽车、生物、新材料、高端装备制造、节能环保五大特色优势产业	郑州经济技术开发区：新能源、智能网联汽车、高端装备制造业等
平顶山	尼龙新材料、电气装备、特钢不锈钢、煤焦化、盐化工、碳基新材料、电气装备、智能矿山机械、环保设备、互联网+装备制造产业	平顶山市智能制造装备产业集群：智能制造装备、煤化工
安阳	精品钢及深加工、新能源汽车及零部件、高端装备制造、精细化工、食品制造、纺织服装、绿色建材、电子信息、新材料、生物医药、新能源等产业	
鹤壁	汽车电子电器、光通信电子、3C 智造等产业	鹤壁市电子核心产业（电子电器）集群
新乡	装备制造、食品、轻纺、化工、生物与新医药产业	新乡市生物医药产业集群（国家火炬计划新乡生物医药特色产业基地）
焦作	新能源、新材料、食品制造、装备制造产业	焦作市锂离子电池新材料产业集群
濮阳	化工产业、新功能新材料产业	濮阳市新型功能材料产业集群
许昌	电力装备制造、人造金刚石等新型材料、电子信息、节能环保装备、汽车制造、生物医药等产业	许昌市硅碳新材料产业集群
漯河	食品制造、食品装备制造、液压科技、精密制造、精细化工、装备式建筑、现代家居等产业	
南阳	光电产业、装备制造、数字光电、生物医药、绿色食品、纺织服装、油碱化工、冶金建材、新材料、新能源等产业	南阳市生物医药产业集群（国家中医药综合改革试验区）、南阳市光电信息产业集群
周口	生物可降解材料、食品制造、纺织业、生物医药、智能零部件等产业	周口市生物降解材料产业集群

3. 现代服务业进步明显，科技软实力提高

从现代服务业产值看，2016 年河南省第三产业增加值占省 GDP 比重仅 40.8%，通过 4 年来发展，2020 年提高为 49.1%，提升较大。从现代服务业内部资产结构来看，排名前四的是批发和零售业，交通运输、仓储和邮政业，金融业和房地产业 4 个产业，这四大产业总资产占现代服务业的比重在 50%

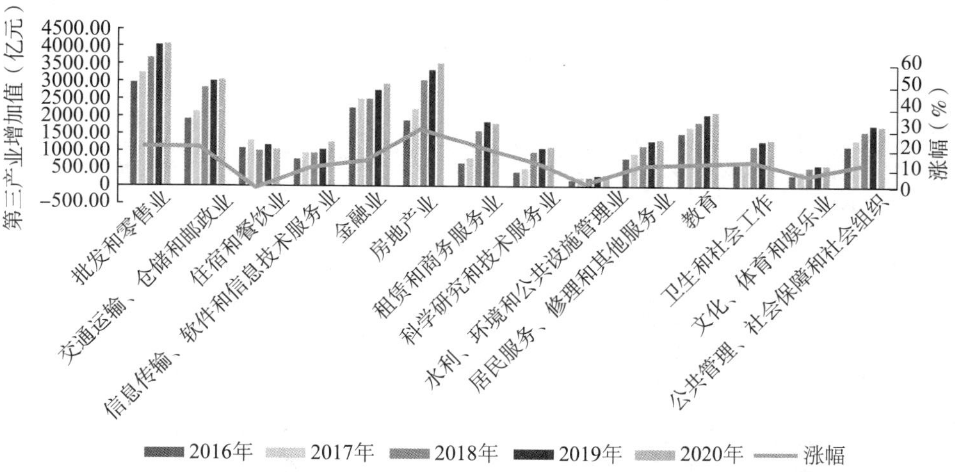

图 2-7　2016—2020 年河南省第三产业增加值与涨幅比较

以上；教育，公共管理、社会保障和社会组织，信息传输、软件和信息技术服务业等占 23%左右，这些服务业发展体现了近年来政府社会服务水平和服务管理意识的提升，对人口素质、共享经济、创新创业和城市宜居水平等有正向促进作用。信息传输、软件和信息技术服务业等是提升河南省现代化制造业水平的重要指标。改组数据的增长是软实力的代表指标，体现河南省对创新创业的重视程度。与软实力有关的科学研究和技术服务业比重虽小，但也在逐年增加。代表文化软实力的文化、体育和娱乐业比重暂时不高，但增长幅度较大。住宿和餐饮业是传统服务业，比重逐年减少。总体来讲，河南省现代业务发展取得长足进步，科技软实力得到明显提升。

（二）受水区产业结构演变与优化

世界发达国家的发展历程显示，经济增长是与产业结构升级并行的，产业结构的转型升级是高质量发展的重要内涵。

1. 产业结构现代化水平提升

通水以来，河南省采取多种措施，积极发展高新技术产业，推动数字化、信息化建设，促进三化融合，加快对产业结构进行调整升级，加快工业化进程，推动现代化农业、新型制造业和新兴服务业发展，促进三次产业结构升级优化，提高产业竞争力，促进国民经济持续高质量健康发展。通水 7 年来，河南省三产结构有了明显的改善，农业比重不断下降，第三产业比重不断上升，产业结构由“二三一”优化为“三二一”（见图 2-8）。

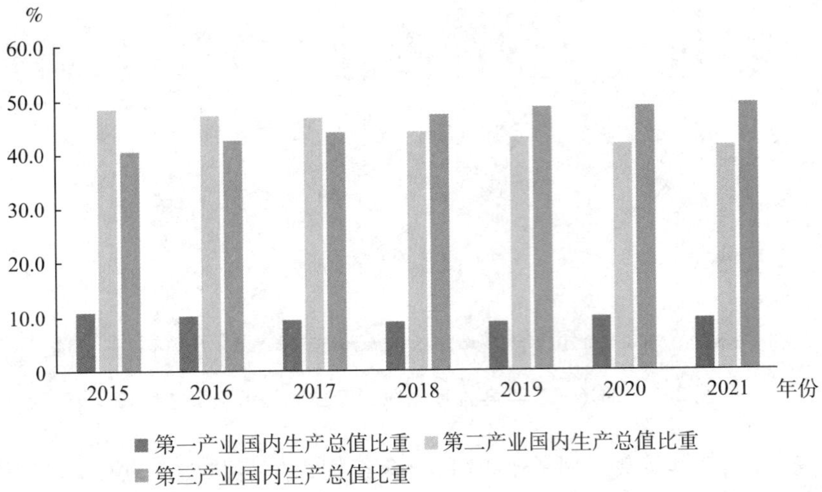

图 2-8　2015—2021 年河南省三产比重变动

2. 产业比较劳动生产率稳定增长

美国经济学家西蒙·库兹涅茨（Simon Kuznets）通过分析欧美主要国家长期统计数据，发现劳动力分布、国民收入在产业之间的分布和变化存在一定规律性，称为“库兹涅茨法则”（宫成，2012），该法则是结构性增长理论的核心。库兹涅茨法则公式化表述：某一产业的比较劳动生产率（对国民收入）= 国内生产总值比重/劳动力结构比重（焦敏娟，2009）。库兹涅茨发现，随着经济发展，第一产业比较劳动生产率小于 1，逐渐下降，第二产业（工业和建筑业）、第三产业比较劳动生产率大于 1，并逐渐上升，第二产业上升幅度不如第三产业明显。

根据库兹涅茨法则公式，基于《河南统计年鉴 2021》有关数据，经计算整理得到表 2-4。由表 2-4 可以看出，通水以来，河南省产业结构转型优化升级明显。第一产业比较劳动生产率都小于 1，第二产业和第三产业都大于 1。第二产业的比较劳动生产率最高，第三产业的比较劳动生产率次之，第一产业的比较劳动生产率最低，符合库兹涅茨法则。合理的产业结构是区域经济持续快速发展的重要保证，符合产业结构演进规律的产业结构的优化升级，能够增强产业竞争力，促进区域生产力的发展，提高区域整体经济效益。通水以来，水资源作为区域经济发展的基础战略资源，促进了受水区经济发展和产业结构的优化升级，为受水区高质量发展提供了有力支撑。

表 2-4　2015—2020 年河南省三大产业比较劳动生产率

年份	第一产业比较劳动生产率	第二产业比较劳动生产率	第三产业比较劳动生产率
2015	0.32	1.62	1.13
2016	0.33	1.58	1.08
2017	0.34	1.56	1.03
2018	0.33	1.47	1.08
2019	0.34	1.44	1.08
2020	0.39	1.41	1.07

（三）生态环境得到有效改善

习近平总书记指出，绿水青山就是金山银山。要进一步提升城市生态环境，进一步发挥优势推动乡村振兴，加快制度创新。生态优势是现实的经济优势。生态环境质量的改善，不仅仅是生态系统的环境承载力和资源贡献率的增长，也会带来生产力和生产效率的提高。生态效益和经济效益是一体两面，“保护生态环境就是保护生产力，改善生态环境就是发展生产力”。此外，山水林田湖草是一个生命共同体，要根据生态系统的整体性要求，统筹区域内各生物、动物和其他自然要素，进行整体保护、系统修复、综合治理，不断增强生态系统循环能力，维护生态平衡。良好的生态环境是最公平的公共产品，是最普惠的民生福祉，这也是政府的责任和工作重点。

生态环境的高质量，是人类在利用和改造自然以保障自身生存与发展的同时，尽量削减对自然环境破坏和污染所产生的危害人类生存的各种负反馈效应（任保平等，2020）。提倡“海绵城市”建设是我国城市水生态环境综合治理水平提升的标志，是继传统园林城市、森林城市、智慧城市、低碳城市等之后的新倡议，是我国科学综合有效治理城市水生态问题的新途径。受益于南水北调中线工程，受水区城市在海绵城市建设上取得明显进步，2021 年鹤壁市 46.5% 城区达到海绵城市建设标准，绿色建筑占新建建筑比例达

54.7%。2021 年 12 月平顶山市海绵城市专项规划通过评审。

（四）乡村振兴取得突破

水利基础设施建设薄弱是很多贫困地区的突出缺陷，水利扶贫是扶贫的一项重要途径。河南省受水区分布在多个国家级贫困县、省级贫困县，饮水受困、因水成疾、因水致贫等现象广泛存在，水资源短缺、污染等导致的水短缺、水灾害、水污染、水土流失等严重制约着贫困地区经济社会的发展。因此对这些贫困地区而言，脱贫的希望就是解决水问题。南水北调中线工程的建设和运行，有效促进这些地区人民的脱贫致富。2014 年河南省农村自来水普及率仅 69%，2020 年增长至 91%。2020 年安阳、漯河等剩余建档立卡贫困人口全部脱贫，新乡 527 个贫困村退出贫困序列，周口市 7 个贫困县全部实现脱贫摘帽。

南水北调中线工程通水以来，基于水资源保有量的提升，受水区各城市经济转型发展持续加快，高质量发展、绿色发展、开放发展和共享发展水平不断提升。城市科技创新带动传统产业转型升级，城镇化率不断提高；工农业产业附加值不断提升，城乡收入差距逐渐缩小，城乡居民共享经济发展成果的覆盖面扩大；城市森林覆盖率有效提升，城市周边生态环境优化。但是受水区城市高质量发展仍然存在一些问题，譬如高质量发展不平衡不充分性仍然存在；持续发展标杆突出，但部分地区创新发展压力较大；协调发展水平持续推进，城乡一体化仍需加快；开放水平和优质公共服务供给有待提高等，有待后续研究。

（五）受水区高质量发展展望

2021 年 5 月 14 日，习近平总书记在南阳召开南水北调后续工程高质量发展座谈会，提出“节水优先、空间均衡、系统治理、两手发力”的治水思想，为南水北调中线工程后续高质量发展指引方向。因此，深入分析南水北调中线工程进入后续发展面临的新形势、新任务，探讨如何贯彻高质量发展要求，立足整体，坚持空间均衡，环保高效推进工程后续进展，方能不负重托，不辱使命。新的时期，河南省受水区各城市面临新的发展机遇和挑战。基于通水 6 年来受水区经济高质量发展的实证分析，受水区未来高质量发展要点如下：

1. 强化科技创新引领，培育新动能是高质量发展的动力

首先，进一步强化科技创新引领，壮大实体经济，进一步强化产业创新与传统产业数字化赋能。高质量发展需要从传统经济增长点过渡到新的经济增长点，关键在于先进制造业和现代服务业的深入融合。譬如互联网、大数据、人工智能等创新力量的引入，提升传统产业附加值和科技含量，创造新产业和新业态。顺应消费升级趋势，根据新技术、新产品、新产业、新业态等“四新经济”需要，在中高端消费、绿色消费、现代供应链等领域发掘更多新兴产业和经济增长点。其次，营造一流营商环境，采取有效措施引进国际、东南沿海等地区先进技术，在河南省构建“一群多链、聚链成群”的万亿级战略支柱产业集群，如装备制造集群、新型材料集群、电子信息集群、生物医药集群、现代化工集群等，实现制造业大省到制造业强省的完美嬗变。最后，三产高质量发展需要从促进产业转型升级入手，产业结构升级是产业高质量发展的关键。要进一步推动传统产业升级，实现产业结构优化，在推动区域经济结构性增长的同时，实现新动能的培育和激发企业创新积极性。在完善五大发展能力要素基础上，实现受水区可持续的高质量发展。

2. 增进人民福祉是高质量发展的根本目标

高质量发展的核心目标是满足人民日益增长的物质文化需要，高质量发展核心在于进一步提高人民的获得感，提高人民群众的生活质量，为人民营造更绿色、更环保、更高端、更便利的城乡生活环境。实现高质量收入分配，让更多的人享受经济建设的成果，最终实现共同富裕。共享从字面上理解就是共同享有，即发展成果由全体人民共享。在“五位一体”总体布局中，共享体现在经济建设方面，是做好分配，使人人享受到经济发展的成果，缩小城乡差距，促进就业创业；在政治建设方面，是合理安排财政支出，重视民生方面的财政支出；在文化建设方面，要提高教育质量，推动义务教育均衡发展，增强教育的普惠性；在社会建设方面，要增加公共服务供给，提高公共服务共建能力和共享水平；在生态文明建设方面，要推动美丽中国建设，使公民呼吸到新鲜的空气，饮用到健康优质的水。总之，良好的生态环境是最公平的公共产品，是最普惠的民生福祉，这也是“十四五”时期受水区高

质量发展的重点。

3. 建设南水北调中线工程生态经济带，是受水区高质量发展的保障

目前围绕流域或重大调水工程区域经济高质量发展，我国已经将“生态经济带”建设作为抓手，这方面已积累一定的理论成果和实践经验。樊万选等（2012）较早提出了构建与南水北调中线工程相关的生态经济区的想法，通过水源地生态经济区的建设，促进水源地经济发展方式转变、构建生态产业体系，增强区域可持续发展能力等，最终实现中原经济区生态安全和经济发展。王拯（2020）基于淮河实体经济带发展，认为加快淮河生态经济带发展，推进淮河流域生态文明建设，对巩固全面脱贫成果、促进经济社会高质量发展，将起到重要的推动和促进作用。

我国目前已经形成点线面相结合的生态经济带发展格局，在生态经济带发展布局上，有效实现城市群、经济带互联互通，流域区域经济一体化高质量发展蓬勃兴起。2016 年 9 月，《长江经济带发展规划纲要》正式印发，以长江为依托，发挥上海、武汉和重庆等核心城市推动作用，形成周边长江三角洲城市群、长江中游城市群和成渝城市群等三大城市群的“一轴、两翼、三极、多点”的发展模式。2018 年 10 月国务院批准《汉江生态经济带发展规划》，汉江生态经济带作为南水北调中线工程的水源涵养区，涵盖湖北、河南和陕西三省。2018 年 11 月，经国务院批准，《淮河生态经济带发展规划》正式印发，淮河生态经济带涵盖河南省、江苏省、山东省、安徽省和湖北省 25 个地市和 4 个县（市）。2021 年 10 月《黄河流域生态保护和高质量发展规划纲要》发布，这是仅次于长江经济带的高质量发展规划。

南水北调中线工程的调水线路与长江、黄河和淮河相连，生态经济带的建设有利于实现大水网的建设，实现水资源南北调配，是改善工程周边生态环境、加大生态系统保护力度、加快生态文明体制改革、推进受水区高质量发展的重要保障。

第三章 南水北调中线工程受水区水资源绿色效率研究

2021年5月14日，习近平总书记在河南省南阳市主持召开推进南水北调后续工程高质量发展座谈会时强调，立足流域整体和水资源空间均衡配置，提高水资源集约节约利用水平。科学测度南水北调中线工程沿线受水区水资源绿色效率，探索提升路径，可以为推进南水北调中线工程水资源节约集约利用、促进沿线受水区高质量发展提供决策参考。

第一节 水资源利用效率研究综述

一、灰水足迹的相关研究

传统的关于水资源环境的研究，大多把水资源数量与水污染单独研究，无法定量分析二者之间的关系，在此背景下灰水足迹应运而生。Hoekstra等（2011）提出“灰水足迹”的概念，将其定义为以水环境质量标准为基准，将污染负荷稀释至高于特定环境水质标准所需淡水的体积。灰水足迹对水污染从水量角度进行评价，为水污染与水资源数量的综合研究提供了新的方法。目前国外研究主要集中在特定产品灰水足迹核算评价（Chapagain等，2012；Mekonnen等，2015；Ercin，2019）和区域整体灰水足迹核算评价（Mekonnen等，2011）两方面。国内灰水足迹研究主要集中在各流域、各地区、各省市工业、农业灰水足迹的核算与评价方面（孙才志等，2016；冼超凡等，2019；洪传春等，2021；王雅晴等，2021；王艺璇等，2022）。

二、水资源利用效率评价的相关研究

本部分主要从评价方法、评价指标及评价对象三个方面对相关文献进行梳理。

（一）评价方法方面

目前关于水资源利用效率的评价方法主要有两种：一种是通过构建水资源利用效率评价指标体系进行研究（聂晓等，2019；邢霞等，2020），主要采用水资源开发利用率、人均用水量、万元 GDP 用水量、污水处理率等指标，构建熵权模型或者模糊评价模型进行分析。另一种是基于投入产出数据对水资源利用效率进行测度，即测度水资源效益产出与水资源及相关资源投入的比值，该种方法也是评价水资源利用效率的主流方法，测试时采用 SFA 模型、传统 DEA 模型、SBM 模型、EBM 模型等。早期研究未考虑到水环境的因素，多采用 SFA 模型（雷贵荣等，2010；陈关聚等，2013；雷玉桃等，2015）、传统 DEA 模型（Hu 等，2006；程永毅等，2014；卢曦等，2017）对水资源利用效率进行测度。随着绿色发展理念的推进，部分学者开始关注水资源环境，并将水污染因素纳入水资源效率的测度框架中，进行水资源绿色效率的测度。水资源绿色效率是综合反映水资源在经济、生态和社会等方面产出的效益的指标，其目的在于尽量使水资源投入及非期望产出（如水环境污染等）减少，使期望产出（如利用水资源产生的经济、社会效益等）增大。目前水资源绿色效率的测度多采用 SBM 模型、EBM 模型（孙冬营等，2018；苏喜军等，2021；付永虎等，2021；任志安等，2019；尹庆民等，2020；李青松等，2021；高新才等，2021；黄杰等，2021）。

（二）评价指标选择方面

多数研究以废水排放量、碳排放量作为非期望产出，进行水资源绿色效率的测度（孙冬营等，2018；任志安等，2019；尹庆民等，2020；苏喜军等，2021），作为当前生态经济学和可持续发展研究领域的热点和前沿课题，少数研究以灰水足迹作为非期望产出进行水资源绿色效率的测度（李青松等，2021；付永虎等，2021）。

（三）评价对象方面

李青松等（2021）、付永虎等（2021）、任志安等（2019）、苏喜军等（2021）分别考察了长江经济带、洞庭湖区、淮河生态经济带、黄淮海平原农业用水效率，孙冬营等（2018）、尹庆民等（2020）、焦士兴等（2021）研究了长江经济带、浙江省工业用水效率、河南省综合用水效率。

三、水资源利用效率的影响因素及优化对策研究

现有研究主要从节水意识、自然条件、经济发展、产业结构、科技进步等多个角度，探索影响水资源利用效率的关键因素及主要制约因素（尹庆民等，2020；刘波等，2020；张峰等，2021；苏喜军等，2021），进而提出从节水意识、节水用水技术、水价机制、水资源配置等角度因地制宜地调整节水用水措施，提高各地区节水潜力及水资源利用效率（苏喜军等，2021；付永虎等，2021）。

四、研究评述

综上所述，现有研究对水资源利用效率开展了大量理论和实践探索，为本研究提供了坚实的理论基础与方法论指导，但是仍存在以下不足：第一，在研究对象上，缺少对南水北调中线工程沿线受水区工业、农业水资源绿色效率的测度与研究。第二，在研究方法上，多数研究以碳排放量、废水排放量作为非期望产出进行水资源绿色效率的测度。作为当前生态经济学和可持续发展研究领域的热点和前沿课题，以灰水足迹作为非期望产出进行水资源绿色效率测度的相关研究尚显薄弱。

本研究采用2009—2020年南水北调中线工程受水区相关数据，考察南水北调中线工程受水区水资源绿色效率的提升路径。在理论方面，基于灰水足迹视角对南水北调中线工程水资源绿色效率进行测度，丰富和拓展水资源绿色效率研究领域；在实践方面，探索南水北调中线工程水资源绿色效率提升的路径机制，为提高南水北调中线工程水资源节约集约利用水平，进一步推动南水北调中线工程生态保护与高质量发展提供参考。

第二节　研究方法与数据来源

一、灰水足迹核算方法

参考 Hoekstra 等（2012）编著的《水足迹评价手册》中关于灰水足迹的计算公式，并借鉴现有研究成果（孙才志等，2016；王雅晴等，2021），从农业、工业两方面对灰水足迹进行核算。

（一）农业灰水足迹

2020 年发布的《第二次全国污染源普查公报》显示，农业源是水污染物排放的主要源头。在农业生产过程中，化肥的大量施用及畜禽粪污的随意排放，都会带来不同程度的水体污染。农业源污染主要是面源污染，污染物通过扩散方式进入水体。根据农业生产的主要方面，这里主要从种植业灰水足迹和畜禽养殖业灰水足迹两方面对农业灰水足迹进行核算。

1. 种植业灰水足迹

在种植业生产过程中，大量施用的化肥不能被农作物完全吸收，部分随降水、灌溉溶解进入地下，导致地下水受到氮元素污染。参考《水足迹评价手册》中的模型及王雅晴等（2021）的研究，可基于化肥施用过程中氮元素进入水体量估算种植业灰水足迹，公式如下：

$$GWF_P=\frac{a\times(Appl_n\times c_n+Appl_c\times c_c)}{C_{max}-C_{nat}} \tag{3-1}$$

其中，GWF_P 为各城市种植业灰水足迹（m^3/a），a 为化肥流失率，取全国平均值 7%。$Appl_n$、$Appl_c$ 分别为各城市氮肥及复合肥施用量（kg/a），c_n、c_c 分别为氮肥及复合肥中的氮元素含量，取值 46%、30%。C_{max} 为污染物水质标准浓度（kg/m^3），C_{nat} 为受纳水体的自然本底浓度（kg/m^3），参考《污水综合排放标准》（GB 8978—1996）中的一级排放标准，氮的排放达标浓度选取 15mg/L，受纳水体的自然本底浓度设为 0。

2. 养殖业灰水足迹

在我国畜禽养殖业快速发展的同时，畜禽粪污的随意排放对水体造成了严重污染，主要表现为水体氮元素负荷日益增长，《第二次全国污染源普查公报》显示，畜禽养殖业是农业水污染物氮元素的主要源头。参考孙才志等（2016）的研究，这里主要基于畜禽养殖过程中未作处理的粪污排放，估算养殖业灰水足迹，公式如下：

$$GWF_L = \sum_{m}^{n} GWF_m = \frac{L_m \times EX_m \times (1-P_m) \times N_m}{C_{max} - C_{nat}} \tag{3-2}$$

其中，GWF_L 为各城市养殖业灰水足迹（m^3/a），GWF_m 为各城市牛、马、驴、骡、猪、羊、家禽及兔养殖过程中带来的灰水足迹（m^3/a），L_m 为各城市各种畜禽年末存栏量（头、只），EX_m、P_m 及 N_m 分别为各种畜禽年均排泄物产生量（kg）、排泄物回用处理率及氮流失率。各类畜禽排泄物情况如表 3-1所示。

表 3-1　各类畜禽排泄物情况

畜禽	年均排泄物产生量（kg）	排泄物回用处理率（%）	排泄物氮流失率（%）
牛、马、驴、骡	30	20	46
猪、羊	14	30	64
家禽、兔	0.1	50	78

农业灰水足迹 GWF_A 可由种植业灰水足迹和养殖业灰水足迹加总得到，公式如下：

$$GWF_A = GWF_P + GWF_L \tag{3-3}$$

（二）工业灰水足迹

相较于农业灰水足迹，工业源污染主要是点源污染，即污染物通过直接排放进入水体。《第二次全国污染源普查公报》显示，化学需氧量（COD）及氨氮（NH）是工业废水排放中的主要污染物。因此，参考孙才志等（2016）的研究，这里主要基于工业化学需氧量及氨氮排放量估算工业灰水足迹，公式如下：

$$GWF_I = \max(GWF_{COD},\ GWF_{NH}) \tag{3-4}$$

$$GWF_i=\frac{L_i\times(W_C\div W_P)}{C_{max}-C_{nat}} \tag{3-5}$$

其中，GWF_I 为各城市工业灰水足迹（m^3/a），GWF_i 为以第 i 类污染物为标准核算的工业灰水足迹，i 为 COD、NH。L_i 为城市所在省份第 i 类污染物排放量（kg/a），W_C、W_P 分别为各城市及城市所在省份工业废水排放量（m^3/a）。C_{max}代表污染物水质标准浓度（kg/m^3），C_{nat}代表受纳水体的自然本底浓度（kg/m^3），参考《污水综合排放标准》（GB 8978—1996）中的一级排放标准，化学需氧量及氨氮的排放达标浓度分别选取60mg/L、15mg/L，受纳水体的自然本底浓度设为0。

（三）灰水足迹荷载系数

灰水足迹难以完全反映各城市工业、农业经济发展对水环境带来的压力，例如某城市灰水足迹可能相对较小，但是该城市水资源匮乏，从而也会对水环境带来较大压力。基于此，本研究采用灰水足迹荷载系数指标来衡量各城市水环境压力。灰水足迹荷载系数是将水污染物稀释到特定环境水质标准所需水量与水资源总量之比，该指标将灰水足迹与水资源总量联系起来。荷载系数越大，代表城市水污染压力越大，如果大于1，表明城市水资源总量已难以满足灰水足迹的稀释需求。灰水足迹荷载系数计算公式如下：

$$K=\frac{GWF}{Twr} \tag{3-6}$$

其中，K 为灰水足迹荷载系数，Twr 为城市水资源总量。

二、水资源绿色效率测度

采用超效率SBM模型对南水北调中线工程受水城市水资源绿色效率进行测度，具体公式如下：

$$\rho=\min\frac{1-\frac{1}{m}\sum_{i=1}^{m}\frac{S_i^-}{X_{i0}}}{1+\frac{1}{S_1+S_2}\left(\sum_{j=1}^{S_1}\frac{S_j^g}{y_{j0}^g}+\sum_{k=1}^{S_2}\frac{S_k^b}{y_{k0}^b}\right)} \tag{3-7}$$

$$\text{s. t. } x_0 = X\lambda + S^-,\ y_0^g = Y^g\lambda - S^g,\ z_0^b = Z^b\lambda + S^b$$

$$S^- \geqslant 0,\ S^g \geqslant 0,\ S^b \geqslant 0,\ \lambda \geqslant 0$$

其中，ρ 为待测度的水资源绿色效率值，且 $\rho>0$，如果 $\rho \geqslant 1$，表明决策单元完全有效，如果 $\rho<1$，表明决策单元存在一定的效率损失，可以通过优化投入产出比改善效率水平。x、y^g、z^b 分别为投入要素、期望产出、非期望产出，m、S_1、S_2 分别为投入要素、期望产出、非期望产出的个数；S^-、S^g、S^b 分别为投入要素、期望产出、非期望产出的松弛量。λ 为决策单元的权重向量，公式中的“0”代表被评价单元。另外，上述模型的解为水资源利用综合技术效率值，如果加上 $\sum \lambda = 1$ 的约束条件，就可以在规模报酬可变的假定下，求解得到水资源利用纯技术效率值；在此基础上用综合技术效率值比上纯技术效率值，可以得到水资源利用的规模效率值。水资源利用的纯技术效率和规模效率，分别反映了节水技术、污水处理技术的应用情况和工业、农业用水生产的资源配置状况。

参考已有工业、农业水资源绿色效率相关研究成果，构建农业、工业水资源绿色效率评价指标体系，如表 3-2、表 3-3 所示。

表 3-2 农业水资源绿色效率评价指标体系

一级指标	二级指标	变量说明
投入	水资源投入	农业用水量（亿立方米）
	劳动力投入	第一产业就业人员数（万人）
	土地投入	农作物总播种面积（千公顷）
	农机投入	农业机械总动力（万千瓦）
	灌溉投入	农业有效灌溉面积（千公顷）
	化肥投入	农用化肥施用（折纯）量（万吨）
	农药投入	农药使用量（万吨）
	农膜投入	农膜使用量（万吨）
期望产出	农业总产值	农林牧渔业总产值（亿元）
非期望产出	灰水足迹	农业面源污染灰水足迹（亿立方米）

表 3-3　工业水资源绿色效率评价指标体系

一级指标	二级指标	变量说明
投入	水资源投入	工业用水量（亿立方米）
	劳动力投入	工业就业人员数（万人）
	固定资本投入	工业固定资本投入（亿元）
期望产出	工业增加值	工业增加值（亿元）
非期望产出	灰水足迹	工业点源污染灰水足迹（亿立方米）

三、数据说明

本研究以南水北调中线工程 20 个地级及以上受水城市为研究对象，相关水利、环境与社会经济等数据来源于 2009—2021 年各省市统计年鉴、水资源公报以及《中国城市统计年鉴》等，所有名义指标用以 2009 年为基期的价格指数做了平减处理。

第三节　南水北调中线工程受水区灰水足迹核算结果

一、农业灰水足迹

（一）核算结果

根据式（3-3），计算得到 2009—2020 年南水北调中线工程农业灰水足迹，见图 3-1。从图 3-1 中可以看出，2009—2020 年南水北调中线工程农业灰水足迹整体呈现先升后降的变动趋势。具体而言，2009—2014 年农业灰水足迹呈现缓慢上升趋势，从 2009 年的 486. 63 亿立方米上升到 2014 年的 499. 98 亿立方米，总体上上升幅度不足 3%；2014 年之后农业灰水足迹呈现快速下降趋势，从 2015 年的 482. 63 亿立方米下降至 2019 年的 332. 24 亿立方米，达到研究期内农业灰水足迹最小值；随后在 2020 年有所回升，升至 373. 31 亿立方米，2015—2020 年下降幅度达到 22. 65%，说明随着农业经济的发展、可持续发展观念的增强及环保意识的提升等，南水北调中线工程农业部门的面源污染得到一定控制。

从农业灰水足迹的构成来看，养殖业灰水足迹是农业灰水足迹的主要来源，2009—2020年平均占比达到79%，而种植业灰水足迹平均占比仅为21%。具体来看，2009—2020年养殖业灰水足迹整体呈现先保持平稳波动后快速下降的变动趋势，2009—2014年围绕400亿立方米平稳波动，在农业灰水足迹中的占比基本稳定在81%；2014年之后养殖业灰水足迹呈现快速下降趋势，从2015年的384.68亿立方米下降至2019年的286.60亿立方米，下降幅度达到25%，在农业灰水足迹中的占比由80%下降至77%。2009—2020年种植业灰水足迹整体变动不明显，具体呈现先升后降的变动趋势，先由2009年的91.90亿立方米升至2015年的97.94亿立方米，随后又开始下降，到2020年降至86.71亿立方米；同时，种植业灰水足迹在农业灰水足迹中的占比呈现缓慢上升的趋势，由2009年的19%升至2020年的23%。可见，对养殖业面源污染的有效控制是农业部门灰水足迹下降的主要原因。

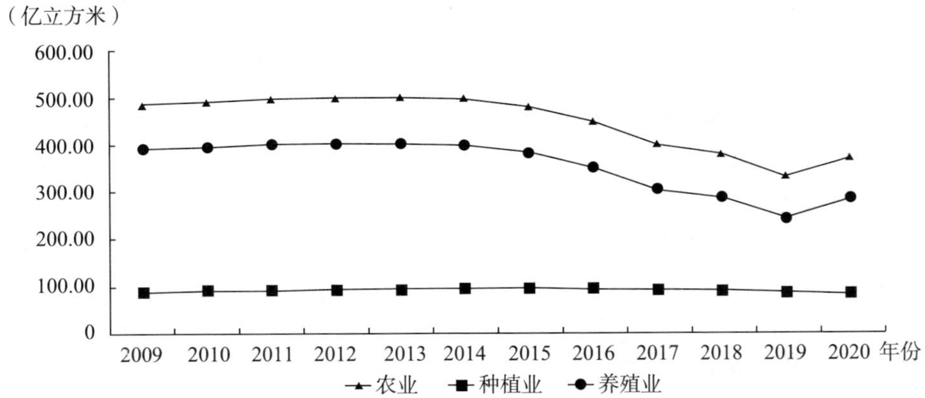

图3-1　2009—2020年南水北调中线工程农业灰水足迹

由表3-4可知，城市间农业灰水足迹呈现较大差异，其中，河南省的南阳、周口两个城市农业灰水足迹最高，基本为各市均值的2倍以上；其次为河南省的平顶山、新乡及河北省的石家庄、邯郸、保定、沧州六个城市，农业灰水足迹均值都超过了20亿立方米；郑州、许昌、安阳、焦作、濮阳、漯河、衡水、邢台、廊坊、天津、北京11个城市农业灰水足迹居中，均值处于10亿~20亿立方米；鹤壁农业灰水足迹最低，均值不足7亿立方米。总的来说，作为农业大省，河南省、河北省各城市农业灰水足迹普遍较高，北京、天津农业灰水足迹相对较低。

从各受水城市农业灰水足迹的变动趋势来看，除了周口、北京、廊坊3个城市外，其余17个城市农业灰水足迹的变动趋势与整体变动趋势一致，都呈现先缓慢上升后快速下降的变动趋势；周口市农业灰水足迹呈现先升后降再升再降再升的“锯齿”形变动趋势；北京、廊坊农业灰水足迹在2009—2014年呈现缓慢下降趋势，2015年后呈现快速下降趋势。从各受水城市农业灰水足迹的变动幅度来看，在2009—2014年、2015—2020年两个时间段内，除了周口市，其余各城市农业灰水足迹都呈现不同程度的降低；其中，北京、廊坊的下降幅度最大，超过40%；其次是郑州市，下降幅度为35%；许昌、焦作、石家庄、沧州、衡水、邯郸6个城市的下降幅度均在20%以上；平顶山、安阳、濮阳、新乡、南阳、漯河、天津、保定、邢台9个城市的下降幅度在10%以上；鹤壁市的下降幅度较低，不足10%；周口市在两个阶段的农业灰水足迹没有下降，反而有略微上升。总的来说，北京市农业灰水足迹下降幅度最大，其次是河南省、河北省等，天津市相对较低。

表3-4　2009—2020年部分年份南水北调中线工程受水城市农业灰水足迹

单位：亿立方米

城市	2009年	2011年	2013年	2015年	2017年	2019年	2009—2014年均值	2015—2020年均值	2009—2020年均值
郑州	14.62	14.84	14.97	13.97	10.73	6.00	14.84	9.62	12.23
平顶山	26.47	26.49	26.30	23.82	21.75	17.72	26.25	21.05	23.65
安阳	19.43	20.08	19.77	18.28	17.87	13.22	19.75	16.39	18.07
鹤壁	6.87	7.12	7.47	7.24	7.11	5.47	7.22	6.68	6.95
新乡	24.78	25.12	25.85	25.60	24.02	16.92	25.44	22.39	23.91
焦作	13.40	13.14	13.23	11.55	9.94	6.44	13.07	9.24	11.15
濮阳	15.65	15.52	16.10	15.88	12.76	11.96	15.81	13.53	14.67
许昌	22.52	22.48	22.26	19.88	18.21	12.87	22.23	16.73	19.48
漯河	12.98	13.43	14.06	13.34	12.05	10.04	13.54	11.97	12.76
南阳	57.51	57.56	56.05	53.27	49.64	45.86	56.68	49.92	53.30

续表

城市	2009 年	2011 年	2013 年	2015 年	2017 年	2019 年	2009—2014 年均值	2015—2020 年均值	2009—2020 年均值
周口	47.47	46.84	47.97	49.04	47.58	46.68	47.87	48.11	47.99
北京	15.31	14.46	14.64	13.39	8.85	3.07	14.72	7.81	11.26
天津	15.53	15.80	16.60	16.32	14.39	11.67	16.07	14.43	15.25
石家庄	35.86	37.38	37.68	36.90	28.46	23.29	37.02	28.82	32.92
廊坊	20.37	21.18	19.20	17.36	10.70	7.92	20.29	11.36	15.83
保定	35.05	37.33	38.11	38.12	31.62	26.64	37.03	32.96	34.99
沧州	24.60	26.05	26.08	24.39	16.08	15.37	25.62	18.42	22.02
衡水	21.53	23.39	23.38	22.67	15.87	13.64	22.90	17.07	19.99
邢台	18.37	19.71	20.06	20.28	14.99	13.82	19.59	16.40	18.00
邯郸	38.32	41.69	41.99	41.32	28.80	23.65	41.05	30.60	35.82

由表 3-5 可以看出，各城市养殖业灰水足迹占比明显高于种植业，同时，城市间农业灰水足迹的构成也呈现较明显的地域差异。具体而言，鹤壁、漯河、平顶山、许昌、北京、廊坊、邯郸、保定、衡水、天津 10 个城市养殖业灰水足迹平均占比超过各城市的平均水平，达到 80%以上；郑州、周口、焦作、濮阳、南阳、石家庄、沧州、邢台 8 个城市养殖业灰水足迹平均占比也都超过了 70%；安阳、新乡养殖业灰水足迹平均占比相对较低，低于各城市的平均水平，但是也接近 70%。可见，养殖业灰水足迹是各受水城市农业灰水足迹的主要来源。

从各城市农业灰水足迹构成的变动情况来看，在 2009—2014 年、2015—2020 年两个阶段，养殖业灰水足迹在农业灰水足迹中的占比大都呈现下降趋势，而种植业灰水足迹的占比大都上升。具体而言，除了漯河、天津两个城市，其余各城市养殖业灰水足迹占比都出现不同程度的下降，但都不超过 10%，其中，郑州、焦作、衡水 3 个城市养殖业灰水足迹占比下降幅度相对较大，超过 8%；安阳、新乡、廊坊、邯郸、沧州、北京 6 个城市养殖业灰水足迹占比下降超过 5%；其余各城市养殖业灰水足迹占比下降不足 5%；而漯河、天津两个城市养殖业灰水足迹占比在 2015—2020 年有所上升，上升幅度均不超过5%。由此再次说明，多数城市养殖业面源污染的有效控制，是南水北调中线工程农业灰水足迹下降的主要原因。

表3-5 2009—2020年南水北调中线工程受水城市种植业、养殖业灰水足迹占比情况

单位:%

城市	种植业			养殖业		
	2009—2014年均值	2015—2020年均值	2009—2020年均值	2009—2014年均值	2015—2020年均值	2009—2020年均值
郑州	19.35	28.22	23.78	80.65	71.78	76.22
平顶山	16.50	21.15	18.83	83.50	78.85	81.17
安阳	29.02	35.62	32.32	70.98	64.38	67.68
鹤壁	14.62	16.64	15.63	85.38	83.36	84.37
新乡	27.47	33.03	30.25	72.53	66.97	69.75
焦作	19.63	28.29	23.96	80.37	71.71	76.04
濮阳	25.37	30.12	27.75	74.63	69.88	72.25
许昌	15.91	17.50	16.70	84.09	82.50	83.30
漯河	16.63	16.53	16.58	83.37	83.47	83.42
南阳	18.75	21.67	20.21	81.25	78.33	79.79
周口	20.84	23.64	22.24	79.16	76.36	77.76
北京	14.41	19.50	16.96	85.59	80.50	83.04
天津	21.94	17.70	19.82	78.06	82.30	80.18
石家庄	19.68	23.45	21.57	80.32	76.55	78.43
廊坊	13.25	21.10	17.17	86.75	78.90	82.83
保定	18.41	20.29	19.35	81.59	79.71	80.65
沧州	17.97	23.49	20.73	82.03	76.51	79.27
衡水	15.22	24.24	19.73	84.78	75.76	80.27
邢台	24.02	28.06	26.04	75.98	71.94	73.96
邯郸	15.10	20.62	17.86	84.90	79.38	82.14

（二）灰水足迹荷载系数

根据式（3-6），计算得到2009—2020年南水北调中线工程农业灰水足迹荷载系数，见图3-2。可以看出，沿线4省市农业灰水足迹荷载系数及变动趋势存在明显差异。具体而言，河北省农业灰水足迹荷载系数最高，均值达到2.37，远高于其他3省市；其次是河南省，农业灰水足迹荷载系数平均为1.72；天津市农业灰水足迹荷载系数均值为1.11，而北京市农业灰水足迹荷载系数均值最低，为0.43。总的来说，河北省、河南省、天津市农业水污染给水环境带来了很大压力，水资源总量难以满足农业灰水足迹的稀释需求，而北京市农业水污染压力较小，水资源总量可以满足农业灰水足迹的稀释需求。

从4省市农业灰水足迹荷载系数的变动趋势来看，河南省、河北省、天津市农业灰水足迹荷载系数变动趋势具有一致性，基本呈现多轮增降的“锯齿”形变动趋势；而北京市农业灰水足迹荷载系数变动呈现先降后升再降的反“N”形趋势。从4省市农业灰水足迹荷载系数的变动幅度来看，在2009—2014年、2015—2020年两个阶段，4省市农业灰水足迹荷载系数都有不同程度的下降，其中，北京市的下降幅度最大，均值由0.59下降到0.26，降幅超过50%；其次是河北省，均值由2.71下降到2.02，下降幅度为25%；天津市的下降幅度较低，为5%；而河南省农业灰水足迹荷载系数均值由1.72降至1.71，下降幅度可以忽略不计。可见，在农业发展过程中，北京市及河北省农业水污染压力明显下降，而天津市、河南省农业水污染压力下降不明显。

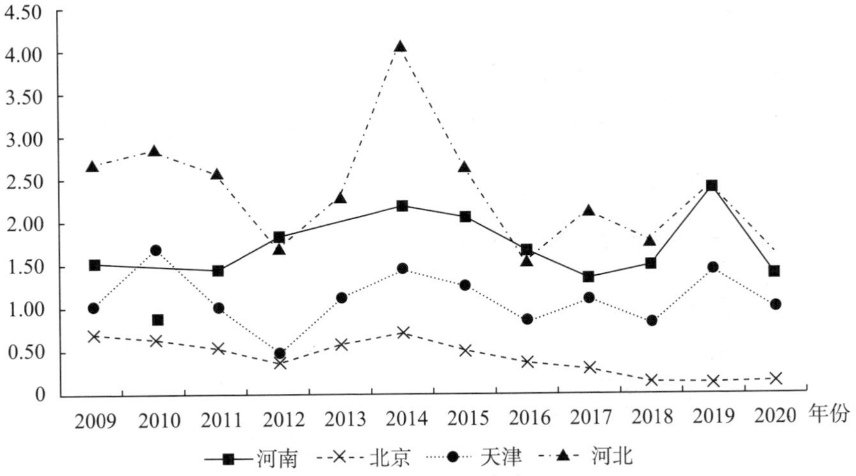

图3-2　2009—2020年南水北调中线工程沿线4省市农业灰水足迹荷载系数

由表3-6可知，城市间农业灰水足迹荷载系数呈现较大差异，其中，衡水市农业灰水足迹荷载系数最高，达到4.38，基本为各市均值的2倍；其次为濮阳、邯郸两个城市，农业灰水足迹荷载系数均值都超过了3；许昌、新乡、鹤壁、漯河、周口、石家庄、沧州、廊坊8个城市农业灰水足迹荷载系数均值超过了2；郑州、安阳、平顶山、焦作、南阳、邢台、保定、天津8个城市农业灰水足迹荷载系数居中，均值为1~2；北京农业灰水足迹最低，均值低于0.6。与图3-2分析保持一致，河北省、河南省各城市及天津市农业水污染压力普遍较大，而北京市农业水污染压力较小。

从各受水城市农业灰水足迹荷载系数的变动趋势来看，除了北京市，其余各城市农业灰水足迹荷载系数的变动趋势基本一致，都呈现多轮增降的“锯齿”形变动趋势。从各受水城市农业灰水足迹荷载系数的变动幅度来看，在2009—2014年、2015—2020年两个时间段内，70%的受水城市农业灰水足迹荷载系数有所降低，而30%的城市荷载系数出现上升。其中，北京市的下降幅度最大，达到56%；其次是廊坊、衡水两个城市，下降幅度超过了40%；沧州、郑州、焦作、石家庄4个城市的下降幅度均在20%以上；许昌、安阳、邯郸、保定、邢台5个城市的下降幅度在10%以上，天津、漯河两个城市农业灰水足迹荷载系数的下降幅度在5%以上，说明这些城市农业水污染压力都有一定程度的降低。其余6个城市农业灰水足迹荷载系数有所上升，其中，新乡、平顶山两个城市的上升幅度在5%以内，而周口、南阳、濮阳、鹤壁4个城市的上升幅度相对较大，在5%~10%，说明河南省这6个城市水资源总量越来越难以满足农业灰水足迹的稀释需求。

表3-6　2009—2020年部分年份南水北调中线工程受水城市农业灰水足迹荷载系数

城市	2009年	2011年	2013年	2015年	2017年	2019年	2009—2014年均值	2015—2020年均值	2009—2020年均值
郑州	1.42	1.39	1.83	1.53	1.51	0.90	1.59	1.19	1.39
平顶山	1.63	1.13	2.63	2.42	1.24	2.24	1.74	1.80	1.77
安阳	1.99	2.02	2.22	2.06	1.83	1.99	2.02	1.70	1.86
鹤壁	2.27	2.41	2.87	3.18	2.57	3.11	2.53	2.75	2.64
新乡	1.93	1.80	2.63	2.23	2.56	2.47	2.08	2.15	2.12

续表

城市	2009 年	2011 年	2013 年	2015 年	2017 年	2019 年	2009—2014 年均值	2015—2020 年均值	2009—2020 年均值
焦作	1. 83	1. 26	1. 92	1. 54	1. 45	1. 25	1. 69	1. 28	1. 49
濮阳	2. 73	2. 51	3. 39	3. 72	3. 03	4. 23	3. 02	3. 28	3. 15
许昌	2. 50	2. 56	3. 60	2. 55	2. 13	2. 39	2. 94	2. 41	2. 68
漯河	2. 47	2. 59	2. 65	2. 95	1. 76	2. 59	2. 63	2. 43	2. 53
南阳	0. 85	0. 85	2. 09	1. 39	0. 68	2. 13	1. 14	1. 22	1. 18
周口	1. 98	2. 30	2. 38	2. 61	1. 77	3. 79	2. 16	2. 31	2. 24
北京	0. 70	0. 54	0. 59	0. 50	0. 30	0. 12	0. 59	0. 26	0. 43
天津	1. 02	1. 03	1. 13	1. 28	1. 11	1. 44	1. 14	1. 09	1. 11
石家庄	2. 38	2. 22	2. 00	2. 86	1. 94	2. 07	2. 38	1. 85	2. 12
廊坊	3. 83	3. 57	2. 89	2. 82	1. 84	2. 31	3. 63	2. 02	2. 83
保定	1. 76	1. 69	1. 54	1. 72	1. 52	1. 75	1. 77	1. 56	1. 66
沧州	3. 25	3. 09	2. 76	1. 56	2. 69	3. 64	3. 42	2. 52	2. 97
衡水	4. 80	4. 68	4. 18	3. 96	3. 12	4. 01	5. 47	3. 30	4. 38
邢台	1. 77	1. 71	1. 55	3. 07	1. 50	2. 29	1. 84	1. 66	1. 75
邯郸	4. 20	4. 10	3. 69	6. 04	4. 24	3. 06	3. 98	3. 48	3. 73

二、工业灰水足迹

（一）核算结果

根据式（3-4）和式（3-5），计算得到 2009—2020 年南水北调中线工程工业灰水足迹，见图 3-3。可知，2009—2020 年南水北调中线工程工业灰水足迹较农业而言低了很多，整体呈现先平稳下降后快速下降的三阶“阶梯”形变动趋势。具体而言，2009—2014 年工业灰水足迹呈现先平稳波动后快速下降再缓慢下降的变动趋势，从 2009 年的 67. 92 亿立方米下降到 2014 年的 45. 55 亿立方米，下降幅度达到 32. 94%；2015—2020 年工业灰水足迹呈现先快速下降后缓慢下降再上升的变动趋势，从 2015 年的 40. 41 亿立方米下降至 2019 年的 5. 20 亿立方米，达到研究期内工业灰水足迹最小值，随后在 2020

年又出现了回升，升至 7.76 亿立方米。总的来说，下降幅度高达 80.80%，说明随着工业结构的调整、工业污染治理强度的提升等，南水北调中线工程工业部门的点源污染得到有效控制。

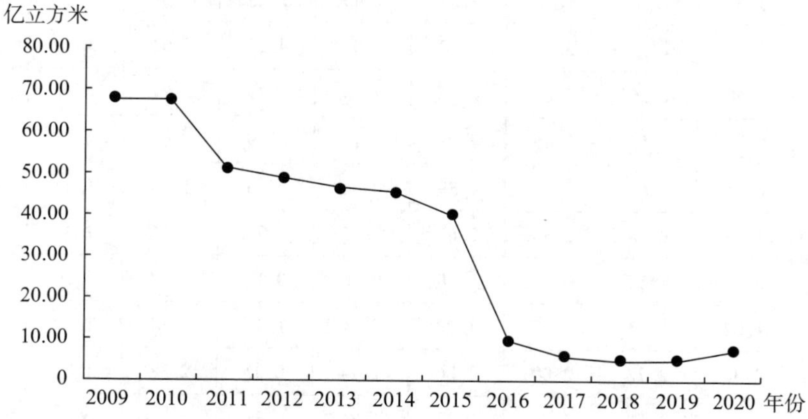

图 3-3　2009—2020 年南水北调中线工程工业灰水足迹

由表 3-7 可知，城市间工业灰水足迹也呈现较大差异，其中，石家庄市工业灰水足迹最高，均值达到 4.37 亿立方米，基本为各市均值的 2.5 倍；其次为天津、保定、新乡、焦作、郑州、邢台 6 个城市，工业灰水足迹均值都超过了 2 亿立方米；沧州、南阳、安阳、濮阳、邯郸、周口、平顶山、廊坊 8 个城市工业灰水足迹居中，处于 1 亿~2 亿立方米；衡水、许昌、鹤壁、漯河、北京 5 个城市工业灰水足迹较低，均值低于 1 亿立方米。总的来说，河南省、河北省各城市工业灰水足迹存在明显差异，天津市工业灰水足迹较高，而北京市工业灰水足迹相对较低。

从各受水城市工业灰水足迹的变动趋势来看，除了周口、北京、天津、石家庄、邢台 5 个城市外，其余 15 个城市工业灰水足迹的变动趋势与整体变动趋势一致，都呈现近似“阶梯”形的变动趋势。而周口、北京、天津、石家庄、邢台 5 个城市工业灰水足迹，呈现先升后降的近似“山包”形变动趋势。从各受水城市工业灰水足迹的变动幅度来看，在 2009—2014 年、2015—2020 年两个时间段内，20 个城市工业灰水足迹都出现大幅度的降低；其中，安阳、漯河、南阳、衡水、平顶山、廊坊、濮阳、焦作 8 个城市的下降幅度较大，超过 80%；其次是保定、邯郸、鹤壁、沧州、新乡、周口、石家庄、邢台、天津 9 个城市，下降幅度在 70%以上；北京、郑州、许昌 3 个城市的下降幅度相对较低，但是也都接近 70%。总的来说，河南省、河北省各城市工业灰水足迹的下降幅度也存在明显差异，北京、天津市工业灰水足迹的下降幅度相对较低。

表 3-7 2009—2020 年部分年份南水北调中线工程受水城市工业灰水足迹

单位：亿立方米

城市	2009 年	2011 年	2013 年	2015 年	2017 年	2019 年	2009—2014 年均值	2015—2020 年均值	2009—2020 年均值
郑州	4.03	3.83	2.66	3.83	0.64	0.47	3.55	1.12	2.33
平顶山	2.27	1.57	2.01	1.04	0.19	0.17	1.82	0.33	1.07
安阳	4.51	1.79	1.24	0.83	0.14	0.20	2.59	0.28	1.44
鹤壁	1.80	1.15	0.87	0.72	0.19	0.18	1.26	0.28	0.77
新乡	6.23	3.67	2.94	2.99	0.61	0.55	4.16	0.99	2.58
焦作	6.85	2.70	2.44	2.75	0.46	0.35	4.14	0.84	2.49
濮阳	3.85	1.35	1.61	1.39	0.21	0.18	2.17	0.42	1.29
许昌	1.08	1.55	1.25	1.39	0.18	0.20	1.23	0.42	0.83
漯河	2.68	0.85	0.62	0.33	0.11	0.09	1.34	0.15	0.74
南阳	4.92	1.78	1.41	1.25	0.19	0.23	2.49	0.39	1.44
周口	0.95	2.01	2.13	1.74	0.13	0.11	1.75	0.42	1.08
北京	0.82	1.19	1.01	0.79	0.25	0.23	0.98	0.31	0.64
天津	3.91	4.05	4.37	4.68	0.55	0.49	4.19	1.25	2.72
石家庄	6.67	6.98	7.37	5.31	0.67	0.49	6.95	1.79	4.37
廊坊	2.09	1.99	1.34	1.10	0.16	0.07	1.74	0.32	1.03
保定	4.71	4.47	3.79	2.64	0.52	0.51	4.44	0.93	2.69
沧州	2.84	3.10	2.37	2.16	0.25	0.22	2.68	0.60	1.64
衡水	1.97	1.31	1.50	1.10	0.05	0.06	1.57	0.26	0.91
邢台	3.04	4.06	3.80	2.90	0.47	0.28	3.59	0.87	2.23
邯郸	2.71	1.97	1.89	1.48	0.22	0.13	2.05	0.44	1.25

（二）灰水足迹荷载系数

根据式（3-6），计算得到 2009—2020 年南水北调中线工程工业灰水足迹荷载系数，见图 3-4。可知，沿线 4 省市工业灰水足迹荷载系数较农业而言明显较低，而且荷载系数及变动趋势也存在明显差异。具体而言，天津市、河北省工业灰水足迹荷载系数较高，均值在 0.2 附近；其次是河南省，工业灰水足迹荷载系数平均为 0.10；而北京市工业灰水足迹荷载系数最低，均值为 0.02。可见，天津市、河北省工业水污染对水环境带来了较大压力，而河南省、北京市工业水污染压力较小，但总的来说，4 省市水资源总量可以满足工业灰水足迹的稀释需求。

从 4 省市工业灰水足迹荷载系数的变动趋势来看，北京市、天津市、河北省工业灰水足迹荷载系数变动趋势具有一致性，基本呈现先升后降再升再降最后平稳波动的近似“M”形变动趋势，而河南省工业灰水足迹荷载系数呈现先降后平稳波动再降再平稳波动的近似“阶梯”形变动趋势。从四省市工业灰水足迹荷载系数的变动幅度来看，在 2009—2014 年、2015—2020 年两个阶段，4 省市灰水足迹荷载系数都有不同程度的下降，其中，河北省的下降幅度最大，由 3.20 下降到 0.70，降幅达到 78%。可见，随着工业经济的发展，4 省市工业水污染压力都出现较大幅度的下降。

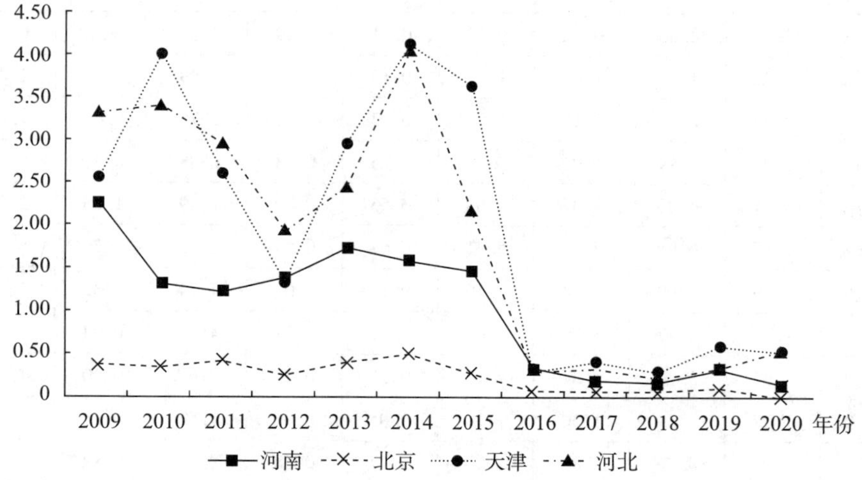

图 3-4　2009—2020 年南水北调中线工程沿线 4 省市工业灰水足迹荷载系数

从表 3-8 中可以看出，城市间工业灰水足迹荷载系数呈现较大差异，其中，焦作市工业灰水足迹荷载系数最高，均值为 0.33，基本为各市均值的 2

倍；其次为石家庄、鹤壁、郑州、濮阳、邢台、新乡、衡水、沧州、天津9个城市，工业灰水足迹荷载系数均值都不低于0.2；廊坊、安阳、漯河、邯郸、保定、许昌6个城市工业灰水足迹荷载系数居中，均值处于0.1~0.2；平顶山、周口两个城市工业灰水足迹荷载系数较低，均值处于0.05~0.1；南阳、北京工业灰水足迹荷载系数较低，均值分别为0.03和0.02。总的来说，河南省、河北省各城市工业水污染压力存在明显差异，天津市工业水污染压力较大，而北京市工业水污染压力相对较小。

从各受水城市工业灰水足迹荷载系数的变动趋势来看，除了邯郸市外，河北省各城市与北京市、天津市工业灰水足迹荷载系数的变动趋势基本一致，都呈现近似的“M”形变动趋势；邯郸市及河南省各城市工业灰水足迹系数呈现近似的“阶梯”形或“W”形变动趋势。从各受水城市工业灰水足迹荷载系数的变动幅度来看，在2009—2014年、2015—2020年两个时间段内，20个城市工业灰水足迹荷载系数都有大幅度的降低，其中，安阳、衡水、漯河、廊坊、沧州5个城市的下降幅度最大，均超过了80%；其次是保定、焦作、南阳、濮阳、平顶山、周口、邯郸、北京、石家庄、鹤壁、新乡11个城市的下降幅度均在70%以上；邢台、天津、许昌、郑州4个城市的下降幅度相对较低，但也都超过了65%，说明南水北调中线工程各受水城市工业水污染压力都有一定程度的降低。

表3-8　2009—2020年部分年份南水北调中线工程受水城市工业灰水足迹荷载系数

城市	2009年	2011年	2013年	2015年	2017年	2019年	2009—2014年均值	2015—2020年均值	2009—2020年均值
郑州	0.39	0.36	0.33	0.42	0.09	0.07	0.37	0.13	0.25
平顶山	0.14	0.07	0.20	0.11	0.01	0.02	0.12	0.03	0.07
安阳	0.46	0.18	0.14	0.09	0.01	0.03	0.25	0.03	0.14
鹤壁	0.59	0.39	0.33	0.32	0.07	0.10	0.42	0.12	0.27
新乡	0.49	0.26	0.30	0.26	0.07	0.08	0.33	0.09	0.21
焦作	0.94	0.26	0.35	0.37	0.07	0.07	0.54	0.11	0.33
濮阳	0.67	0.22	0.34	0.33	0.05	0.06	0.39	0.10	0.24

续表

城市	2009 年	2011 年	2013 年	2015 年	2017 年	2019 年	2009—2014 年均值	2015—2020 年均值	2009—2020 年均值
许昌	0. 12	0. 18	0. 20	0. 18	0. 02	0. 04	0. 16	0. 06	0. 11
漯河	0. 51	0. 16	0. 12	0. 07	0. 02	0. 02	0. 24	0. 03	0. 14
南阳	0. 07	0. 03	0. 05	0. 03	0. 00	0. 01	0. 04	0. 01	0. 03
周口	0. 04	0. 10	0. 11	0. 09	0. 00	0. 01	0. 08	0. 02	0. 05
北京	0. 04	0. 04	0. 04	0. 03	0. 01	0. 01	0. 04	0. 01	0. 02
天津	0. 26	0. 26	0. 30	0. 37	0. 04	0. 06	0. 29	0. 10	0. 20
石家庄	0. 44	0. 42	0. 39	0. 41	0. 05	0. 04	0. 44	0. 12	0. 28
廊坊	0. 39	0. 34	0. 20	0. 18	0. 03	0. 02	0. 31	0. 05	0. 18
保定	0. 24	0. 20	0. 15	0. 12	0. 02	0. 03	0. 21	0. 04	0. 13
沧州	0. 37	0. 37	0. 25	0. 14	0. 04	0. 05	0. 35	0. 06	0. 21
衡水	0. 44	0. 26	0. 27	0. 19	0. 01	0. 02	0. 37	0. 05	0. 21
邢台	0. 29	0. 35	0. 29	0. 44	0. 05	0. 05	0. 33	0. 10	0. 22
邯郸	0. 30	0. 19	0. 17	0. 22	0. 03	0. 02	0. 20	0. 05	0. 13

第四节　南水北调中线工程水资源绿色效率测度结果

一、农业水资源绿色效率

基于超效率 SBM 模型并利用 MaxDEA 软件，得到 2009—2020 年南水北调中线工程农业水资源绿色效率的测度结果，见图 3-5。从图 3-5 中可以看出，2009—2020 年南水北调中线工程农业水资源综合技术效率整体呈现波动中下降的变动趋势，且始终低于 1。具体而言，2009—2014 年农业水资源综合技术效率呈现缓慢下降趋势，从 2009 年的 0. 9728 下降到 2014 年的 0. 8787，下降幅度为 10%；2015 年之后农业水资源综合技术效率呈现先降后升再降再升的变动趋势，从 2015 年的 0. 8418 下降到 2019 年的 0. 7078，达到研究期内农业水资源综合技术效率的最小值，随后在 2020 年又升至 0. 8024，总的来说，在 2015—2020 年下降幅度接近 5%。说明在南水北调中线工程沿线农业经济发展的过程中，忽视了经济与环境的协调发展，农业水资源集约节约利用仍有较大的提高改进空间。

从农业水资源绿色效率的分解来看，规模效率的变动趋势与综合技术效率保持一致，而纯技术效率呈现先降后升的变动趋势，且始终高于规模效率。具体来看，2009—2014 年，农业水资源纯技术效率保持平稳波动，由 1. 2356 降至 1. 0735，下降幅度达到 13%；2014 年之后，农业水资源纯技术效率呈现先降后升的变动趋势，从 2015 年的 1. 0557 降至 2016 年的 1. 0084，随后开始上升，在 2020 年升至 1. 0949，此阶段上升幅度为 4%。2009—2014 年，农业水资源规模效率先升后降，由 2009 年的 0. 8975 升至 2010 年的 0. 9239，随后在波动中下降，2014 年降至 0. 8782，下降幅度为 2%；2014 年之后，农业水资源规模效率从 2015 年的 0. 8607 降至 2019 年的 0. 7897，达到研究期内的最小值，随后 2020 年又升至 0. 8375，总体下降幅度不到 3%。可见，南水北调中线工程农业水资源绿色效率低的主要原因在于较低的规模效率，需要在要素投入与农业水资源利用之间优化配置，充分发挥规模经济的作用。

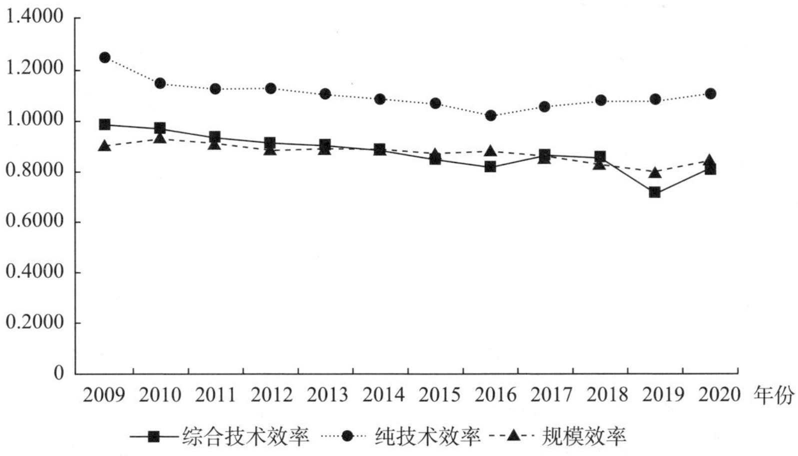

图 3-5　2009—2020 年南水北调中线工程农业水资源绿色效率均值

从表 3-9 中可以看出，沿线 4 省市农业水资源绿色效率值及变动趋势也存在明显差异。具体而言，北京市农业水资源综合技术效率较高，均值达到 1.4000；其次是河北省，综合技术效率平均为 0.9784；而河南省、天津市综合技术效率较低，均值分别为 0.7589、0.7398。总的来说，北京市、河北省农业水资源绿色效率处于较高水平，而河南省、天津市农业用水形势比较严峻。

从 4 省市农业水资源绿色效率的变动趋势来看，河南省、天津市、河北省综合技术效率变动趋势与整体基本一致，基本呈现先降后升再降再升的变动趋势，而北京市综合技术效率呈现先稳步上升后小幅下降的变动趋势。从 4 省市农业水资源综合技术效率的变动幅度来看，在 2009—2014 年、2015—2020 年两个阶段，河南省、河北省农业水资源综合技术效率均值有所下降，天津市基本保持不变，而北京市综合技术效率有所上升，其中，河南省综合技术效率均值由 0.8464 下降到 0.6715，降幅超过 20%；河北省由 1.0155 降至 0.9413，降幅为 7%；天津市综合技术效率均值由 0.7398 降至 0.7397，基本持平；北京市由 1.2891 升至 1.5109，上升幅度为 17%。可见，随着农业经济的发展，北京市农业用水情况有明显改善，而河南省、河北省农业用水形势明显恶化。

从 4 省市农业水资源绿色效率的分解来看，4 省市农业水资源纯技术效率与规模效率也存在明显差异。从农业水资源纯技术效率来看，北京市、河南省、河北省纯技术效率较高，均值都超过了 1，但是北京市纯技术效率呈现上升趋势，而河南省、河北省纯技术效率在波动中下降，尤其是河南省，降幅接近 20%；而天津市纯技术效率最低，虽然在通水后均值有略微上升，但是总体均值仅为 0.7519。从农业水资源规模效率来看，4 省市规模效率都呈现下降趋势，且均值都低于 1，其中，天津市、河北省规模效率相对较高，均值超过 0.9；其次是河南省、北京市，规模效率均值超过了 0.8。可见，天津市农业水资源绿色效率低的主要原因在于较低的纯技术效率，农业节水技术还需要大力推广；而北京市、河北省、河南省农业水资源绿色效率低主要是规模效率较低造成的，需要优化农业投入与水资源利用之间的配置。

表 3-9　2009—2020 年南水北调中线工程 4 省市农业水资源绿色效率值

年份	综合技术效率				纯技术效率				规模效率			
	河南	河北	北京	天津	河南	河北	北京	天津	河南	河北	北京	天津
2009	0. 9344	0. 9926	1. 2166	1. 0127	1. 3729	1. 0535	1. 2213	1. 0130	0. 8538	0. 9375	0. 9961	0. 9997
2010	0. 8845	1. 0345	1. 2225	1. 0054	1. 1782	1. 0684	1. 2377	1. 0067	0. 8871	0. 9619	0. 9877	0. 9987
2011	0. 8691	1. 0025	1. 2356	0. 6993	1. 1652	1. 0700	1. 2508	0. 7022	0. 8700	0. 9301	0. 9878	0. 9960
2012	0. 8254	1. 0125	1. 2811	0. 6277	1. 1648	1. 0756	1. 3161	0. 6386	0. 8256	0. 9335	0. 9734	0. 9830
2013	0. 7964	1. 0272	1. 3506	0. 5682	1. 1294	1. 0675	1. 4029	0. 5855	0. 8312	0. 9516	0. 9627	0. 9706
2014	0. 7685	1. 0240	1. 4280	0. 5255	1. 0921	1. 0616	1. 4802	0. 5455	0. 8145	0. 9537	0. 9647	0. 9632
2015	0. 7585	0. 9327	1. 4707	0. 4934	1. 1134	0. 9719	1. 5485	0. 5144	0. 7860	0. 9510	0. 9498	0. 9592
2016	0. 6874	0. 9712	1. 4625	0. 4517	1. 0004	1. 0084	1. 6292	0. 4762	0. 8112	0. 9524	0. 8977	0. 9485
2017	0. 7239	0. 9424	1. 5182	1. 0001	1. 0142	0. 9932	1. 7471	1. 0045	0. 7792	0. 9367	0. 8689	0. 9957
2018	0. 7055	0. 9420	1. 5964	1. 0117	0. 9690	1. 0278	2. 5027	1. 0142	0. 7720	0. 9053	0. 6379	0. 9976
2019	0. 5152	0. 9318	1. 5343	0. 4335	0. 7876	1. 0195	5. 0823	0. 4712	0. 7469	0. 9082	0. 3019	0. 9199
2020	0. 6383	0. 9277	1. 4833	1. 0479	0. 8904	0. 9540	4. 3750	1. 0512	0. 7871	0. 9652	0. 3390	0. 9969
2009—2014（均值）	0. 8464	1. 0155	1. 2891	0. 7398	1. 1838	1. 0661	1. 3182	0. 7486	0. 8470	0. 9447	0. 9788	0. 9852
2015—2020（均值）	0. 6715	0. 9413	1. 5109	0. 7397	0. 9625	0. 9958	2. 8141	0. 7553	0. 7804	0. 9365	0. 6659	0. 9696
2009—2020（均值）	0. 7589	0. 9784	1. 4000	0. 7398	1. 0731	1. 0309	2. 0662	0. 7519	0. 8137	0. 9406	0. 8223	0. 9774

从表 3-10 中可以看出，受水城市农业水资源绿色效率存在明显的地域差异。具体而言，北京市和河北省的邯郸、石家庄、沧州、廊坊、保定及河南省的焦作、许昌 8 个城市农业水资源综合技术效率较高，均值都超过了 1；其次是河南省的鹤壁、漯河、平顶山 3 个城市，综合技术效率均值超过 0. 85；郑州、新乡、南阳、周口、天津、邢台 6 个城市综合技术效率较低，均值为 0. 55~0. 75；而濮阳、安阳、衡水 3 个城市综合技术效率最低，均值不足 0. 5。总的来说，北京市及河北省部分城市农业水资源绿色效率普遍较高，而天津市及河南省各城市农业水资源集约节约利用仍有较大的提高改进空间。

从受水城市农业水资源绿色效率的变化情况来看，在2009—2014年、2015—2020年两个阶段，除了北京、平顶山、新乡、漯河、焦作、保定6个城市，其余14个城市综合技术效率都有不同程度的下降。其中，南阳、安阳、周口3个城市综合技术效率的下降幅度最大，超过了50%；其次是濮阳、郑州、邢台3个城市，下降幅度超过了30%；鹤壁、许昌、衡水3个城市综合技术效率的下降幅度超过了10%；邯郸、廊坊2个城市下降幅度相对较小，基本为5%；石家庄、沧州、天津3个城市综合技术效率基本保持稳定，下降幅度不足2%；而漯河、焦作、保定3个城市综合技术效率有一定的上升，上升幅度不足10%，新乡、北京、平顶山3个城市的上升幅度较大，分别为14%、17%、19%。可见，河南省多数城市农业用水效率出现明显恶化，对于河南省各受水城市而言，需要更加注重农业水资源的集约节约利用。

从受水城市农业水资源绿色效率的分解来看，各受水城市农业水资源纯技术效率与规模效率也存在明显差异。从农业水资源纯技术效率来看，鹤壁、漯河、南阳、保定、焦作、许昌、北京、石家庄、廊坊、邯郸、沧州11个城市的纯技术效率较高，均值都超过了1，尤其是鹤壁、北京两个城市纯技术效率均值都超过了2；其次是周口、平顶山、邢台3个城市，纯技术效率均值超过了0.85；新乡、郑州、天津3个城市纯技术效率较低，均值为0.7~0.8；而濮阳、安阳、衡水3个城市纯技术效率最低，均值在0.5左右。从农业水资源规模效率来看，各城市规模效率都低于1，其中，石家庄、廊坊、邯郸、保定、沧州、天津、焦作、许昌、安阳、平顶山、濮阳11个城市规模效率相对较高，均值都超过0.9；其次是新乡、郑州、漯河、衡水、邢台、北京6个城市，规模效率均值超过了0.8；南阳、周口两个城市规模效率较低，在0.6左右；而鹤壁市规模效率最低，仅为0.33。可见，除了11个纯技术效率超过1的城市，其余各城市都需要继续注重农业节水用水技术的推广及应用，而所有城市需要优化工业投入与水资源利用之间的配置。

表 3-10　2009—2020 年南水北调中线工程受水城市农业水资源绿色效率值

城市	综合技术效率			纯技术效率			规模效率		
	2009—2014 年均值	2015—2020 年均值	2009—2020 年均值	2009—2014 年均值	2015—2020 年均值	2009—2020 年均值	2009—2014 年均值	2015—2020 年均值	2009—2020 年均值
郑州	0.7902	0.4799	0.6350	0.9033	0.5393	0.7213	0.8774	0.8877	0.8825
平顶山	0.7924	0.9443	0.8684	0.8498	0.9739	0.9118	0.9393	0.9601	0.9497
安阳	0.6539	0.2954	0.4747	0.6660	0.3150	0.4905	0.9779	0.9397	0.9588
鹤壁	1.0917	0.8852	0.9884	3.8381	2.4697	3.1539	0.2870	0.3725	0.3297
新乡	0.6283	0.7187	0.6735	0.7143	0.8275	0.7709	0.9074	0.8786	0.8930
焦作	1.0180	1.0469	1.0325	1.0268	1.0871	1.0569	0.9915	0.9631	0.9773
濮阳	0.6185	0.3583	0.4884	0.6444	0.4007	0.5225	0.9594	0.8906	0.9250
许昌	1.1352	0.8788	1.0070	1.1536	0.9169	1.0353	0.9848	0.9455	0.9652
漯河	0.9285	1.0139	0.9712	1.1331	1.1135	1.1233	0.8177	0.9123	0.8650
南阳	0.8925	0.3865	0.6395	1.0663	1.0873	1.0768	0.8333	0.3568	0.5951
周口	0.7609	0.3783	0.5696	1.0259	0.8565	0.9412	0.7416	0.4775	0.6095
北京	1.2891	1.5109	1.4000	1.3182	2.8141	2.0662	0.9788	0.6659	0.8223
天津	0.7398	0.7397	0.7398	0.7486	0.7553	0.7519	0.9852	0.9696	0.9774
石家庄	1.1660	1.1441	1.1551	1.2352	1.1785	1.2069	0.9440	0.9711	0.9576
廊坊	1.0970	1.0390	1.0680	1.1098	1.0537	1.0817	0.9884	0.9861	0.9872
保定	1.0369	1.0557	1.0463	1.0480	1.0951	1.0716	0.9894	0.9663	0.9778
沧州	1.1005	1.0945	1.0975	1.1331	1.1168	1.1250	0.9712	0.9809	0.9760
衡水	0.4579	0.3987	0.4283	0.5262	0.4532	0.4897	0.8686	0.8832	0.8759
邢台	0.8908	0.5586	0.7247	1.0173	0.7537	0.8855	0.8752	0.7833	0.8292
邯郸	1.3598	1.2983	1.3290	1.3931	1.3194	1.3563	0.9762	0.9845	0.9803

二、工业水资源绿色效率

基于超效率 SBM 模型并利用 MaxDEA 软件，得到 2009—2020 年南水北调中线工程工业水资源绿色效率的测度结果，见图 3-6。从图 3-6 中可以看出，2009—2020 年南水北调中线工程工业水资源综合技术效率整体呈现波动中下降的变动趋势，且始终低于0.8。具体而言，2009—2014年工业综合技术效率呈现反“N”形波动下降趋势，从2009年的0.7553下降到2014年的0.6658，下降幅度为12%；2015年之后工业水资源综合技术效率呈现先升后降的变动趋势，由2015年的0.6116升至2018年的0.6459，随后在2020年又降至0.5340，总的来说，在2015—2020年综合技术效率下降幅度为13%。说明在南水北调中线工程工业经济发展的过程中，注意到了经济与环境的协调发展，但是效果非常有限，工业水资源集约节约利用仍有较大的提升改进空间。

从工业水资源绿色效率的分解来看，纯技术效率的变动趋势与综合技术效率大体一致，而规模效率呈现“M”形变动趋势，且在2013年之前，纯技术效率始终高于规模效率，而在2016年之后，规模效率高于纯技术效率。具体来看，2009—2014年，工业水资源纯技术效率在波动中下降，由0.9377降至0.7952，下降幅度达到15%；2015年之后，工业水资源纯技术效率先降后升再降，从2015年的0.8374至2020年的0.7578，下降幅度为10%。2009—2014年，工业水资源规模效率持续上升，由0.8374升至0.8732，上升幅度为4%；2015年之后，工业水资源规模效率从2015年的0.8192升至2017年的0.9017，达到研究期内的最大值，随后2020年又回落至0.7709，此阶段下降幅度为6%。可见，南水北调中线工程工业水资源绿色效率下降的主要原因，在于不断降低的纯技术效率，需要加强节水用水技术、污水处理技术的应用。

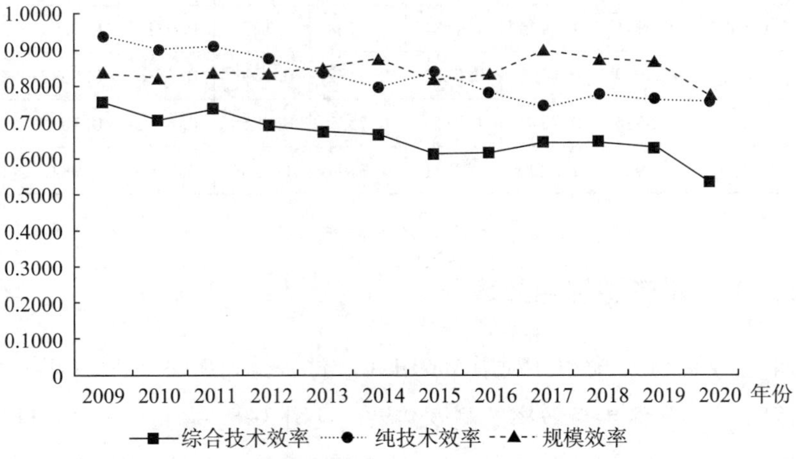

图3-6　2009—2020年南水北调中线工程工业水资源绿色效率均值

从表3-11中可以看出，沿线4省市工业水资源绿色效率值及变动趋势也存在明显差异。具体而言，北京市工业水资源综合技术效率较高，均值超过了1.6；其次是河北省、天津市，综合技术效率均值在0.7左右；而河南省综合技术效率最低，仅为0.5262。总的来说，北京市工业水资源绿色效率处于较高水平，而天津市、河北省尤其是河南省工业用水形势比较严峻。

从4省市工业水资源绿色效率的变动趋势来看，河南省、天津市综合技术效率变动趋势与整体一致，都呈现波动中下降的变动趋势，河北省综合技术效率大体呈现反"N"形变动趋势，而北京市综合技术效率呈现"W"形上升趋势。从4省市工业水资源综合技术效率的变动幅度来看，在2009—2014年、2015—2020年两个阶段，除了北京市，其他省市综合技术效率都有不同程度的下降，其中，天津市综合技术效率下降幅度最大，均值由0.7996下降到0.5860，降幅达到27%；其次是河南省，均值由0.5872降至0.4652，降幅达到21%；河北省下降幅度较小，为7%；而北京市综合技术效率均值由1.5866上升到1.6680，上升幅度为5%。可见，随着工业经济的发展，北京市工业用水效率越来越高，而其他3省市工业用水效率在不断恶化。

从4省市工业水资源绿色效率的分解来看，4省市工业水资源纯技术效率与规模效率也存在明显差异。从工业水资源纯技术效率来看，北京市纯技术效率虽然有较大波动，但是一直处于完全有效状态，均值超过了1.7；其次是河北省，纯技术效率在下降后又有所回升，均值达到了0.8653；天津市纯技术效率在波动中下降，均值为0.8380；而河南省纯技术效率最低，在研究期内也呈现波动中下降趋势，均值为0.7175。从工业水资源规模效率来看，北京市规模效率相对较高，呈现波动中上升的变动趋势，均值为0.9352；河南省、河北省、天津市规模效率相对较低，但均值都超过了0.8，其中河南省规模效率先升后降，天津市规模效率呈现先降后增再降的变动趋势，而河北省规模效率在波动中有所下降。可见，河南省、河北省、天津市工业水资源绿色效率低的主要原因在于较低的纯技术效率及规模效率，工业节水、用水技术还需要大力推广，工业投入与水资源利用之间的配置仍需进一步优化；北京市综合技术效率高主要在于较高的纯技术效率，但是规模效率低于1，资源配置方面仍存在一定的优化空间。

表 3-11　2009—2020 年南水北调中线工程 4 省市工业水资源绿色效率值

年份	综合技术效率				纯技术效率				规模效率			
	河南	河北	北京	天津	河南	河北	北京	天津	河南	河北	北京	天津
2009	0.6500	0.7594	1.6041	1.0361	0.8520	0.9009	1.9441	1.1308	0.8101	0.8707	0.8251	0.9163
2010	0.5846	0.7477	1.6212	0.8202	0.8125	0.8619	2.0369	1.0588	0.7886	0.8866	0.7959	0.7746
2011	0.6429	0.7657	1.5409	0.8039	0.8716	0.8624	1.5983	1.0317	0.7988	0.8930	0.9640	0.7792
2012	0.5646	0.7594	1.5723	0.7263	0.7895	0.8863	1.5995	1.0201	0.8101	0.8660	0.9830	0.7120
2013	0.5445	0.7411	1.5584	0.7147	0.7646	0.8251	1.5984	1.0040	0.8157	0.9016	0.9750	0.7118
2014	0.5364	0.7281	1.6230	0.6962	0.7303	0.7884	1.6434	0.7082	0.8202	0.9243	0.9876	0.9831
2015	0.4737	0.6761	1.6927	0.5963	0.7832	0.8219	1.7064	0.6732	0.7850	0.8387	0.9920	0.8857
2016	0.4679	0.7051	1.5965	0.6522	0.6437	0.8807	1.6848	0.7308	0.8087	0.8457	0.9476	0.8925
2017	0.4863	0.7726	1.5625	0.6002	0.5800	0.8823	1.5922	0.7023	0.8990	0.9013	0.9813	0.8546
2018	0.4965	0.7452	1.6596	0.5932	0.6061	0.9067	1.7970	0.7047	0.8806	0.8636	0.9236	0.8418
2019	0.4607	0.7536	1.6619	0.5769	0.5591	0.9291	1.8873	0.6944	0.8776	0.8564	0.8806	0.8307
2020	0.4061	0.5543	1.8349	0.4971	0.6174	0.8384	1.8978	0.5973	0.7593	0.7522	0.9668	0.8324
2009—2014 均值	0.5872	0.7502	1.5866	0.7996	0.8034	0.8542	1.7368	0.9923	0.8073	0.8904	0.9218	0.8128
2015—2020 均值	0.4652	0.7011	1.6680	0.5860	0.6316	0.8765	1.7609	0.6838	0.8351	0.8430	0.9486	0.8563
2009—2020 均值	0.5262	0.7257	1.6273	0.6928	0.7175	0.8653	1.7489	0.8380	0.8212	0.8667	0.9352	0.8346

从表 3-12 中可以看出，受水城市工业水资源绿色效率存在明显的地域差异。具体而言，北京、沧州两个城市工业水资源综合技术效率较高，均值都超过了 1，远高于其他城市；其次是天津、郑州及河北省的廊坊、保定、衡水、邢台、邯郸 7 个城市，综合技术效率均值为 0.6~0.75；石家庄及河南省的许昌、鹤壁、漯河、安阳、平顶山、濮阳、焦作 8 个城市综合技术效率较低，均值为 0.5~0.6；河南省的周口、新乡、南阳 3 个城市综合技术效率最低，均值为 0.4~0.45。数据再次表明，天津市、河北省尤其是河南省各城市工业用水形势比较严峻。

从受水城市工业水资源绿色效率的变化情况来看，在2009—2014年、2015—2020年两个阶段，除了北京、廊坊、衡水3个城市，其余17个城市综合技术效率都有不同程度的下降。其中，濮阳综合技术效率的下降幅度最大，超过30%；其次是天津、新乡、焦作、郑州、漯河、安阳6个城市综合技术效率的下降幅度超过了20%；鹤壁、平顶山、南阳、沧州、许昌、邯郸、邢台7个城市综合技术效率的下降幅度超过了10%；保定、周口2个城市综合技术效率的下降幅度在5%以上；石家庄下降幅度相对较小，低于2%；北京、廊坊、衡水3个城市综合技术效率有一定的上升，廊坊市上升幅度较小，不足3%，北京、衡水上升幅度分别为5%和11%。可见，河南省、天津市、河北省大部分城市工业用水效率普遍在恶化，尤其是河南省各城市下降幅度较大，需要更加注重工业水资源的集约节约利用。

从受水城市工业水资源绿色效率的分解来看，受水城市工业水资源纯技术效率与规模效率也存在明显差异。从工业水资源纯技术效率来看，鹤壁、漯河、北京、沧州、衡水5个城市的纯技术效率较高，均值都超过了1，尤其是北京市纯技术效率均值达到了1.75；其次是天津、廊坊两个城市，纯技术效率均值在0.8以上；河南省的郑州、安阳、许昌、濮阳、平顶山、周口及河北省的保定、邯郸、邢台9城市纯技术效率均值在0.6~0.8；石家庄、焦作两个城市纯技术效率较低，分别为0.5930、0.5493；河南省的新乡、南阳两个城市纯技术效率最低，在0.45左右。从工业水资源规模效率来看，各城市规模效率均值都低于1，其中，北京市和河南省的郑州、南阳、新乡、焦作及河北省的石家庄、保定、沧州、邢台、邯郸10个城市规模效率相对较高，均值都超过0.9；其次是天津及河南省的濮阳、安阳、许昌、平顶山、周口6个城市，规模效率均值在0.8以上；河北省的衡水、廊坊两个城市规模效率在0.6~0.8；河南省的鹤壁、漯河两个城市规模效率最低，在0.4~0.6。可见，对于鹤壁、漯河、北京、沧州、衡水而言，需要优化工业投入与水资源利用之间的配置；而其余各低效率城市需要继续注重节水用水技术的推广及应用。

表 3-12 2009—2020 年南水北调中线工程受水城市工业水资源绿色效率值

城市	综合技术效率			纯技术效率			规模效率		
	2009—2014 年均值	2015—2020 年均值	2009—2020 年均值	2009—2014 年均值	2015—2020 年均值	2009—2020 年均值	2009—2014 年均值	2015—2020 年均值	2009—2020 年均值
郑州	0. 7338	0. 5689	0. 6514	0. 7458	0. 5962	0. 6710	0. 9834	0. 9529	0. 9681
平顶山	0. 6007	0. 4914	0. 5461	0. 7093	0. 5584	0. 6338	0. 8490	0. 8832	0. 8661
安阳	0. 6089	0. 4841	0. 5465	0. 7147	0. 6011	0. 6579	0. 8535	0. 8270	0. 8403
鹤壁	0. 6213	0. 5019	0. 5616	1. 5402	1. 3002	1. 4202	0. 4154	0. 3885	0. 4019
新乡	0. 5027	0. 3698	0. 4362	0. 5320	0. 3906	0. 4613	0. 9454	0. 9481	0. 9467
焦作	0. 5858	0. 4421	0. 5140	0. 6296	0. 4690	0. 5493	0. 9311	0. 9464	0. 9387
濮阳	0. 6574	0. 4228	0. 5401	0. 7660	0. 5039	0. 6350	0. 8470	0. 8389	0. 8430
许昌	0. 6093	0. 5295	0. 5694	0. 8243	0. 5834	0. 7039	0. 7748	0. 9119	0. 8434
漯河	0. 6147	0. 4879	0. 5513	1. 1415	1. 0756	1. 1085	0. 5715	0. 5903	0. 5809
南阳	0. 4719	0. 3891	0. 4305	0. 4848	0. 3978	0. 4413	0. 9738	0. 9776	0. 9757
周口	0. 4523	0. 4295	0. 4409	0. 7494	0. 4712	0. 6103	0. 7351	0. 9209	0. 8280
北京	1. 5866	1. 6680	1. 6273	1. 7368	1. 7609	1. 7489	0. 9218	0. 9486	0. 9352
天津	0. 7996	0. 5860	0. 6928	0. 9923	0. 6838	0. 8380	0. 8128	0. 8563	0. 8346
石家庄	0. 5906	0. 5838	0. 5872	0. 5970	0. 5890	0. 5930	0. 9893	0. 9916	0. 9905
廊坊	0. 7178	0. 7371	0. 7274	0. 9226	0. 9513	0. 9370	0. 7808	0. 7757	0. 7783
保定	0. 7105	0. 6503	0. 6804	0. 7369	0. 7791	0. 7580	0. 9651	0. 8621	0. 9136
沧州	1. 2798	1. 0706	1. 1752	1. 3414	1. 2096	1. 2755	0. 9542	0. 8869	0. 9205
衡水	0. 6332	0. 7018	0. 6675	0. 9482	1. 3470	1. 1476	0. 6975	0. 5320	0. 6148
邢台	0. 6735	0. 6010	0. 6373	0. 7286	0. 6738	0. 7012	0. 9262	0. 8909	0. 9086
邯郸	0. 6462	0. 5632	0. 6047	0. 7043	0. 5859	0. 6451	0. 9194	0. 9614	0. 9404

第五节　南水北调中线工程受水区水资源绿色效率提升对策

一、加大节水宣传力度，增强农户节水意识

南水北调中线工程各受水城市应该加大节水宣传力度，增强农户节水意识。在农村，水资源可以免费使用或者只需要付出较小的代价就可以使用，使得农户的节水意识普遍比较淡薄，对水资源不够重视，在农业生产过程中水资源随意浪费的现象比较严重，从而导致较低的农业用水效率。加大节水宣传力度，可以使农户充分认识到水资源紧缺的严峻形势及环境保护的重要性，增强农户节水意识。在此基础上积极引导农户的用水行为，并加强节水灌溉技术的宣传及应用，充分增强农户的主人翁意识，让他们主动参与到节水用水管理中去，最终达到提高农业用水效率的目的。

二、转变低效用水方式，推行高效节水用水技术

科学技术是第一生产力，南水北调中线工程水资源的科学合理利用离不开高效节水用水技术的支撑。各受水城市应加大对节水用水关键技术研究经费的投入，促进研究成果转化，对高效用水先进技术进行推广普及，从而实现南水北调中线工程的高质量发展。

首先，各受水城市要根据本地区的工业基础，制定适合本地区可持续发展的工业节水用水、水污染处理制度。节水减排技术是提高工业水资源绿色效率的关键因素，因此要增加技术创新研发投入，以工业节水减排技术创新及推广应用为重点，积极推进节水减排技术进企业。同时，要加紧完善工业节水减排标准体系，充分发挥环境规制的正向激励作用。另外，要遵循“以水定产”的原则，各城市要科学评估本地区的水资源承载力，严格控制高耗水工业行业的新增产能，鼓励工业企业革新工艺，开发利用工业循环用水设备，提高工业企业废水处理及循环利用水平，减少工业生产过程中的废水排

放，提高水资源的利用效率。

其次，各受水城市要以绿色发展理念引导农业用水效率升级，为提升农业水资源绿色效率提供坚实的基础设施及技术支撑。要建立健全农业节水机制，持续完善节水激励机制，大力推进农业节水技术的创新以及农业用水技术的改造，促进高效农业节水灌溉方式的引进、推广及应用，切实减少农业水资源浪费，充分挖掘节水潜力以提高农业水资源绿色效率水平。要不断提升农业水资源管理水平，持续推动农业产业结构升级，完善调整农业种植结构和规模，加强水利基础设施建设，加快推进绿色技术应用，因地制宜地制定农业水污染防治对策，提高农业循环用水能力和污水处理能力，保持农业水资源利用的合理规模。

最后，各受水城市应当打破地域限制及行政壁垒，加强区域间农业、工业节水技术与水污染处理的交流与合作，相互学习借鉴水资源绿色高效利用的方法，提高协调合作能力。尤其是邻近城市，自然条件、社会经济发展水平差异相对较小，在农业、工业供水和用水方面具有一定的相似性，更应当加强交流合作，实现节水用水先进技术、经验的共享，提高水资源统筹管理水平。

三、优化资源配置，发挥规模经济优势

南水北调中线工程沿线各受水城市应结合本地区经济发展及资源禀赋的实际情况，因地制宜地制定科学合理的用水政策，促进水资源优化配置，在水资源、劳动力、资本等要素投入最小化的同时，保证期望产出最大化，非期望产出最小化，不断提高水资源绿色效率。以工业经济为重点的城市，要不断优化工业空间布局及产业结构，淘汰落后产能，加快传统企业的兼并重组，依托大企业聚集优势，发挥工业产业集聚的溢出效应和辐射带动效应，优化资源配置，发挥规模经济作用以提高工业用水效率。以农业经济为重点的城市，要不断优化农业产业结构，积极探索绿色农业新模式，充分发挥地理优势发展大农业，发挥规模经济优势从而提高农业用水效率。

第四章 南水北调中线工程河南省虚拟水与实体水统筹管理研究

第一节 实体水—虚拟水耦合流动理论综述

一、实体水—虚拟水耦合流动演进路径理论综述

外部环境的不断发展变化，推动区域水资源系统流动规律不断发展演进，由传统实体水为核心的水资源流动演变至实体水、虚拟水耦合流动新阶段。具体实现了由实体水“一元”流动向自然人工共同影响的“二元”格局转换，正在向“自然—经济—社会”共同影响的实体水、虚拟水耦合流动三元格局迈进。

（一）实体水流动理论研究综述

在传统水资源学科领域，对水循环过程认知和水资源高效利用是展开实体水理论研究的核心。相关研究主要依据“运动—演变—利用—影响”这一理论框架，对水资源的调蓄、淡化、节水增效以及水权制度建设进行研究，以达到水资源高效利用和水资源系统可持续发展的研究目的。

1. 纯自然实体水“一元”流动研究阶段

在实体水流动理论研究领域，第一个阶段集中于对自然实体水“一元”流动过程、作用机制及影响的研究。在以农业文明为主导的社会发展阶段，社会生产力和工业化发展不成熟，人类活动对自然的影响极为有限，天然力成为驱动水资源区域流动的主要形态。因此，自然实体水是这一阶段的主要

研究对象，其水循环流动过程主要表现为“降水—蒸散—径流”。依据此流动特征，学术界对纯自然实体水“一元”流动过程中的水量进行测度、解析，并对流动过程中伴生的问题和对策进行研究。

2. 自然人工共同影响下的实体水“二元”流动研究阶段

第二个阶段的研究集中于天然力和人工双重驱动下的实体水流动。伴随工业化和城市化的不断发展，人类活动对区域水流动的影响力逐渐增强，水资源演变过程和循环结构除了天然力之外，还受到人工驱动的影响，实体水流动呈现出天然力和人工双重驱动特征。王浩等（2011）在该领域率先提出自然、人工共同影响实体水的“二元”流动理论，并据此设计了水资源全口径层次化动态评价方法，构建出自然人工双重驱动背景下水资源评价方法。学者们基于实体水二元流动特征，展开了水资源综合管理、演化规律、水循环模式等方面的研究。

（二）虚拟水流动理论研究综述

虚拟水是20世纪90年代由英国学者Allen首次提出的相对于实体水的水资源概念。Allen（1998）在农业领域水资源利用研究中指出，除了对实体天然水利用效率进行关注，还应进一步关注隐含在商品或服务中的嵌入水，以进一步高效解决区域农业水资源短缺和水资源压力问题。具体可以通过贸易方式，进口水资源消耗密集型农产品，减少水资源压力较大地区农产品种植对水资源的大量消耗。虚拟水理论的提出更好地解决了如何高效统筹管理水资源供需矛盾和水资源区域性不均衡的问题，弥补了实体水在解决此类问题上调度和调控难度大、耗时长、工程复杂的缺点。

伴随着研究的深入和发展，虚拟水概念延伸至工业和服务业等领域，成为广义水资源概念中的重要维度，具体用于测算经济社会商品生产、流通和服务过程中所有水资源的消耗数量和价值实现。虚拟水更好地反映了经济社会中各类社会主体对水资源需求和占用情况，丰富和发展了水资源观，更深入阐释了水资源在经济社会中的作用方式和效用本质。

水资源管理范畴伴随虚拟水的提出也被延伸和拓展，除了关注生产活动中实体水资源的利用情况，如何对内嵌于商品或服务中虚拟水的流量、流向、耗散过程、节水机制、贸易格局分布以及驱动因素、路径和机制进行管理，以实现水资源合理配置、提高区域水资源承载能力和水资源利用效率，成为学者们关注和展开研究的重点。目前，农业领域的相关研究较为集中，具体包括虚拟水贸易对水资源优化配置的路径和机制研究（张家欣等，2022），基于投入产出法、全生命周期评价法等对区域虚拟水流动格局及伴生效应的研究（檀勤良、韩健、刘源，2022），虚拟水贸易的驱动机制及影响因素的研究（李明、潘子纯、李崇光，2022）。

（三）“自然—经济—社会”链条下的实体水—虚拟水耦合流动理论研究综述

吴普特等（2016）率先提出了实体水—虚拟水二维三元耦合流动理论框架。他们在研究中指出，在当代社会中，水资源实现了实体水在自然水圈中连续性运动与虚拟水作为效用资源在经济社会中价值实现的互耦互馈。商品生产加工过程中实体水的使用、耗散，以及商品流通、消费和回收过程中虚拟水的嵌入（具体包括虚拟水的贸易、消费和回收环节）构成了实体水与虚拟水耦合流动和交互转化的过程。相较于传统实体水理论，在实体水、虚拟水耦合流动过程中，水资源具有自然水体、生产资料和效用价值三重属性，水资源在实体水与虚拟水耦合流动中，实现物理形态运动和效应价值转化的复杂耦合。同时，实体水在不同区域的可利用水平会对区域经济社会规模和生产结构产生影响，进而作用于该区域虚拟水供需关系。这一基础性理论框架为后续虚拟水的量化、流动路径、作用机制提供了有益借鉴，并为相关理论和实证工作的展开奠定了理论基础。实体水、虚拟水耦合流动规律、作用机制以及如何对两者进行有效统筹以深化我国水资源管理成效、提升水资源管理水平，成为该领域研究热点。在虚拟水—实体水耦合流动方面，学者们的研究主要聚焦于农业领域，对虚拟水在粮食安全战略意义、水资源供给模式以及贸易量测算及区域空间布局方面的水资源管理成效、影响、作用机制进行探索（吴普特，2021；杜依杭等，2019；高向龙、石辉、党小虎，2022；王风初等，2022）。

二、实体水—虚拟水耦合作用机制研究综述

在实体水—虚拟水耦合作用机制研究领域，实体水—虚拟水耦合作用机

制基本理论框架由吴普特等（2016）率先提出，他们对实体水和虚拟水耦合作用的本质、发生条件、传递介质、基本规律、过程路径等做了全面系统的阐述，提供了具有重要解释力的学术洞见，为鸟瞰该领域研究提供了重要文献来源。在此基础上，学者们基于不同区域坐标，展开了实体水、虚拟水耦合流动作用机制理论和实证研究。从测度模型入手，首先，对虚拟水效用发挥过程中的流动参数、流动通量进行界定和测算（刘俊等，2018）。其次，对实体水、虚拟水耦合流动过程中时空演变和驱动力进行解析（卓拉等，2020），深入研究实体水和虚拟水视角区域水资源承载力并提出区域水资源优化配置建议（丁超等，2021）。在区域实体水、虚拟水耦合作用机制研究领域，虚拟水消费与贸易分析也引起了学者的广泛关注，基于经济社会各个产业部门消费链和产业链中虚拟水的嵌入、传递、流通、回收等流量测算以及动态协调与控制方面的研究表明，实体水流通路径会对经济社会系统中产业结构、生产方式和规模产生影响，进而反作用于虚拟水流通和消费。区域实体水的配置与产业部门发展规模和水平呈正相关（安婷莉，2021）。由于实体水配置不足，产业部门生产规模或发展处于弱势地位，则需要通过虚拟水贸易等方式来拉动该产业部门发展，满足消费者的消费需求。省际粮食贸易伴生的实体水与虚拟水作用机制综合效益分析，以及省际虚拟水流动的关联与风险效应分析，也进一步阐释了实体水和虚拟水在流动过程中的路径、参数以及通量之间的耦合效应和反馈机制。实体水和虚拟水的耦合作用机制还体现在资源、环境、生态以及经济社会等方面，包括对实体水和虚拟水统筹管理过程中潜在的水循环过程失调的解决、水资源可持续开发利用问题的处理，以及区域经济的统筹布局等。同时，实体水和虚拟水两者的时空格局会对区域产业布局、水资源管理制度产生影响，影响结果又会进一步对区域水资源供需和利用特征造成影响。

第二节　河南省虚拟水投入产出分析

本节基于河南省投入产出分析表，通过构建河南省水资源投入产出模型，对河南省农业、制造业、服务业等部门耗水系数进行测算，进而分析河南省虚拟水消费、转移和贸易情况，提供河南省产业结构调整以及水资源统筹管理政策建议。

一、数据来源及模型设定

投入产出分析是研究区域商品贸易的常用方法。它主要通过建立经济投入产出方程，来反映不同部门和其他社会经济系统之间的相互作用和平衡状况（Leontief，1987）。自环境账户纳入投入产出分析以来（Leontief，1970），已被广泛用于评估虚拟资源贸易的环境影响。基于该模型，大多数研究广泛调查了单一虚拟资源交易网络，如能源、水和碳（Usubiaga-Liano 等，2021；Jiang 等，2015），分析虚拟资源的交易模式、行业构成以及对虚拟资源交易发送和接收系统的影响（Li 等，2020；Gao 等，2018）。近年来，基于投入产出模型的虚拟水核算逐步成为国内外研究热点，该模型不仅可以测度国民经济生产各部门的水资源利用效率，还可以系统分析各地区虚拟水的贸易及流动情况。

（一）河南省水资源投入产出模型

我国编制的投入产出表一般是价值型投入产出表，笔者搜集了 2007 年、2012 年以及 2017 年河南省投入产出表①，在此基础上，增加河南省各产业耗水量，建立了河南省水资源投入产出表，具体如表 4-1 所示。

表 4-1　地区水资源投入产出表

投入＼产出		中间产品				最终产品	总产出
		产业 1	产业 2	…	产业 n		
中间投入	产业 1	X_{11}	X_{12}	…	X_{1n}	Y_1	X_1
	产业 2	X_{21}	X_{22}	…	X_{2n}	Y_2	X_2
	…	…	…	…	…	…	…
	产业 n	X_{n1}	X_{n2}	…	X_{nn}	Y_n	X_n

① 统计年鉴中投入产出表每五年编制一次，年度尾数为 2 和 7 时进行编制。2017 年河南省投入产出表为最新数据。

续表

投入＼产出		中间产品				最终产品	总产出
		产业 1	产业 2	…	产业 n		
初始投入	增加值 d_i	v_1	v_2	…	v_n		
总投入		X_1	X_2	…	X_n		
耗水量 w_i		w_1	w_2	…	w_n		

投入产出模型中产业总投入等于产业总产出，横向平衡是指中间产品使用与最终产品之和为总产出，即：

$$\sum_{j=1}^{n} X_{ij} + Y_i = X_i \tag{4-1}$$

纵向平衡是指初始投入与中间投入的总和为总投入，即：

$$\sum_{i=1}^{n} X_{ij} + v_j = X_j \tag{4-2}$$

（二）河南省产业部门耗水系数估算模型

增加各产业耗水量后，计算各产业部门直接耗水系数、完全耗水系数矩阵：

直接耗水系数是第 j 产业每单位产出中所直接使用的水资源量，是投入产出分析最基本的系数，其数学表达式为：

$$W_j = \frac{w_j}{X_j} \tag{4-3}$$

其中，W_j 为第 j 部门的耗水量，X_j 为第 j 产业的总产出。

完全耗水系数指某产业部门增加单位产品而引起整个经济体系总用水量的增加量，可以用来衡量产业部门生产过程中对整个经济体系的水资源压力，计算公式为：

$$B_j = W_j(I-A)^{-1} \tag{4-4}$$

其中，B_j 为第 j 产业部门的完全耗水系数行向量，I 是单位矩阵，A 为直接消耗系数矩阵，指第 j 部门生产单位产品所使用其他部门产品的直接消耗量，其计算公式为：

$$a_{ij} = \frac{X_{ij}}{X_j} \tag{4-5}$$

间接消耗水系数为完全消耗水系数与直接消耗水系数之差，其表达式为：

$$K_j = B_j - W_j \tag{4-6}$$

消耗水乘数指第 j 产业部门产出增加单位自身耗水量的同时引起整个经济系统耗水量的增加程度，用于研究第 j 产业部门生产变化对整个经济系统耗水量的带动作用，其计算公式为：

$$L_j = \frac{B_j}{W_j} \tag{4-7}$$

（三）基于投入产出原理的河南省虚拟水最终消费量估算模型

投入产出表中，河南省内部最终消费量包括农村居民消费、城镇居民消费、政府消费以及固定资本形成总额，用各产业部门的消费量乘以完全消耗水系数可以得到各产业部门的虚拟水最终消费量，可由下式计算得到：

（1）农村居民虚拟水最终消费量

$$K_n = B_j y_n \tag{4-8}$$

（2）城镇居民虚拟水最终消费量

$$K_c = B_j y_c \tag{4-9}$$

（3）政府虚拟水最终消费量

$$K_g = B_j y_g \tag{4-10}$$

（4）固定资本形成总额虚拟水最终消费量

$$K_q = B_j y_q \tag{4-11}$$

其中，B_j 为完全消耗水系数行向量，y_n 为各产业部门农村居民的最终消费列向量，y_c 为各产业部门城镇居民的最终消费列向量，y_g 为各产业部门政府的最终消费列向量，y_q 为各产业部门固定资本形成总额的最终消费列向量。虚拟水总消费量：

$$K = K_n + K_c + K_g + K_q \tag{4-12}$$

（四）河南省虚拟水产业部门转移量化估算模型

虚拟水产业部门转移量反映了某产业部门在生产活动中，向其他部门转移或者从其他部门获得的虚拟水量，本文引入虚拟水转移矩阵，用完全耗水量矩阵减去其转置矩阵就是虚拟水转移矩阵：

$$L=V-V^T \tag{4-13}$$

$$V=WX(I-A)^{-1} \tag{4-14}$$

其中，V 为完全需水矩阵，其每个元素的单位为立方米；W 为直接消耗水系数行向量；X 为中间投入矩阵；L 为虚拟水转移矩阵。

（五）河南省虚拟水贸易量估算模型

虚拟水贸易量是指一个区域或国家与其他区域或国家开展商品（特指水密集型产品）交易，也就是进行虚拟水贸易，即采用虚拟的手段实现水资源进出口，用各产业部门出（进）口量乘以完全消耗水系数可以得到各产业部门的虚拟水贸易量，计算方法如下：

虚拟水出口量：

$$Q^E=B_jy^e \tag{4-15}$$

虚拟水进口量：

$$Q^I=B_jy^i \tag{4-16}$$

虚拟水净出口量：

$$Q^N=Q^E-Q^I=B_j(y^e-y^i) \tag{4-17}$$

其中，y^e 和 y^i 分别表示产品流出量和产品流入量，单位为万元或者亿元；B_j 表示完全消耗水系数。

二、河南省产业部门耗水系数分析

根据投入产出模型及耗水系数计算模型，对河南省 7 个产业部门耗水情况进行了估算，结果见表 4-2。在此基础上，进一步对耗水系数的变化情况进行计算，结果见表 4-3。

表 4-2　2007 年、2012 年、2017 年河南省各产业部门耗水系数

部门	直接耗水系数			完全耗水系数			间接耗水系数			耗水乘数		
	2007 年	2012 年	2017 年	2007 年	2012 年	2017 年	2007 年	2012 年	2017 年	2007 年	2012 年	2017 年
农业	61.21	41.45	29.91	96.11	63.71	43.33	34.90	22.26	13.42	1.57	1.54	1.45
采矿业	40.24	25.50	20.26	85.82	55.87	33.16	45.58	30.37	12.90	2.13	2.19	1.64
制造业	28.65	17.61	10.12	389.07	298.35	298.57	360.42	280.74	288.45	13.58	16.94	29.49

续表

部门	直接耗水系数			完全耗水系数			间接耗水系数			耗水乘数		
	2007年	2012年	2017年	2007年	2012年	2017年	2007年	2012年	2017年	2007年	2012年	2017年
生产供应业	28.18	12.98	12.58	68.08	39.50	29.24	39.90	26.52	16.66	2.42	3.04	2.32
建筑业	36.35	19.39	13.02	68.84	49.21	41.38	32.49	29.82	28.36	1.89	2.54	3.18
交通运输业	52.15	29.69	21.90	77.88	44.49	40.79	25.73	14.80	18.89	1.49	1.50	1.86
其他服务业	57.64	45.61	26.92	125.27	79.19	77.68	67.63	33.58	50.76	2.17	1.74	2.89

资料来源：根据投入产出模型及耗水系数计算模型计算得出。河南省投入产出数据来自《河南统计年鉴》(2007)、《河南统计年鉴》(2012)、《河南统计年鉴》(2017)，河南省耗水量数据来自2007年、2012年和2017年《河南省水资源公报》。

根据2017年的数据，河南省内直接耗水系数产业部门排序由高到低分别为农业、其他服务业、交通运输业、采矿业、建筑业、生产供应业和制造业。河南省内完全耗水系数产业部门排序由高到低分别为制造业、其他服务业、农业、建筑业、交通运输业、采矿业和生产供应业。河南省内间接耗水系数产业部门排序由高到低分别为制造业、其他服务业、建筑业、交通运输业、生产供应业、农业和采矿业。河南省内各产业部门耗水乘数从高到低进行排序，依次为制造业、建筑业、其他服务业、生产供应业、交通运输业、采矿业和农业。

表4-3　河南省各产业部门耗水系数变化率　　单位:%

部门	直接耗水系数			完全耗水系数			间接耗水系数			耗水乘数		
	2007年	2012年	2017年	2007年	2012年	2017年	2007年	2012年	2017年	2007年	2012年	2017年
农业	-32.27	-27.85	-51.13	-33.70	-31.99	-54.91	-36.21	-39.70	-61.53	-2.11	-5.74	-7.73
采矿业	-36.64	-20.54	-49.66	-34.90	-40.66	-61.37	-33.36	-57.54	-71.71	2.75	-25.31	-23.26
制造业	-38.54	-42.51	-64.66	-23.32	0.08	-23.26	-22.11	2.75	-19.97	24.76	74.07	117.18
生产供应业	-53.94	-3.06	-55.35	-41.97	-25.97	-57.04	-33.52	-37.17	-58.23	25.98	-23.63	-3.78
建筑业	-46.65	-32.87	-64.19	-28.52	-15.90	-39.89	-8.24	-4.87	-12.71	33.99	25.28	67.86
交通运输业	-43.07	-26.24	-58.01	-42.87	-8.31	-47.62	-42.48	27.65	-26.57	0.34	24.31	24.73
其他服务业	-20.87	-40.99	-53.30	-36.78	-1.91	-37.99	-50.34	51.17	-24.93	-20.11	66.22	32.80

资料来源：根据表4-2河南省各产业部门耗水系数计算得出。2007年河南省各产业部门耗水系数变化率=（2012年河南省各产业部门耗水系数-2007年河南省各产业部门耗水系数）/2007年河南省各产业部门耗水系数，2012年河南省各产业部门耗水系数变化率=（2017年河南省各产业部门耗水系数-2012年河南省各产业部门耗水系数）/2012年河南省各产业部门耗水系数，2017年河南省各产业部门耗水系数变化率=（2017年河南省各产业部门耗水系数-2007年河南省各产业部门耗水系数）/2007年河南省各产业部门耗水系数。

从河南省各部门耗水系数变化率来看，2007—2017 年总体随时间变化趋势中，所有产业部门的直接耗水系数均呈现出明显下降趋势，其中降幅由大到小分别为其他服务业、制造业、农业、建筑业、交通运输业、采矿业和生产供应业。从完全耗水系数来看，除制造业完全耗水系数有较小幅度的上升外，其余部门都呈现下降趋势。间接耗水系数方面，制造业、交通运输业和其他服务业都呈现上升趋势，农业、采矿业、生产供应业、建筑业则呈现出下降趋势。从耗水乘数变化上看，制造业、建筑业、交通运输业和其他服务业呈现上升趋势，其余部门呈现下降趋势。

（一）直接耗水系数分析

将河南省各产业部门的耗水系数测算结果反映在折线图中，便于直观比较观测，做进一步分析，河南省各产业部门直接耗水系数变化趋势如图 4-1 所示。

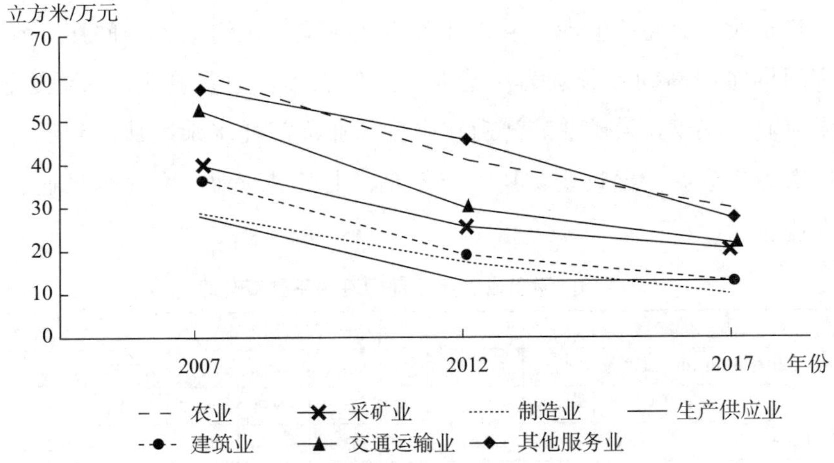

图 4-1　河南省各产业部门直接消耗水系数变化趋势

结合各产业耗水系数表 4-2、耗水系数变化率表 4-3 以及各产业部门直接耗水系数变化趋势图 4-1，对河南省各产业部门直接耗水系数变化情况进行分析。

从总体随时间变化趋势上来看，所有产业部门的直接耗水系数均呈现明显的下降趋势。其中制造业降幅最大，2007—2017 年，从 28.65 立方米/万元下降至 2012 年的 17.61 立方米/万元，最终下降至 10.12 立方米/万元，降幅达到 64.66%。制造业部门产出的大幅度上升是该部门直接耗水系数降低的最主要原因；农业部门直接耗水系数由 2007 年的 61.21 立方米/万元下降至 2012 年的 41.45 立方米/万元，进而降至 2017 年的 29.91 立方米/万元，总体下降了 51.13%，原因是农业消耗水量逐年减少，由 2007 年的 30.92 亿立方米下降至 2012 年的 30.39 亿立方米，进而下降至 2017 年的 22.62 亿立方米。加之农业产出的逐年增加，从 2007 年的 5051.00 亿元增加至 2012 年的 7330.36 亿元，进而增加至 2017 年的 7562.53 亿元。由此可见，随着时间的推移，各产业部门耗水效率不断提高，节水方面成效较为显著。

从第一阶段（2007—2012 年）和第二阶段（2012—2017 年）直接耗水系数的变化率来看，农业、采矿业、生产供应业、建筑业和交通运输业第一阶段直接耗水系数变化率高于第二阶段直接耗水系数的变化率。前两个阶段均呈下降趋势，第一阶段，农业部门直接耗水系数下降了 32.27%，第二阶段，农业部门直接耗水系数下降了 27.85%；第一阶段，采矿业直接耗水系数下降了 36.64%，第二阶段，采矿业直接耗水系数下降了 20.54%；生产供应业下降幅度变化最大，第一阶段，生产供应业的直接耗水系数下降了 53.94%，但是第二阶段，生产供应业的直接耗水系数只下降了 3.06%；第一阶段，建筑业的直接耗水系数下降了 46.65%，第二阶段，建筑业的直接耗水系数下降了 32.87%；第一阶段，交通运输业的直接耗水系数下降了 43.07%，第二阶段，交通运输业的直接耗水系数下降了 26.24%。制造业和其他服务业第一阶段直接耗水系数的变化率小于第二阶段直接耗水系数的变化率，说明其在第二阶段耗水效率不断提高，节水成效显著。

从整体来看，不同部门直接耗水系数差异较大，总体来看，其他服务业和农业部门直接耗水系数较大。这可能是由于农业是河南的主要产业，河南拥有较为丰富的农业资源，农业灌溉、农作物种植和瓜果蔬菜栽培等均离不开大量的水资源，使得农业部门直接耗水量较大，而河南农业水资源利用率较低，农业又属于高耗水产业，因此农业直接耗水系数较大。同时，在服务业层面，伴随着河南城市服务业的发展，各种洗浴中心、水疗 SPA、温泉沐浴场所可能存在无节制的扩张，服务业耗水量急剧上升，且行业整体节水意识较为淡薄，节水技术推广度和普及度较低，导致河南省其他服务业直接耗水系数一直处于较高水平。

（二）完全耗水系数分析

依据完全耗水系数的变化率情况，作出河南省各产业部门的完全耗水系数趋势图，如图 4-2 所示。同时，由于完全耗水系数由直接耗水系数和间接耗水系数构成，因此对完全耗水系数的解读分析需要构建直接耗水系数（见图 4-1）和间接耗水系数（见图 4-3）的趋势图。最后，根据图 4-1、图 4-2、图 4-3，进一步制作图 4-4 来描述各产业部门直接耗水系数与间接耗水系数之间的对比关系。

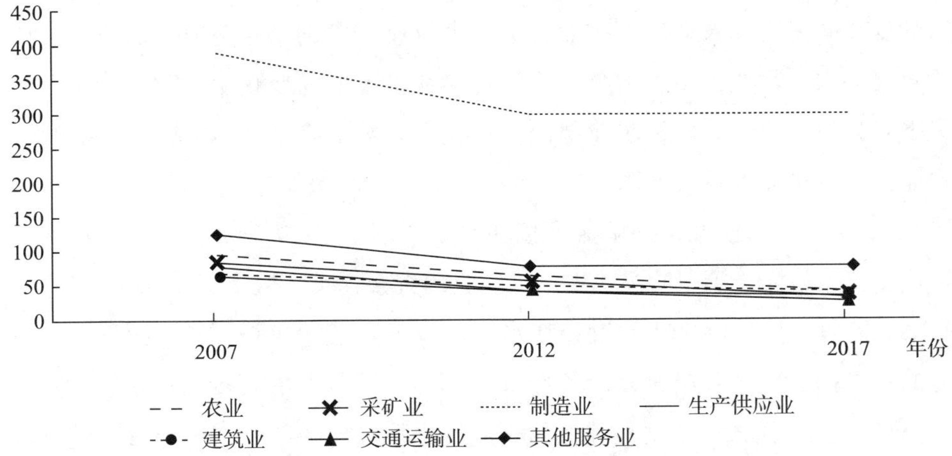

图 4-2　河南省各产业部门完全耗水系数趋势

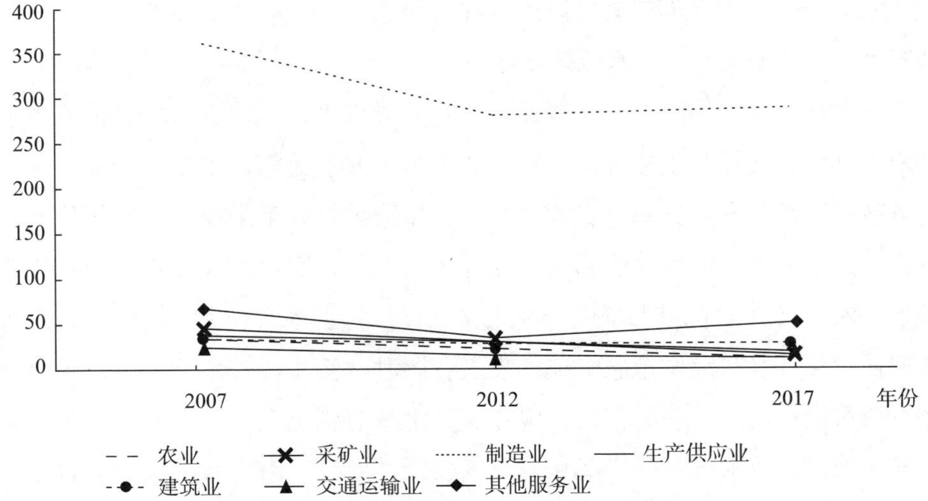

图 4-3　河南省各产业部门间接耗水系数趋势

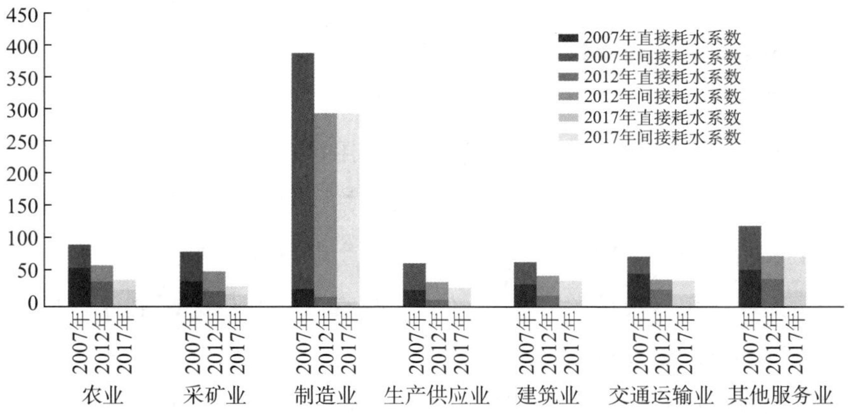

图 4-4　2007 年、2012 年、2017 年河南省各产业部门直接耗水系数和间接耗水系数

从完全耗水系数总体随时间变化趋势上来看，7 个产业部门的完全耗水系数几乎均呈现下降趋势，只有制造业完全耗水系数在 2012—2017 年有较小幅度上升，采矿业完全耗水系数与其他产业部门相比呈现大幅度下降，约减少了 61.37%，完全耗水系数由 2007 年的 85.82 立方米/万元下降到 2017 年的 33.16 立方米/万元。究其原因，可能与近年来河南省采矿业总产值增幅较小，新时代提倡绿色发展，淘汰高能耗、高污染产能息息相关，采矿业发展整体受到限制，能源供给正在向环境友好型方式转型。制造业的完全耗水系数降幅最小，由 2007 年的 389.07 立方米/万元下降到 2012 年的 298.35 立方米/万元，到 2017 年有小幅度上升，上升为 298.57 立方米/万元。这说明河南省制造业存在较大的节水空间，用水效率有很大的提升潜力，特别是在全产业链环节中对虚拟水利用效率存在巨大提升空间。农业部门的完全耗水系数下降了 54.91%，2007、2012、2017 年该产业部门的完全耗水系数分别为 96.11 立方米/万元、63.71 立方米/万元、43.33 立方米/万元，比直接耗水系数分别高 34.90 立方米/万元、22.26 立方米/万元、13.42 立方米/万元，说明农业部门的万元耗水量除 61.21 立方米/万元、41.45 立方米/万元、29.91 立方米/万元外，还需要从其他产业部门获取 34.90 立方米/万元、22.26 立方米/万元、13.42 立方米/万元；生产供应业完全耗水系数下降了 57.04%，建筑业完全耗水系数下降了 39.89%，交通运输业完全耗水系数下降了 47.62%，其他服务业完全耗水系数下降了 37.99%，各产业部门的完全耗水系数减小，表明各产业部门的虚拟水利用效率都在不断升高，河南省的经济系统正在不断向着节水型经济发展模式发展。但是制造业的完全耗水系数远远高于其他产业部门，说明制造业部门在节水意识和节水技术的应用推广方面和其他产业部门相比还有较大差距。根据各部门完全耗水系数可知，无论从系数值大小还是从变化趋势上来看，农业部门的用水效率都要高于制造业和服务业，这可能与河南省是全国农业粮食生产核心区域这一战略定位紧密相关，全省对农业部门的节水制度和机制建设投入持续且力度较大，农业部门普遍节水意识和节水技术的使用推广已初具成效，相较于省内其他产业具有较好的示范效果。制造业和服务业在水资源管理和效率提升方面存在较大差距，鉴于制造业和服务业对 GDP 的重要拉动作用，做好相应的水资源管理与统筹，对进一步提升河南省制造业和服务业发展以及整体 GDP 水平具有重大意义。

从各产业部门第一阶段（2007—2012 年）和第二阶段（2012—2017 年）完全耗水系数的变化率来看，农业、制造业、生产供应业、建筑业、交通运输业、其他服务业第二阶段的完全耗水系数下降幅度低于第一阶段，说明这些产业第二阶段节水效率提升没有第一阶段节水效率提升得明显，特殊地，制造业部门在第二阶段完全耗水系数出现了增长。虽然这些产业部门的节水效率都出现了一定程度的倒退，但从总体上看，2007—2017 年各产业部门的完全耗水系数都有一定程度的下降。这与近年来河南省发展速度加快、产业总产出不断增加、耗水量增加幅度较小，甚至在 2012—2017 年总耗水量下降有关。采矿业第一阶段完全耗水系数变化率小于第二阶段完全耗水系数变化率，与河南省采矿业 2007 年总产出为 3590.96 亿元，到 2012 年为 6182.78 亿元，2017 年为 4557.44 亿元，先增长后下降有关。其耗水量从 2007 年的 14.45 亿立方米到 2012 年的 15.76 亿立方米，再到 2017 年的 9.23 亿立方米，也呈现先增长后下降的趋势，说明第二阶段采矿业在河南省的产出逐渐减少，向资源环境友好型经济社会系统转型，水资源利用效率进一步提高。

从整体来看，河南省制造业完全耗水系数远高于其他产业部门，是因为每年制造业部门耗水量约占河南省总耗水量的 40%，制造业部门耗水量远远高于其他产业部门，不论其直接耗水系数还是间接耗水系数均处于 7 个产业部门的首位。因此，河南省节水工程的重点关注部门需要放在制造业，相对于其他部门而言，提升制造业的节水效率意义重大。

（三）耗水乘数分析

根据河南省各产业部门耗水乘数及变化率绘制出河南省各产业部门耗水乘数趋势图，如图 4-5 所示。根据河南省各产业部门耗水乘数，绘制出各产业部门在 2007 年、2012 年、2017 年的耗水乘数对比图，如图 4-6 所示。

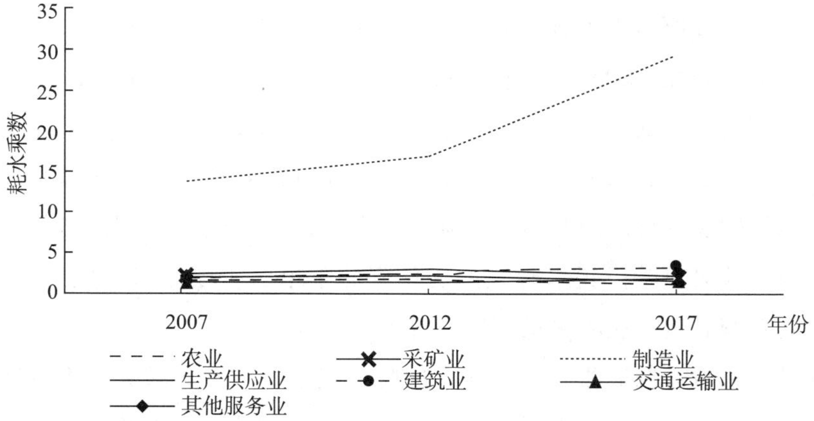

图 4-5　河南省各产业部门耗水乘数趋势

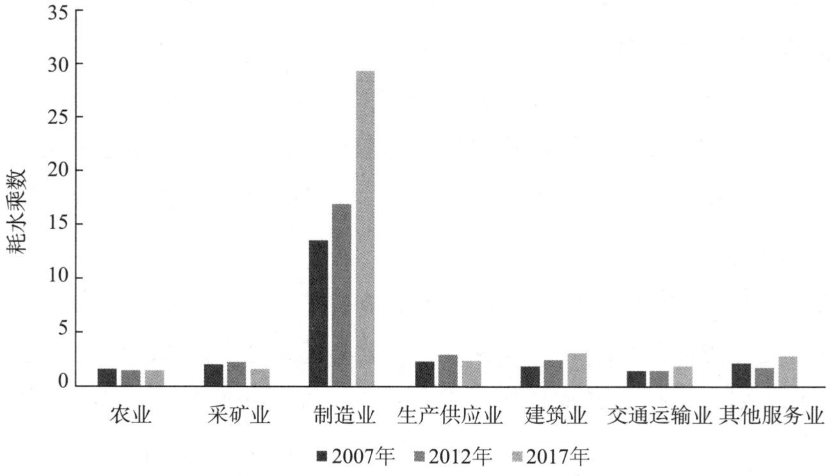

图 4-6　2007 年、2012 年、2017 年河南省各产业部门耗水乘数

从耗水乘数随时间变化趋势来看，7 个部门耗水乘数均呈现不同的变化趋势。除制造业外，其余 6 个部门的耗水乘数都处于 0~5，且基本保持不变。说明除制造业以外的 6 个部门对其他部门的间接拉动作用较小，即在河南省，这些部门对经济系统中水资源利用的带动作用较小，水资源利用效率高。制造业的耗水乘数由 2007 年的 13.58 上升到 2012 年的 16.94，进而增至 2017 年的 29.49，说明制造业对其他部门的间接拉动作用最大，其中间接消耗的原材料和中间产品中有严重依赖水资源的原材料和产品，单位产出的增加很大程度上增加了其他部门水资源消耗量，每增加 1 立方米的耗水量，会带动整个经济体系分别增加 13.58 立方米、16.94 立方米、29.49 立方米的耗水。

从第一阶段（2007—2012 年）和第二阶段（2012—2017 年）耗水乘数的变化率来看，农业、采矿业、生产供应业、交通运输业、建筑业和其他服务业的耗水乘数在两阶段内基本无变化，说明两阶段内这 6 个部门的耗水特征相似。制造业第一阶段耗水乘数的变化率低于第二阶段耗水乘数的变化率，说明制造业与其他行业的关联性缓慢增强。

从整体来看，制造业与其他 6 个部门的耗水乘数差异较大。除制造业以外其余 6 个部门的完全耗水系数与直接耗水系数相接近，因此这 6 个部门的耗水乘数均较小。造成这种结果的主要原因是随着经济发展，这 6 个行业水资源利用效率逐渐提高，各行业间的相互中间投入量较少，所以缩小了直接耗水量和完全耗水量的差距，从而说明农业、采矿业、生产供应业、交通运输业、建筑业和其他服务业对其他行业的拉动程度小。制造业的耗水乘数大，且完全耗水量和直接耗水量基数明显大于其他部门，说明其对水资源的需求量很大，且对整个经济系统中其他部门的拉动程度大，制造业用水消耗主要依靠其他部门的转移。

综上可知，除制造业外，农业、采矿业、生产供应业、交通运输业、建筑业和其他服务业的耗水乘数基本处于稳定水平。由此看来，在生产过程中，这 6 个部门对整个经济系统的间接影响较小，处于相对稳定状态。但制造业的耗水乘数基数较大，且有上升趋势，说明制造业有较大的节水空间。因此，采取合理有效的节水措施，调整工业用水，将其输入到城市，并将制造业的节水量用于具有较高经济效益的第三产业很有必要。

总的来说，在制定发展规划前，要综合考虑直接耗水和间接耗水的影响，以实现区域各行业之间的综合平衡发展。同时，未来需要进一步提高各行业的耗水效率，实现河南省经济社会系统的可持续发展。

三、河南省虚拟水消费情况分析

基于投入产出分析，对河南省各行业及整体最终虚拟水消费量进行估算，结果见表4-4至表4-7。

表4-4　河南省虚拟水消费总量　　单位：立方米

年份	农村	城镇	政府	固定资本	总消费量
2007	4752517143	9213001351	3219061215	30355032532	47539612241
2012	7283181009	16471317792	4852914606	62586107791	91193521198
2017	11795213080	27043136455	7552827363	53404612740	99795789638

资料来源：根据式（4-12）计算得到。河南省投入产出数据来自《河南统计年鉴》（2007）、《河南统计年鉴》（2012）、《河南统计年鉴》（2017）。

表4-5　2007年各行业虚拟水最终消费量　　单位：立方米

	农村	城镇	政府	固定资本	总消费量
农业	501731336.5	367628086.8	89464632.17	10610945.47	969435000.9
采矿业	31176485.57	33228265.53	0	0	64404751.1
制造业	3070103908	6612094834	0	27952741461	37634940203
生产供应业	35117773.41	123468884	147089.3459	0	158733746.8
建筑业	15355482.43	17787661.97	0	2131746458	2164889602
交通运输业	29106810.11	38509611.87	79317774.87	38282808.39	185217005.2
其他服务业	1069925347	2020284006	3050131719	221650859.8	6361991932

资料来源：根据式（4-8）、式（4-9）、式（4-10）、式（4-11）计算得到。河南省投入产出数据来自《河南统计年鉴》（2007）。

表4-6　2012年各行业虚拟水最终消费量　　单位：立方米

	农村	城镇	政府	固定资本	总消费量
农业	249201089.4	317824587.3	65823292.31	9853784.168	642702753.2
采矿业	13404061.74	6507487.924	0	0	19911549.66
制造业	3763548252	8862871109	0	42014428840	54640848202

续表

	农村	城镇	政府	固定资本	总消费量
生产供应业	44496858. 94	141867527. 5	0	0	186364386. 5
建筑业	58097163. 79	108685914. 8	0	3684147871	3850930949
交通运输业	25261838. 08	55119247. 42	41509248. 55	115949779. 7	237840113. 8
其他服务业	1123149648	2485204428	2959285537	1532537174	8100176786

资料来源：根据式（4-8）、式（4-9）、式（4-10）、式（4-11）计算得到。河南省投入产出数据来自《河南统计年鉴》（2012）。

表 4-7　2017 年各行业虚拟水最终消费量　单位：立方米

	农村	城镇	政府	固定资本	总消费量
农业	185376449	353860304	55704488. 14	14069359. 1	609010600. 2
采矿业	1998289. 189	395592. 755	0	0	2393881. 944
制造业	6522926857	14159179112	0	28883212208	49565318178
生产供应业	26096271. 84	132091274. 9	0	0	158187546. 7
建筑业	0	0	0	7482191331	7482191331
交通运输业	22047575. 11	57147910. 42	43541693. 55	2372086. 807	125109265. 9
其他服务业	1721656777	4583026698	4555593049	2037102093	12897378617

资料来源：根据式（4-8）、式（4-9）、式（4-10）、式（4-11）计算得到。河南省投入产出数据来自《河南统计年鉴》（2017）。

根据表 4-4 至表 4-7 计算得到的农村居民、城镇居民、政府和固定资本形成在各产业部门中虚拟水的消费，计算 2007 年、2012 年、2017 年不同消费类型在各产业部门的消费占比，具体结果见表 4-8 至表 4-10。根据投入产出表中农村居民消费、城镇居民消费、政府消费和固定资本形成计算这四个部门最终需求占比，得到表 4-11 至表 4-13。

表 4-8　2007 年虚拟水消耗比例（%）

比例	消费类型	行业							
		农业	采矿业	制造业	生产供应业	建筑业	交通运输业	其他服务业	合计
虚拟水消耗比例	农村居民消费	1. 06	0. 07	6. 46	0. 07	0. 03	0. 06	2. 25	10. 00
	城镇居民消费	0. 77	0. 07	13. 91	0. 26	0. 04	0. 08	4. 25	19. 38
	政府消费	0. 19	0. 00	0. 00	0. 00	0. 00	0. 17	6. 42	6. 77

续表

比例	消费类型	行业							
		农业	采矿业	制造业	生产供应业	建筑业	交通运输业	其他服务业	合计
虚拟水消耗比例	固定资本形成	0.02	0.00	58.80	0.00	4.48	0.08	0.47	63.85
	总额合计	2.04	0.14	79.17	0.33	4.55	0.39	13.38	100.00

资料来源：根据2007年农村居民、城镇居民、政府和固定资本形成在各产业部门中虚拟水的消费，计算得到2007年不同消费类型在各产业部门的消费比例。

表4-9　2012年虚拟水消耗比例（%）

比例	消费类型	行业							
		农业	采矿业	制造业	生产供应业	建筑业	交通运输业	其他服务业	合计
虚拟水消耗比例	农村居民消费	0.37	0.02	5.56	0.07	0.09	0.04	1.66	7.80
	城镇居民消费	0.47	0.01	13.10	0.21	0.16	0.08	3.67	17.70
	政府消费	0.10	0.00	0.00	0.00	0.00	0.06	4.37	4.53
	固定资本形成	0.02	0.00	62.08	0.00	5.44	0.17	2.26	69.97
	总额合计	0.95	0.03	80.74	0.28	5.69	0.35	11.97	100.00

资料来源：根据2012年农村居民、城镇居民、政府和固定资本形成在各产业部门中虚拟水的消费，计算得到2012年不同消费类型在各产业部门的消费比例。

表4-10　2017年虚拟水消耗比例（%）

比例	消费类型	行业							
		农业	采矿业	制造业	生产供应业	建筑业	交通运输业	其他服务业	合计
虚拟水消耗比例	农村居民消费	0.26	0.00	9.21	0.04	0.00	0.03	2.43	11.97
	城镇居民消费	0.50	0.00	19.99	0.19	0.00	0.08	6.47	27.23
	政府消费	0.08	0.00	0.00	0.00	0.00	0.06	6.43	6.57
	固定资本形成	0.02	0.00	40.77	0.00	10.56	0.00	2.88	54.23
	总额合计	0.86	0.00	69.97	0.22	10.56	0.18	18.21	100.00

资料来源：根据2017年农村居民、城镇居民、政府和固定资本形成在各产业部门中虚拟水的消费，计算得到2017年不同消费类型在各产业部门的消费比例。

表 4-11　2007 年最终消费需求比例（%）

比例	消费类型	行业							
		农业	采矿业	制造业	生产供应业	建筑业	交通运输业	其他服务业	合计
最终需求比例	农村居民消费	2.68	0.19	4.06	0.27	0.12	0.19	4.39	11.89
	城镇居民消费	1.97	0.20	8.74	0.93	0.13	0.25	8.29	20.51
	政府消费	0.48	0.00	0.00	0.00	0.00	0.52	12.52	13.52
	固定资本形成	0.06	0.00	36.94	0.00	15.92	0.25	0.91	54.08
	总额合计	5.19	0.39	49.73	1.20	16.17	1.22	26.11	100.00

资料来源：根据《河南统计年鉴》（2007）投入产出表中农村居民消费、城镇居民消费、政府消费和固定资本形成计算这四个部门最终需求占比。

表 4-12　2012 年最终消费需求比例（%）

比例	消费类型	行业							
		农业	采矿业	制造业	生产供应业	建筑业	交通运输业	其他服务业	合计
最终需求比例	农村居民消费	1.02	0.06	3.28	0.29	0.31	0.15	3.69	8.80
	城镇居民消费	1.30	0.03	7.73	0.94	0.58	0.32	8.17	19.06
	政府消费	0.27	0.00	0.00	0.00	0.00	0.24	9.73	10.24
	固定资本形成	0.04	0.00	36.65	0.00	19.49	0.68	5.04	61.90
	总额合计	2.63	0.09	47.67	1.23	20.37	1.39	26.62	100.00

资料来源：根据《河南统计年鉴》（2012）投入产出表中农村居民消费、城镇居民消费、政府消费和固定资本形成计算这四个部门最终需求占比。

表 4-13　2017 年最终消费需求比例（%）

比例	消费类型	行业							
		农业	采矿业	制造业	生产供应业	建筑业	交通运输业	其他服务业	合计
最终需求比例	农村居民消费	0.80	0.01	4.08	0.17	0.00	0.10	4.14	9.30
	城镇居民消费	1.53	0.00	8.86	0.84	0.00	0.26	11.02	22.51
	政府消费	0.24	0.00	0.00	0.00	0.00	0.20	10.95	11.39
	固定资本形成	0.06	0.00	18.07	0.00	33.77	0.01	4.90	56.80
	总额合计	2.63	0.01	31.00	1.01	33.77	0.57	31.01	100.00

资料来源：根据《河南统计年鉴》（2017）投入产出表中农村居民消费、城镇居民消费、政府消费和固定资本形成计算这四个部门最终需求占比。

根据不同消费类型在各产业部门的消费比例，随着时间的推移，2007—2017年农业部门最终消费需求占总最终消费需求比例呈先下降后不变的趋势，由2007年的5.19%下降至2012年的2.63%，至2017年没有变化仍为2.63%，而对应的虚拟水消费量占虚拟水总消费量比例由2007年的2.04%下降至2012年的0.95%，进而下降至2017年的0.86%。由此看来，农业部门最终需求的下降带动了虚拟水消费量的减少。采矿业最终需求比例和相应虚拟水消费比例都是最少的，且呈现逐年递减的趋势，最终消费占比由2007年的0.39%下降至2012年的0.09%，进而下降至2017年的0.01%，对应虚拟水消耗量占比由2007年的0.14%下降至2012年的0.09%，进而下降至2017年的0.01%，虚拟水消耗量占比很少。采矿业经济价值较低，相应虚拟水的消耗量也就较少。制造业虚拟水消费比例相对其他产业部门而言占比最大，其创造的经济价值由2007年的49.73%下降至2012年的47.67%，然后降至2017年的31%，呈现下降的趋势。制造业虚拟水消费比例由2007年的79.17%增加至2012年的80.74%，然后降至2017年的69.97%，呈现出先增加后下降的趋势。制造业部门的经济产值占比不到50%，但是其虚拟水的消耗量达到了近70%之多，说明制造业部门的节水工程还需要进一步攻坚。生产供应业的虚拟水消费比例无明显变化，维持在0.3%左右，其创造的经济价值也无明显变化，维持在1.1%左右。建筑业虚拟水消费比例在2007年为4.55%，2012年为5.69%，2017年为10.56%，其总产出2007年为16.17%，2012年为20.37%，2017年为33.77%，经济效益逐年增加。这说明河南省建筑业不断发展，建筑业虚拟水消费量占比也在不断增加。交通运输业的最终消费比例呈现先上升后下降的趋势，由2007年的1.22%增加至2012年的1.39%，然后下降至2017年的0.57%，虚拟水消费比例由2007年的0.39%下降至2017年的0.18%。其他服务业的虚拟水消费比例在2007年、2012年、2017年分别为13.38%、11.97%、18.21%，经济效益在这三年分别为26.11%、26.62%、

31.01%。由此可见，采矿业、建筑业虚拟水消费量与经济效益呈正相关，制造业和其他服务业虚拟水消耗量占比最大，产生的经济效益也较高，生产供应业、建筑业、交通运输业和其他服务业以较低的虚拟水消耗产生了较高的经济价值，说明这4个行业的节水效果较好，提高这些行业的用水效率是实现经济高质量发展的重点。

从不同类型的消费视角分析，在2007年、2012年和2017年中虚拟水消费量最大的是固定资本形成总额，城镇居民消费次之，而后是农村居民消费，政府消费量最小。农村居民在制造业和其他服务业消耗了大量的虚拟水；与农村居民相比，城镇居民在制造业和其他服务业的生产过程中使用了更多虚拟水；政府部门在农业和其他服务业消耗虚拟水量尤为突出；同时，固定资本在制造业和建筑业中消耗了大量虚拟水，表明部门属性对虚拟水的消费结构产生了重要影响。对于最终消费和虚拟水消费比例而言，各年农村居民消费和政府消费占比都很低，农村居民分别用11.89%、8.80%、9.30%的最终消费消耗了9.997%、7.797%、11.971%的虚拟水，农村居民消费中，制造业部门在虚拟水消费上占比较大（6.458%、5.561%、9.208%），然而仅分别创造了4.057%、3.283%、4.080%的经济价值，表明农村居民消费在制造业部门的消耗水存在用水结构不合理现象，有必要进一步提升制造业节水技术，进而提高经济效益。城镇居民和固定资本虚拟水消耗总量都比较高，城镇居民以19.380%、17.698%、27.224%的虚拟水量创造了20.514%、19.061%、22.508%的经济价值，其中制造业虚拟水使用比例最大。固定资本形成总额以54.074%、61.897%、56.803%的最终消费，消耗了63.852%、69.973%、54.234%的虚拟水。

综上可得，河南省未来节水关注的重点在于削减制造业最终需求中虚拟水的含量，鼓励和支持生产供应业、建筑业、交通运输业和其他服务业等虚拟水消耗较少且经济价值较大的行业发展，同时应适当增加其他部门最终需求在总最终需求中的比重，以减少最终需求对虚拟水的消费。

四、河南省虚拟水产业部门间转移分析

河南省虚拟水产业部门转移矩阵如表 4-14 至表 4-16 所示。

表 4-14　2007 年转移矩阵　　单位：立方米

	农业	采矿业	制造业	生产供应业	建筑业	交通运输业	其他服务业
农业	0	89909797.02	20600335381	-604291552.7	-206087193.2	-1031171790	2023985192
采矿业	-89909797.02	0	20510425584	-694201349.7	-295996990.2	-1121081587	1934075395
制造业	-20600335381	-20510425584	0	-21204626934	-20806422575	-21631507171	-18576350189
生产供应业	604291552.7	694201349.7	21204626934	0	398204359.5	-426880236.9	2628276745
建筑业	206087193.2	295996990.2	20806422575	-398204359.5	0	-825084596.4	2230072386
交通运输业	1031171790	1121081587	21631507171	426880236.9	825084596.4	0	3055156982
其他服务业	-2023985192	-1934075395	18576350189	-2628276745	-2230072386	-3055156982	0

资料来源：根据式（4-14）计算得到。河南省投入产出数据来自《河南统计年鉴》（2007）。

表 4-15　2012 年转移矩阵　　单位：立方米

	农业	采矿业	制造业	生产供应业	建筑业	交通运输业	其他服务业
农业	0	619382227.1	29544142559	-147015395.5	1373208382	-975343497.6	1594072907
采矿业	-619382227.1	0	28924760332	-766397622.7	753826154.4	-1594725725	974690679.4
制造业	-29544142559	-28924760332	0	-29691157955	-28170934178	-30519486057	-27950069653
生产供应业	147015395.5	766397622.7	29691157955	0	1520223777	-828328102.1	1741088302
建筑业	-1373208382	-753826154.4	28170934178	-1520223777	0	-2348551879	220864525
交通运输业	975343497.6	1594725725	30519486057	828328102.1	2348551879	0	2569416404
其他服务业	-1594072907	-974690679.4	27950069653	-1741088302	-220864525	-2569416404	0

资料来源：根据式（4-14）计算得到。河南省投入产出数据来自《河南统计年鉴》（2012）。

表 4-16　2017 年转移矩阵

立方米

	农业	采矿业	制造业	生产供应业	建筑业	交通运输业	其他服务业
农业	0	-238287857.1	35009428470	-369390679.4	2579371754	439702636.7	5933642394
采矿业	238287857.1	0	35247716327	-131102822.3	2817659611	677990493.8	6171930252
制造业	-35009428470	-35247716327	0	-35378819150	-32430056717	-34569725833	-29075786076
生产供应业	369390679.4	131102822.3	35378819150	0	2948762433	809093316.1	6303033074
建筑业	-2579371754	-2817659611	32430056717	-2948762433	0	-2139669117	3354270641
交通运输业	-439702636.7	-677990493.8	34569725833	-809093316.1	2139669117	0	5493939758
其他服务业	-5933642394	-6171930252	29075786076	-6303033074	-3354270641	-5493939758	0

资料来源：根据式（4-14）计算得到。河南省投入产出数据来自《河南统计年鉴》（2017）。

在 2007 年、2012 年、2017 年河南省 7 个产业部门间虚拟水转移矩阵基础上，绘制虚拟水在河南省 7 个产业部门之间的流动情况图。

从虚拟水在产业间各年的转移情况来看，2007 年虚拟水净输入部门为制造业；虚拟水净输出部门有农业、采矿业、生产供应业、建筑业、交通运输业和其他服务业。2007 年制造业部门是虚拟水净转移量最大的部门，高达 1233 亿立方米。2007 年部门间虚拟水主要流向是农业（206.00 亿立方米）、采矿业（205.10 亿立方米）、生产供应业（212.05 亿立方米）、建筑业（208.06 亿立方米）、交通运输业（216.32 亿立方米）和其他服务业（185.76 亿立方米）流向制造业。其中，建筑业、交通运输业、生产供应业和其他服务业为制造业部门的后向产业部门。

2012 年虚拟水净输入部门有为制造业；虚拟水净输出部门包括农业、采矿业、生产供应业、建筑业、交通运输业和其他服务业。2012 年制造业部门是虚拟水净转移量最大的部门，高达 1748 亿立方米。2012 年部门间虚拟水主要是由农业（295.44 亿立方米）、采矿业（289.25 亿立方米）、生产供应业（296.91 亿立方米）、建筑业（281.71 亿立方米）、交通运输业（305.19 亿立方米）和其他服务业（279.50 亿立方米）流向制造业。其中，建筑业、交通运输业和其他服务业为制造业部门的后向产业部门。

2017年虚拟水净输入部门为制造业；虚拟水净输出部门包括农业、采矿业、生产供应业、建筑业、交通运输业和其他服务业。2017年制造业部门是虚拟水净转移量最大的部门，高达2017.12亿立方米。2017年部门间虚拟水主要是由农业（350.09亿立方米）、采矿业（352.48亿立方米）、生产供应业（353.79亿立方米）、建筑业（324.30亿立方米）、交通运输业（345.70亿立方米）和其他服务业（290.76亿立方米）流向制造业。其中，建筑业、交通运输业和其他服务业为制造业部门的后向产业部门。

从净输出虚拟水来看，虚拟净输出部门包括农业、采矿业、生产供应业、建筑业、交通运输业和其他服务业。其中，农业、生产供应业和交通运输业输出虚拟水量较多，2017年生产供应业的净输出量达到459.40亿立方米。由虚拟水转移矩阵可知，农业、生产供应业和交通运输业的虚拟水净转移量随时间逐渐增加，农业虚拟水净输出量从2007年的208.73亿立方米到2017年的433.54亿立方米，生产供应业虚拟水净输出量从2007年的251.03亿立方米到2017年的459.40亿立方米，交通运输业虚拟水净输出量从2007年的280.91亿立方米到2017年的402.77亿立方米。

虚拟水净输入部门只有制造业一个部门。制造业无法满足自身的生产需求，需要直接和间接借助其他行业向其输入大量虚拟水，由直接耗水系数和间接耗水系数表可知，制造业的直接耗水系数较低，间接耗水系数较高，恰好解释了制造业从其他部门转移大量虚拟水来满足自身需求的原因。制造业虚拟水净输入量由2007年的1233.3亿立方米上升到2017年的2017.12亿立方米。

从产业部门间虚拟水转移方向来看，制造业需要各个部门为其进行虚拟水转移，特别是农业、生产供应业、建筑业和交通运输业。这与前文的制造业耗水乘数、系数较大，与其他产业部门经济联系紧密的研究结论具有一致性。在所有产业部门虚拟水转移中，农业对制造业虚拟水转移量最多：这可能是由于在产品的生产加工过程中，所需的大部分原材料都来源于高耗水农业产品；也可能与河南省农业产业基础较好，食品工业在制造业领域具有相对优势有关。从时间变化趋势上看，产业部门间虚拟水转移有从农业向制造业转移，过渡到交通运输业、生产供应业向制造业部门进行虚拟水转移且强度不断加大的趋势。这可能是由于伴随着产业分工不断深化、物联网不断发展，交通运输和生产供应在制造业运营和发展中的重要性不断提升，对这两个部门依赖程度的加深导致虚拟水向该产业部门流入不断攀升。总体来看，制造业是虚拟水净输入部门，从其他6个部门分别接收了不同数量的虚拟水。

五、河南省虚拟水贸易分析

通过计算，河南省虚拟水在2007年、2012年、2017年的进出口贸易量见表4-17至表4-19。

表4-17　2007年虚拟水贸易量　　单位：立方米

	出口	进口	净出口
农业	510451011	183789750.1	326661261
采矿业	318988776.6	646925645.6	-327936869
制造业	37793820682	33529267770	4264552912
生产供应业	5805319.928	10571101.19	-4765781.263
建筑业	302128099.5	559905024.6	-257776925.1
交通运输业	84636161.95	135065781.8	-50429619.87
其他服务业	76855016.55	1141398253	-1064543236

资料来源：根据式（4-15）、式（4-16）、式（4-17）计算得到。河南省各产业部门进出口量数据来自《河南统计年鉴》(2007)。

表4-18　2012年虚拟水贸易量　　单位：立方米

	出口	进口	净出口
农业	823386310.7	490075031.4	333311279.3
采矿业	280816105.9	1135339384	-854523278.3
制造业	59055507713	56344998105	2710509608
生产供应业	6874971.995	24425907.54	-17550935.54
建筑业	451776840.7	1120405500	-668628658.8
交通运输业	443096071.5	380357260.7	62738810.87
其他服务业	1446160844	5409354979	-3963194135

资料来源：根据式（4-15）、式（4-16）、式（4-17）计算得到。河南省各产业部门进出口量数据来自《河南统计年鉴》(2012)。

表 4-19　2017 年虚拟水贸易量　　单位：立方米

	出口	进口	净出口
农业	123731633.9	355816460.2	-232084826.3
采矿业	380795562.2	1377098373	-996302810.8
制造业	109268111111	83379718318	25888617575
生产供应业	86775956.94	1041565806	-954789848.6
建筑业	79279287.65	3384804946	-3305525658
交通运输业	1686647777	227931229.3	1458716548
其他服务业	4476748328	9975152458	-5498404130

资料来源：根据式（4-15）、式（4-16）、式（4-17）计算得到。河南省各产业部门进出口量数据来自《河南统计年鉴》（2019）。

从各部门虚拟水出口量来看，制造业的虚拟水出口量最大，且发展迅猛，从 2007 年的 377.94 亿立方米，增长到 2012 年的 590.56 亿立方米，然后增长到 2017 年的 1092.68 亿立方米。农业部门的虚拟水出口量呈现先上升后下降的趋势，2007 年虚拟水出口量为 5.10 亿立方米，2012 年虚拟水出口量增加到 8.23 亿立方米，但是在 2017 年虚拟水的出口量下降到 1.24 亿立方米。采矿业部门虚拟水出口量呈现先下降后上升趋势，基本维持在 3%左右。生产供应业虚拟水出口量最小，几乎没有向国外出口，虚拟水出口量在 0.06 亿~0.87 亿立方米。建筑业虚拟水出口量呈现先增加后减小的变化趋势，建筑业在 2007 年的虚拟水出口量为 3.02 亿立方米，2012 年为 4.52 亿立方米，2017 年下降为 0.79 亿立方米。交通运输业和其他服务业在 2007—2017 年虚拟水出口量呈现逐年增加趋势，分别由 0.85 亿立方米，0.77 亿立方米上升到了 16.87 亿立方米、44.77 亿立方米。

从各产业部门虚拟水进口量变化趋势来看，农业部门虚拟水进口量随时间变化先增加后减少，与出口量变化趋势一致，采矿业、制造业、生产供应业、建筑业和其他服务业虚拟水进口量均呈现逐年增加的趋势。虚拟水进口量最大的产业部门是制造业，其次是其他服务业。

2007—2017 年河南省虚拟水进出口量均呈现逐年上升的趋势，这可能是由于经济全球化和“一带一路”倡议，使得河南省内贸易战略和制度不断优化，带来对外开放程度的进一步加深和国际市场参与水平的持续深化。特别是2016年国务院决定设立中国（河南）自由贸易试验区以来，河南省进出口贸易格局进一步打开，贸易便利化程度稳步提高。加之国内交通枢纽优势和中欧班列等国际运输体系的发展完善，助推河南省贸易新业态的崛起和新贸易市场的开辟，促使河南省虚拟水贸易量不断增加。自2007年至2017年河南省总产出逐年增加，由2007年的54268.53亿元，到2012年的98416.45亿元，再到2017年的149932.78亿元，经济效益增长显著。

从各部门虚拟水净出口量随时间变化趋势来看，河南省一直偏向于净出口地区，并且净出口量呈现波动上升趋势。2007年和2017年，河南省是虚拟水净出口地区，制造业净出口了大量虚拟水。2007年和2017年河南省虚拟水净出口量分别为28.86亿立方米和163.60亿立方米，制造业的完全耗水系数远高于其他部门，水资源利用效率低下，说明制造业出口产品带走了大量水资源，加剧了河南省水资源紧缺程度。2012年河南为虚拟水净进口地区，虚拟水净进口量为23.97亿立方米，其中，净进口虚拟水量最多的部门是其他服务业，为39.63亿立方米。河南水资源匮乏，虚拟水贸易应呈现净进口状态，而2007年和2017年却呈现净出口状态，且有上升趋势，说明这一时段虚拟水贸易方式及结构不能适应缓解当地水资源短缺压力的要求，反而因虚拟水大量流出加剧了当地水资源短缺，一定程度上阻碍了河南经济社会的更好发展。

综上所述，河南虚拟水出口主要集中在制造业等高耗水行业，制造业作为拉动国民经济增长的重要着力点，加工产品出口导致大量虚拟水流出，需要河南省从战略高度对进出口贸易情况进一步调整布局。虚拟水流出不仅会导致制造业水资源利用效率较低的状况进一步加重，也会对河南省内整体水资源节约和本土水资源环境保持产生负外部性效应。因此，对产业结构的调整、贸易布局的优化以及制造业节水增效的制度建设和推进显得尤为重要。

本节基于投入产出表对河南省2007年、2012年、2017年7个产业部门的用水效率进行分析，并且对虚拟水转移量、虚拟水消费与贸易量进行测算，研究结果表明：

（1）制造业完全耗水系数明显高于其他行业部门，制造业与其他 6 个部门的耗水乘数差异明显，农业、采矿业、生产供应业、建筑业、交通运输业和其他服务业的耗水乘数稳定在 5 以下。

（2）城镇、农村居民的虚拟水消耗量与其创造的经济效益不成正比，表明用水结构存在问题；农业等 6 个部门以较低的虚拟水消耗创造了较高的经济价值，制造业消耗大量虚拟水创造了较低的经济效益，说明河南在制造业生产方面的节水成效远远不足。

（3）制造业是虚拟水净转移量最大的部门，虚拟水主要流向是从其他 6 个部门流向制造业。

（4）河南省虚拟水进出口贸易呈现一直增加的趋势，从虚拟水净出口来看，河南省虚拟水净流量呈现先出口后进口然后再增加出口的趋势，河南省虚拟水出口主要集中在制造业高耗水部门，导致大量水资源流出，说明区域产业结构对虚拟水贸易有很大影响，应尽量优化第二产业布局。

第三节　河南省实体水与虚拟水统筹管理策略

一、优化产业用水结构，均衡虚拟水调度

通过分析可知，在产业用水结构方面，第二产业中的制造业实体水用水量和虚拟水流入量最大，服务业次之，农业产业部门最少，且部门间的虚拟水主要转移方向是由农业、采矿业、生产供应业、建筑业、交通运输业和其他服务业流向制造业。基于此，应在宏观布局上，优先重点攻坚制造业产业部门和服务业用水效率的提升，从产业用水结构上进行优化。这是因为第二产业和第三产业对 GDP 通常具有显著拉动作用，在发展这些产业的同时，如果不能对水资源使用进行效率提升和统筹优化，会导致产业发展后劲不足，加剧区域水资源利用效率低下和水资源匮乏，降低产业用水量对 GDP 的贡献度。

另外，应积极提升用水效能，优化第一、第二和第三产业用水结构。可

以通过结合农产品贸易策略以及河南省农业产业结构类型的方式，提高种植优势不明显的农产品进口量，增加虚拟水流入，将优化布局后潜在的农业用水短缺风险通过贸易方式进行传递和转移。进一步调整农业部门粮食作物和经济作物的种植配比，从农作物产出方面提升水资源利用效率，积极探索农业对其他产业经济部门产出拉动的有益路径和助推省内经济系统发展的有效方式。同时，在第二产业中，进一步对高耗水行业进行淘汰或技术优化，加强对低耗水行业建设发展比重的提升，降低工业发展对水资源的依赖程度。提升第二产业产品研发效率，优化产品生产过程，通过延长产品生产链方式，探索高附加值产品的研发生产，提升第二产业用水效率，降低虚拟水的出口和消耗。此外，通过向用水量相对较低且耗水乘数较高，对整个经济系统拉动效应较高的第三产业进行结构性调整布局，优化区域产业结构，提升区域水资源配置效率，促进节约型产业结构的发展和形成。

在进行产业用水结构优化的同时，要注意统筹兼顾虚拟水流入部门的使用量和使用率以及流出部门的水资源使用效率，厘清各产业之间的关联性，从完整产业链周期角度进行产业优化布局，制定相应虚拟水调度策略。在优化省内用水结构布局的基础上，政府部门可以从行业税收、跨区域消费以及生产结构优化升级等方面，统筹省内与省外虚拟水调度。例如通过加强与虚拟水输出地的经贸联系，充分发挥河南省自贸区优势，实现虚拟水流出产业部门向虚拟水流入部门的转变，通过虚拟水跨区域输入调度，弥补河南省相关产业部门水资源消耗高、产出低的劣势。

二、加强产业节水机制建设

各产业部门的用水效率普遍较低，其中制造业直接用水效率低这一现象最为明显，存在巨大提升空间。首先，应当从技术层面优化重工业相关部门用水效率。例如通过节水降耗工艺技术在重工业部门的推广，以及再生水相关工艺技术的研发应用，提升相关产业部门用水效率。对优先进行节水技术研发、推广与应用的产业部门，实施适当优惠政策，实现由点及面节水技术的推广与应用。

其次，加强与节水技术先进省份产业合作，推动省外节水技术与省内产业发展的优势互补，完善产业节水机制的长效学习引进机制，实现省际产业经济共建共赢。

最后，农业用水效率相较于其他产业部门具有优势，河南省在农业节水领域积累的经验可以进一步向其他产业部门推广示范。进一步细化分类省内不同地区农业生产要素与水资源利用效率，积极协调解决农业水资源利用方面的区域间显著差异。积极探索农业集体水权分配、规范水权交易机制、用水合作组织、节水示范项目等进一步激发农户的节水意识的有益方式，带动节水机制的长效建设。

三、建立实体水与虚拟水统筹管理机制，促进生态经济系统可持续发展

在当前水资源管理体系中，河南省将实体水节水增效管理作为水资源管理的重点和核心，忽视了虚拟水在水资源管理中的重要作用。河南省作为南水北调中线工程的重要建设区域，水资源调配管理是保障南水北调后续工程高质量发展的关键，建立健全统筹实体水与虚拟水的管理机制，实现经济、资源和环境等生态经济系统可持续发展必要而迫切。

突破实体水—虚拟水统筹管理技术和方法壁垒，是建立实体水与虚拟水统筹管理的重要前提。集中力量重点攻坚水质评价体系以及相应量化技术，实现实体水—虚拟水统筹管理中对水量、水质、用水效率等多维实体水—虚拟水耦合流动量化评价指标、体系以及优化配置方法的构建。同时，从全产业链视角推进广义水资源的高效利用，特别是全产业链中产前、产中、产后环节广义水资源的配置与利用效率管理，建立促进实体水与虚拟水补偿奖惩制度，推进以实体水消耗与虚拟水流动效率最佳为目标的区域水资源最优配置制度建设。最后，建立该领域人才储备是推进实体水与虚拟水统筹管理落地的有力保障。加强政府部门对相关人才的培养、招引力度，完善高校相应学科人才培养体系建设，推进河南省重点优先发展产业部门、试点企业部门的人才向外交流学习和培训水科学及环境管理制度建设，助力河南省水资源统筹管理，对标国际先进水平。

第五章 南水北调中线工程水资源配置机制优化研究

《全国水资源综合规划技术大纲细则》认为，水资源合理配置是指在流域或特定的区域范围内，遵循有效性、公平性和可持续性原则，利用各种工程与非工程措施，按照市场经济规律和资源配置准则，通过合理抑制需求、保障有效供给、维护和改善生态环境质量等手段和措施，对多种可利用水源在区域间和各用水部门间进行调配。水资源优化配置是调节水资源时空分布不均、供水与需水不匹配，提高水资源利用效率，增强水资源系统抗风险性的根本途径（何艳虎等，2015），对于水利工程来讲，水资源配置效率是决定工程效益的关键（梁慧稳等，2009）。本章在系统梳理水资源配置理论与实践的基础上，设计"供需混动—市场联动定价"的南水北调中线工程水资源定价机制框架，并提出该机制有效运行的保障措施。

第一节 我国水资源配置的理论与实践

20 世纪 80 年代初，华士乾等以系统工程方法进行水资源利用问题研究，成为我国水资源配置研究的雏形（王浩等，2016）。王浩等系统归纳了我国水资源配置的研究历程（王浩，2006；王浩等，2016）。本部分以王浩等归纳的研究历程为基础，分析我国水资源配置研究现状。

一、水资源配置方案研究综述

（一）第一阶段：“就水论水”阶段

该阶段主要有“以需定供”和“以供定需”两种水资源配置模式。“以需定供”模式认为水资源不存在短缺，以经济效益最大化为唯一目标（邓建绵等，2004），通过科学方法预测需水量，并通过工程规划建设满足各区域水资源需求，这种配置思想没有体现出水资源价值，不利于提高水资源利用效率。“以供定需”模式以水资源供给潜力约束为前提，重点强调水资源利用效能最大化。这种思想虽然体现了水资源保护，但忽略了经济发展与水资源开发之间的动态协调，水资源系统与经济系统之间反馈关系的存在往往导致经济发展受限。这一阶段研究的典型特点是将缺水量最小和供水保证率最大作为主要目标，构建包括调水量最小、缺水量最小、各行业供水保证率最大三个目标，各行业缺水量满足破坏深度要求、跨流域调水能力两个约束条件的大系统模型；以及以缺水量最小与满足供水保证率为目标，存在边界约束、水库库容约束、供水量约束、输水隧洞和渠道过水能力约束以及各行业缺水量满足允许破坏深度要求的子系统模型，采用多维动态规划方法探索优化配置方案。

（二）第二阶段：经济效益最大化配置阶段

1977 年，联合国水资源会议认为，水资源短缺问题即将成为深刻的社会危机，全球性水资源危机的出现，使得“水是一种资源”的观念逐步得到认可，水与国民经济发展关系研究有序开展，将水资源系统理解为区域自然—社会—经济系统的组成部分，以经济系统与水资源系统间相互依存、相互制约的双向反馈为出发点，以经济效益最大化为目标，探讨水资源与经济发展相互协调的优化配置方案（王浩等，2016）。这一阶段研究的显著特点是将水资源作为生产要素纳入水资源—经济系统的研究中（龙爱华等，2002），明确将经济效益作为水资源配置的重要目标之一（袁汉明，2018），系统分析方法被逐步引入水资源配置研究，大系统递阶模型（王慧，2016）、不确定性规划（曾雪婷等，2014）等优化方法都得到了应用。

（三）第三阶段：面向生态配置阶段

过度追求经济效益，忽略自然环境各要素内在的协调机制，导致生态环境恶化。随着可持续发展理念深入人心，这一阶段研究的显著特点是将生态效益纳入决策目标，综合考虑水资源系统与生态系统和经济系统的交互作用。王浩（2006）提出了“模拟—配置—评价—调度”的流域水资源调配四层总控结构，在实现生态环境用水和社会经济用水平衡调控的基础上，对生态环境用水和社会经济用水进行再分配。常奂宇（2019）认为，21世纪以来，水资源配置模型与水文模型、地下水模型、经济模型、地理信息系统模型等耦合加强，基于WAS构建京津冀水资源动态配置与模拟模型，并对京津冀现状及未来协同配置、自然社会水平衡以及互馈关系进行研究。大量的研究将决策目标设定为经济效益、生态效益（一般采用污染物排放量最小）和社会效益（一般采用缺水量最小）最大化（张玲玲等，2014）。决策目标函数的处理方法有三类：一是将多目标通过加权平均、理想点法等手段转换为单目标决策（张玲玲等，2014；彭博，2020）；二是采用帕累托改进（伍爱华，2007；侯景伟等，2012；刘喜峰等，2014）；三是设定目标优先等级，等级高的目标优先实现，多为优先满足生活用水，生态和生产用水次之（任高珊等，2009；张玲玲等，2014；何永煜等，2020）。多水源情况下，还涉及各水源供水次序系数（张玲玲等，2014），一般采用“优水优用”的原则。也有部分研究将生态目标作为约束条件引入模型（何永煜等，2020）。在这一阶段，线性规划（崔东文，2011）、非线性规划（周丽等，2005）、区间两阶段随机鲁棒规划（单义明等，2020）、神经网络（林冰，2019）、系统动力学（王安迪等，2019）等方法得到普遍应用，尤其是蚁群算法（伍爱华，2007）、遗传算法（岳国峰等，2012；任高珊等，2014）、粒子群算法（邓丽娟，2015）、飞蛾扑火算法（吴云等，2019）、萤火虫算法（赵燕等，2019）、灰狼算法（何灏川等，2020）、鸡群算法（卞雨等，2020）、布谷鸟算法（陆晓等，2020）等智能算法不断被引入模型求解中，至今这类研究还在不断深化当中。

（四）第四阶段：广义水资源配置阶段

该阶段研究综合考虑了社会系统—经济系统—人工生态系统—天然生态

系统，将地表水、地下水、土壤水、降水、再生水（如中水回用）统一纳入配置范围，配置对象综合考虑了生产、生活、人工生态和天然生态需水，对水质水量进行综合调控（王浩，2006）。裴源生等（2007）认为广义水资源配置包括三层含义：其一，水资源是广义的；其二，配置对象更加广泛；其三，全口径配置指标，包括传统供需平衡、地表地下耗水供需平衡、广义水资源供需平衡。通过广义的水资源配置实现社会效益、经济效益和生态环境效益的最大化，并分析了广义水资源配置的研究框架、调控机制、全口径供需平衡分析和效性评价。赵勇等（2007）认为广义水资源配置系统是一个多水源、多用户、多工程、多水源传输途径组成的系统网络，是在自然系统和人工系统之间的合理配置，提出由水资源合理配置、水循环模拟和水环境模拟模块组成的广义水资源合理配置模型（WACM），并将该模型应用于宁夏回族自治区广义水资源配置研究中。岳琼等（2020）以经济效益最大化和绿水利用占比最大为目标，分别采用可信性测度方法和加权最小偏差法求解模糊可信性约束规划及随机多目标规划，探索漳河水库灌区广义水资源优化配置方案。

（五）第五阶段：跨流域大系统配置阶段

南水北调工程的规划、建设和运营掀起了跨流域水资源配置的研究热潮。水资源配置呈现出了多水源、多用户、多目标、多决策主体等特点，同时考量人工侧支水循环和天然水循环及其相互作用。王浩等提出了基于水资源需求预测量与供水能力的一次平衡，在一次平衡基础上考虑节水、治污和当地水挖潜等措施后，当地水资源承载能力全部发挥后的二次平衡；在二次平衡基础上通过增加外调水，实现本地水和外调水联合配置的三次平衡配置思想（王浩等，2003），并得到广泛应用（康爱卿等，2011；李其峰等，2011）。姚进忠等（2005）进行了大通河向兰州市跨流域调水工程的水资源配置优化研究。张平等（2006）构建了包括经济效益、社会效益、环境效益三个目标，供水量、输水能力、需水量、区域协调发展、变量非负 5 个约束的优化模型，通过遗传算法探索南水北调东线受水区水资源配置方案。吴泽宇等（2007）以缺水量最小为目标，以输水能力、供水保证率、水库水量平衡为约束，探索了南水北调中线工程干渠沿线各水源供水限制线和充库系数的优化方法，并提出了总干渠分段流量设计思路。杨晓茹等（2012）和畅建霞等（2011）进行了引汉济渭工程受水区水资源的优化配置研究。王兴宗等（2017）进行了引洮工程水资源的优化配置研究。黄炜等（2017）利用 SWARM 平台构建包含水资源配置、经济发展、生活质量指标、生态环境、工程安全及航运的模拟模型，探索南水北调东线工程水资源配置。曾春芬等（2019）探讨水利工程集群多元联合实时反馈式调度、定量化考核、基于 GIS 的水资源一体化跨平台决策系统集成的水资源决策管理平台。

（六）第六阶段：量质一体化配置阶段

张华侨等（2011）提出了城市水资源“双线”配置模型，从自来水供水系统和以外区域两个层面探索城市水质—水量的合理配置。陈义忠等（2015）构建以生态环境目标为上层目标和经济效益目标为下层目标的双层优化模型，以生态环境用水、污染物允许最大排放量为上层约束条件，探讨了丰台区水资源配置方案。张静萍（2016）提出了水质水量优化配置模型框架。赵玺（2017）采用模糊综合评价法进行水质评价，依据可持续发展原则、生活生态优先原则、分质供水原则、尽量减少外调水源原则、社会效益经济效益生态效益兼顾原则、尊重历史与科学调整相结合的原则、优先满足与优先利用原则、水资源开发利用和保护相结合原则，进行了定边县水质—水量耦合配置方案探索。多数研究将水质要求作为约束条件引入模型，颜鹏东等（2021）将水质作为环境目标的约束，方国华等（2021）依据《中华人民共和国地表水环境质量标准》限定了各类水质的适用范围，并将其作为约束条件引入模型。

笔者之所以将这一类研究称为水资源配置方案研究，主要原因在于此类研究仅仅关注水资源配置的技术经济寻优，主要研究模式是多目标决策，配置方案表现为集体理性。在水资源已经出现短缺以及空间不均衡的情况下，水资源优化配置本质上是水资源所承载利益的重新分配（胡立堂等，2005），个体理性参与其中，必然伴随着利益冲突，导致技术经济寻优下的最优配置方案实施困难（刘伟莉，2007）。需要以沟通与协调替代技术经济寻优，通过建立契约关系来协调各方利益（王慧敏等，2004），而关键在于建立一套合理的机制（佟金萍，2006），使各方从冲突走向合作，在各方满意的基础上，实现水资源利用效率最大化。

二、水资源配置机制研究综述

水资源配置机制在水资源配置过程中起到关键性作用（佟金萍，2006），现行水资源配置模式主要包括行政配置、市场配置、用户参与式配置三种基础模式（尚志宏等，2009）。我国的水资源配置经历了国家按需无偿配置，计划经济时代的低价配置，政府为主导、水量分配为核心的流域水资源配置三个阶段。目前我国水资源配置模式仍以行政配置为主，部分地区出现了市场配置和用户参与式配置（常文娟等，2009）。

（一）行政配置与用户参与式配置

行政配置以政府为主导，以行政审批为主要手段，通过规划、法律法规等方式规定各区域、各部门的分水量和用水价格，其优点是可使资源配置与国家经济、社会、生态宏观目标相协调（张伟天，2003），社会成本较小，是目前国际上常用的一种水资源配置机制；缺点是由于无法对水资源配置中的所有具体情况进行完备性规定，存在严重的信息传递时滞、微观激励不足（叶舟，2013），缺乏灵活性，导致水资源综合利用效率较低。用户参与式配置是指用水户及利益相关者组建类似用水协会等群众性组织协调水资源配置，主要优点是能深入结合实际情况进行水资源配置，管理的可行性、可持续性、灵活性较强，但这种配置机制仅适用于小范围内群体间水资源配置（尚志宏等，2009）。

（二）市场配置

市场配置将水资源看作一种商品，通过产权界定，利用市场规则进行水资源配置，水资源利益相关主体通过市场交易实现水资源的跨区域或跨领域流通（荚莺敏，2004）。市场配置通过价格机制、竞争机制、风险机制、供求机制实现稀缺资源配置（蔡月冬等，2005）。有效的市场配置需要满足产权明晰、商品自由流动和低交易成本（熊向阳等，2006），产权明晰、商品自由流动是交易合法实现的基础，降低交易成本是提高市场配置效率的关键。在市场配置机制下，水资源价值通过市场交易得以体现，可转让性是交易得以发生的基础（马培衢，2006），只有实现水资源的可转让，才能出现供求关系，这就要求交易决策者对水资源拥有清晰的产权，水权制度成为水资源市场配置的关键之一（杨敏学等，2004），甚至是市场机制下影响水资源配置效率的决定性因素（吕雁琴，2003）。价格是市场机制下资源流动的指挥棒，因此，水价也成了市场配置机制下的核心要素之一（叶舟，2013）。明晰产权是深化水利改革，实现水资源优化配置的必要前提，水价不断调整和水市场建立是水资源优化配置的重要手段（汪恕诚，2000）。下文从水权及水权流转、水价及水价形成机制、有为政府与有效市场的结合三个方面进行综述。

1. 水权及水权流转

水权是一个权利束，包括水资源的所有权以及由此衍生出的工程权、取水权、使用权、经营权、转让权等。《中华人民共和国水法》规定："水资源属于国家所有。水资源的所有权由国务院代表国家行使。农村集体经济组织的水塘和由农村集体经济组织修建管理的水库中的水，归各农村集体经济组织使用。国家对水资源依法实行取水许可制度和有偿使用制度，但是，农村集体经济组织及其成员使用本集体经济组织的水塘、水库中的水除外……直接从江河、湖泊或者地下取用水资源的单位和个人，应当按照国家取水许可制度和水资源有偿使用制度的规定，向水行政主管部门或者流域管理机构申请领取取水许可证，并缴纳水资源费，取得取水权，但是，家庭生活和零星散养、圈养畜禽饮用等少量取水的除外。"水利部《水权制度建设框架》指出，水权流转即水资源使用权的流转，目前主要为取水权的流转。《水权交易管理暂行办法》指出，水权包括水资源的所有权和使用权；水权交易是指在合理界定和分配水资源使用权基础上，通过市场机制实现水资源使用权在地区间、流域间、流域上下游、行业间、用水户间流转的行为。由此可见，我国相关法律法规中规定了水资源的所有权、取水权和使用权，但取水权与使用权为等同权限，获得取水权后自动获得使用权。

关于水权流动方面。《水权交易管理暂行办法》指出，水权交易主要包括区域水权交易、取水权交易、灌溉用水户水权交易三种形式。水利部《关于水权转让的若干意见》明确规定了可交易水权的范围：①取用水总量超过本流域或本行政区域水资源可利用量的，除国家有特殊规定的，不得向本流域或本行政区域以外的用水户转让。②在地下水限采区的地下水取水户不得将水权转让。③为生态环境分配的水权不得转让。④对公共利益、生态环境或第三者利益可能造成重大影响的不得转让。⑤不得向国家限制发展的产业用水户转让。彭祥等（2006）论证了公共水权、平均水权以及拥有初始水权分配方案（但由于该研究中初始水权仅规定参与人的用水份额，对超额用水无惩罚措施，本质上仍是自由取水）三种情况下水资源利用效能，结果显示，在缺乏排他性水权或水权制度设计不严谨的情况下，流域水资源利用存在"公共地悲剧"，且整体社会福利达不到最优。同时，由于个体理性的存在，无法实现帕累托改进。

2. 水价及水价形成机制

在水资源的市场配置过程中，价格是核心（雷波，2008），通过价格机制的调节作用，一方面，推动水资源从利用效率低的区域或领域，流转向利用效率高的区域或领域，整体上提高水资源利用效能；另一方面，水价作为买卖双方对一定数量和一定质量水资源相互协商的价格约定，在交易过程中产生的收益与付出的成本，也会激励用水主体提高节水意识和水质保护意识，进一步提高水资源利用效率。另外，市场化配置机制还可以进一步优化水资源开发利用的投资政策和税收政策，增强水资源开发投资能力（韩淑芬，2010）。

目前国内关于水价的研究主要集中在水价构成。普遍的观点认为水价应综合考虑社会效益、经济效益和生态效益（付永锋等，2009），全成本水价应包括资源水价、工程水价和环境水价，其中，资源水价是水资源稀缺性、有用性、产权的体现，交易对象是水资源的产权，既可以理解为所有权的价值体现，也可以理解为使用权获取的成本，是水价构成中最重要、最活跃的部分。按照《水利工程供水价格管理办法》规定，工程水价是指供水经营者通过拦、蓄、引、提等水利工程设施销售给用户的天然水价格，由供水生产成本、费用、利润和税金构成，交易对象是水体。环境水价是对水资源开发利用过程中负外部性的补偿，包括排污费、污水处理以及生态补偿费用等，交易对象是环境容量（裴莹，2001）。

但水价调节作用的发挥，需要水价能真正显示水资源的供求状态，亦即稀缺状态。我国水资源价格经历了国家按需无偿配置（常文娟等，2009）、计划经济下的水资源低价福利供水到市场经济条件下水价改革的漫长过程。计划经济时代国家养水、福利供水、计划配水的模式下，水价并没有完全反映水资源的供求关系，无法反映水资源价值，导致水资源利用效率较低，浪费严重（付永锋等，2009；高志超，2019）。从20世纪80年代开始征收水资源费，确立水资源有偿使用制度，20世纪90年代逐步形成全面征收水资源费、合理确定供水服务价格、推动水利产业化的改革思路，城市水价改革明确了定价原则、结构和程序；21世纪开始，全面推进水价政策的执行和实施，水利工程供水价格、取水许可和水资源费征收、阶梯式计量水价、污水处理等相关政策不断完善（沈大军，2020）。

水权市场有效运作的基本前提是对供求关系有非常清楚的基本信息（孟志敏，2000）。《中华人民共和国国民经济和社会发展第十四个五年规划和2035年远景目标纲要》提出了“完善水资源配置体系、健全自然资源资产产权制度和法律法规、推进要素市场化配置改革”等目标，这也为深化水资源配置机制改革提供了契机。《国家发展改革委关于“十四五”时期深化价格机制改革行动方案的通知》提出了创新水利工程供水价格形成机制，鼓励有条件的地区实行供需双方协商定价；推进农业水价综合改革，以完善农业水价形成机制为抓手，合理界定水权，创新完善水权交易机制，推进市场化交易，推动节约的农业水权向城市和工业用水户转让。持续深化城镇供水价格改革，完善城镇居民阶梯水价制度，适度拉大分档差价，计划用水与定额用水管理相结合，有序推进城镇非居民用水超定额累进加价制度，探索建立城镇供水上下游价格联动机制；进一步完善污水处理收费机制，将收费标准提高至补偿污水处理和污泥无害化处置成本且合理盈利的水平，并建立动态调整机制，鼓励通过政府购买服务，以招投标等市场化方式确定污水处理服务费水平，建立与处理水质、污染物削减量等挂钩的污水处理服务费奖惩机制，鼓励已建成污水集中处理设施的农村地区，探索建立农户付费制度。这一方案基本上明确了我国水资源配置的市场化改革方向。

对于如何实现水资源的市场化配置，学者们进行了广泛的探索。吕东辉等（2004）提出了水单交易模式，水单是包括水量、水质、计价方式、基准价、保证金、到期日、交割期和交割地点等内容的合同，采用网上竞拍的方式实现水权交易。张郁（2006）探讨水银行模式在南水北调工程中实施的必要性、可行性，在南水北调受水区按工程投资比例进行初始水量分配后，由政府发起设立南水北调“水银行”，根据调水成本的大小、区域经济发展水平及水资源紧缺程度，依照调水工程的上、中、下游地区，设定相应的买水、卖水浮动利率，激励用水户及时存储节约的水量，水量有余的用水户进行水权转让。南水北调“水银行”面向整个受水地区，它既是买水方的卖家又是卖水方的买家，不同流域、不同地区的供水企业、需水用户或水量有余的用水户可以不受时空矛盾限制，随时与“水银行”这一中介机构成交，避免了水市场上买卖双方一对一直接竞价才能交易的苛刻条件。年自力（2014）分析了水银行交易模式下的水权交易为节水意识、用水结构调整、生产观念转变等带来的显著影响。蒲志仲（2008）对水权出售、租赁和期权 3 种水市场交易模式进行了分析，水权出售是对水资源供求条件长期性变化的反映，通常在部门间发生，农业灌溉部门是主要的水权出售者，城市和工业用户是主要的水权购买者。一种长期水权交易形式是工业用水户以节水技术和节水工程投资换取农业用水户的水权。水权租赁指出售水权在一定时期内的“服务”，即可取水量，是对供求条件短期变化的反映，是水的现货市场。租赁交易可使出租者在不放弃水权的情况下，有机会将剩余水出售获得收益；对承租者而言，可有效协调其不同时期用水需求和自有水权服务供给不平衡的变化。租赁合约有租期规定，灌区的租期通常是一个季度，也有长达 10 年以上、短至若干小时的。期权交易即在特殊情况特别是发生干旱时，关于水权租赁或转让（较少见）的长期合约。在智利，一种典型的期权合约安排是水果种植户向粮食种植户预先支付一定的费用，以获得在干旱时的购买选择权。期权交易的吸引力在于可规避市场风险，同时也促使交易双方更加周密地进行有计划的经营（蒲志仲，2008）。王慧等（2009）提出了基于期权市场和现货市场的水资源市场交易模式。范振林等（2020）认为合理界定和分配水资源使用权，是水资源市场化配置的重要前提。在水权交易规则制定中，结合水权主体与用水组织的意见，让节水方、水权转让方得到眼前的实惠，才能充分调动居民节水积极性。他们还分析了水权收储交易中心模式、协议转让模式和政府集中收储水权再向市场释放水权三种水权交易模式。水权收储交易中心模式采用公开交易的方式，通过水权交易所公开挂牌招标；协议转让模式是由水权交易所组织交易双方进行协商，确定交易价款、交易量、交易服务费、保证金等事项，最终达成协议；政府集中收储水权后再向市场释放水权的交易模式是首先由政府集中收购节余水权，然后由政府重新推向市场。

市场配置机制的优点是可以客观调整各产权主体间的利益关系，发挥价格机制的杠杆作用，通过公平竞争提高水资源配置效率，但弱势产业和弱势群体的用水难以得到完全保障。同时，纯市场机制下，利益主体追求收益最大化将导致外部不经济行为，环境用水等具有非排他性、非竞争性的公共物品供给效率将会严重下降（尚志宏等，2009）。水资源具有可再生性、不可浓缩性、时空差异性、战略属性、垄断性、调水工程的基础设施属性、数量巨大、流动性大、分布广、功能多样、不稳定性、分配不公、非价值物品、公共品、外部性、自然垄断和不完全竞争、信息不对称等特性（柴国荣等，2022），时空交换受限，不同区域不同领域水资源开发利用差异巨大，难以进行完全竞争，同时，水价的确定还必须不影响人民基本生活（别平等，2000），这些配置条件的制约，决定了水市场只能是一个“准市场”。

3. 有为政府与有效市场的结合

《中华人民共和国国民经济和社会发展第十四个五年规划和2035年远景目标纲要》提出了“坚持和完善社会主义基本经济制度，充分发挥市场在资源配置中的决定性作用，更好发挥政府作用，推动有效市场和有为政府更好结合”的高水平社会主义市场经济体制改革方向。纯粹的市场和纯粹的政府都不能实现水资源有效配置（赵连阁等，2002），尽管行政配置模式和市场配置模式在配置程序、手段等方面存在截然差异，但两者并不相互排斥，行政配置更能确保公平、市场配置更能提高效率是理论和实践部门的共识，两者可以相互结合、扬长避短（熊向阳等，2006）。陆文聪等（2012）的研究表明，通过与无交易机制的基点对比来看，按照供需状态自由交易、瓦尔拉斯法则自由定价的纯市场交易机制并没有促进节水，但提高了资源配置效率；政府先决定交易价格、交易双方按照政府确定的交易价格决定交易数量的政府主导交易机制配置效率优于市场交易机制，且在一定的价格区间比市场交易机制更能促进节水。另外，由于水资源的生存必需性，水价偏低将导致水资源浪费，过高则影响群众生活质量。同时，每一位居民都需要通过水权交易获得水资源，政府也有义务保障供水安全（叶舟，2007）。因此，政府与市场相结合的模式是我国唯一的选择（姜文来，2007）。

如何实现政府与市场的有效结合，亦即如何实现行政配置模式与市场配置模式的有机融合，理论和实践部门也进行了深入的探索。大部分研究都谈到了初始水权配置由政府部门通过行政配置进行，以维护社会公平和水资源配置的整体时空平衡；水权再分配和优化配置由市场完成，通过市场机制，提高水资源配置效率的两阶段配置模式（付永锋等，2009）。刘晓岩（2002）提出了政府通过对黄河可供水量进行年度一次分配起到宏观调控作用，区域间通过使用权交易进行二次分配，提高黄河水资源配置效率的黄河水资源配置模式。佟金萍（2006）提出了水权初始配置以行政配置为主，再配置以水权交易为主的适应性配置机制。王彬等（2008）提出了通过计划配置保障公平、通过市场配置保障效率的有计划市场配置模式。叶舟（2013）提出了激励兼容制度安排的现代市场主导型配置模式，综合利用政府规划、市场机制、政府调度、制度安排等手段，使信息传递对称流畅，使各利益主体在水资源配置中激励兼容。政府通过政府规划确定流域水资源时空上的初始分配，明确流域水资源的原始水权，保障流域水资源原始分配的公正公平；在此基础上，充分发挥市场对资源配置的基础性作用，分别通过建立要素市场激励水权交易，通过商品市场激励供水商品交易；对于短期“生态水”供给或外部性等市场失灵状况，发挥政府“调度”手段对市场失灵进行矫正。为了保证代际“生态水”等公共物品的供给，通过宏观、中观、微观三个层次的制度安排，保障时间维度上代际激励兼容，空间维度上个体与个体、个体与总体的激励兼容。这些都属于两阶段配置的范畴。另外，汪恕诚（2000）指出政府宏观调控、民主协商、水市场调节三者有机结合，是实现水资源有效管理和优化配置，提高水资源利用效率的体制保证。胡鞍钢等（2002）提出了以政治民主协商制度和利益补偿机制为辅助的“准市场”配置机制。所谓准市场，是指流域水资源在满足上下游防洪、发电、航运、生态等其他方面需要的基础之上，兼顾各地区基本用水需求，部分多样化用水通过市场在上下游省份之间、地区之间和区域内部加以配置，构建完整的、宏观和微观相结合的供水水资源市场。杜榜清等（2002）探讨了水权和水市场的特殊性，对黄河水资源使用权的取得、审批原则进行分析，并就建立黄河水资源市场配置机制进行了着重分析，认为只有通过节约用水和水资源保护措施而节余下来的水量可以进行市场交易，且转让人获得的收益必须全部用于水利工程和节水工程建设。柳长顺等（2004）提出以水权转换为核心的政府宏观调控、市场机制调节和用水户参与管理相结合的水资源配置行动方案。李海红（2006）探索了水资源初始使用权的分配原则，建立了水资源初始使用权分配的顺序模型和优化模型，并进行水权交易仿真模拟，探索了交易价格的确定方法。敖荣军（2008）提出了可交易水权制度配置模式，首先确定可交易水权总额，将流域水资源划分为基本生活用水、生态用水和多样化用水，多样化用水可以进行市场交易，然后进行可交易水权的初始分配，并完善可交易水权市场。付永锋等（2009）提出了政府引导、用水户参与、市场调节的流域（区域）水权转换市场模式。谭佳音、蒋大奎（2020）提出了初始水权分配后，基于合作的三阶段水资源优化配置方法。

三、我国水源配置理论与实践中存在的问题分析

实现水资源消耗总量和强度双控行动的关键，是实现水资源与经济社会系统协同配置（王浩等，2016）。健全的水权制度，可以大大提高水资源利益相关主体间的谈判协商成本，实现外部性的内部化，提高资源利用效率，也是水权市场健康发展的根本保证（张伟天，2003）。行政配置方面，《中华人民共和国水法》明确了水资源归国家所有，以及水资源使用过程中的取水许可制度和有偿使用制度两条基本的制度，并规定水资源的所有权由国务院代表国家行使；《取水许可和水资源费征收管理条例》除了规定不需要办理取水许可的特殊情况外，还设置了国务院水行政主管部门—流域管理机构—省、

自治区、直辖市人民政府水行政主管部门—县级以上地方人民政府水行政主管部门四级取水许可审批制度，依据批准的水量分配方案（或签订的协议）、行业用水定额审批取水许可。行政配置整体呈现两条线，一条线是地方政府层层上报规划、逐级审批，形成水量分配方案，保证计划用水与可取水量的平衡；另一条线是取水许可制度，确保用水按照规划执行；通过一上一下两条线实现总量控制和定额管理。另外，《取水许可和水资源费征收管理条例》第二十七条规定："依法获得取水权的单位或者个人，通过调整产品和产业结构、改革工艺、节水等措施节约水资源的，在取水许可的有效期和取水限额内，经原审批机关批准，可以依法有偿转让其节约的水资源，并到原审批机关办理取水权变更手续。"但从中国水权交易所公布的全国水权交易数据来看，2018—2021 年，区域水权交易最多的为 2020 年的 3 单，取水权交易最多的为 2021 年的 89 单，灌溉用水户交易单数快速增长，分别为 4 单、225 单、222 单和 1419 单。从成交量来看，2018—2021 年成交量占年度总用水量的比例分别为 0.22%、0.02%、0.05%、0.05%。可见，我国水资源配置整体上仍以行政配置为主、市场配置为辅，存在使用权主体缺位、流域水资源相关利益主体缺乏有效的激励机制、产权模糊、激励不足、缺乏约束等问题，无法灵活高效地根据水资源供给和需求变化配置水资源，甚至导致水资源管理的混乱和低效率，难以适应水资源及经济社会发展变化（詹卉，2016）。

第二节 南水北调中线工程水资源配置实践存在的问题分析

南水北调中线一期工程产生了巨大的社会效应、经济效应、生态效应、系统效应和溢出效应（张宝锋，2022），有力地推动了受水区高质量发展。但从水资源配置的角度来看，依然存在空间不均衡、配置效率低等问题。

一、各受水区水资源时空不均衡现象依然存在

空间均衡是新时期治水思路的重要组成部分，促进水资源空间均衡分布，

也是南水北调中线工程的重要战略任务之一。2009—2020 年河南省各地级市人均水资源拥有量见表 5-1，可见，河南省水资源时空不均衡依然严重。为进一步分析河南省水资源时空分布状态，本研究采用人均水资源拥有量的标准差来测度水资源时间和空间分布的均衡程度。从空间维度来看，2009—2020 年受水区水资源空间分布的均衡程度均高于非受水区，且整体呈现上升趋势（见图 5-1），尤其 2017 年、2018 年、2019 年，呈现逐年递增趋势。

表 5-1　2009—2020 年河南省各市人均水资源拥有量　　单位：立方米

区域	是否受水区	2009 年	2010 年	2011 年	2012 年	2013 年	2014 年	2015 年	2016 年	2017 年	2018 年	2019 年	2020 年
郑州市	是	137.3	131.7	117.7	90.4	82.8	76.9	85.6	85.8	61.2	59.8	53.7	68.1
平顶山市	是	330.8	760.1	480.0	298.0	206.1	206.0	202.3	241.4	358.2	249.1	159.5	298.3
安阳市	是	187.0	242.9	190.4	172.0	170.3	176.0	168.5	311.2	183.0	224.2	122.3	147.4
鹤壁市	是	211.1	235.2	190.1	185.3	168.3	155.2	148.3	253.5	180.1	168.2	112.9	132.6
新乡市	是	232.5	257.8	241.3	188.9	164.8	201.9	188.2	280.2	151.6	169.5	109.5	165.8
焦作市	是	213.6	213.0	295.6	208.9	198.1	220.5	214.6	280.3	196.2	209.3	146.7	200.0
濮阳市	是	162.6	253.1	170.4	106.6	128.4	116.1	113.8	120.3	111.3	151.8	75.6	108.9
许昌市	是	208.8	242.2	204.6	161.5	144.2	138.8	182.6	168.2	198.9	130.0	123.3	169.8
漯河市	是	210.1	260.2	206.7	181.8	216.9	187.0	188.0	171.3	287.5	198.8	162.6	309.5
南阳市	是	668.5	1470.8	662.3	541.1	263.1	326.6	381.4	354.7	738.4	594.3	220.7	599.7
周口市	是	238.2	313.7	226.9	222.3	222.1	242.8	204.6	234.5	291.7	282.0	136.3	338.3
开封市	否	252.1	260.7	234.0	174.7	151.4	191.6	196.2	193.3	216.1	193.8	163.9	218.8
洛阳市	否	311.1	706.4	620.7	329.6	191.9	267.6	249.8	193.0	328.3	271.1	227.1	277.8
三门峡市	否	676.1	906.3	1195.3	637.1	520.8	722.8	722.4	502.4	644.4	544.9	520.7	444.1
商丘市	否	236.8	249.6	230.4	190.3	197.2	195.0	212.3	227.4	230.4	245.8	128.6	307.5
信阳市	否	863.6	1647.3	470.1	620.8	590.0	1051.7	1264.0	1654.1	1839.2	1115.4	448.6	2136.4
驻马店市	否	401.7	577.9	272.5	291.6	287.4	543.4	349.0	543.5	953.6	801.2	187.5	728.5
济源市	否	385.8	445.4	620.0	532.3	380.6	354.3	415.3	451.9	407.0	365.6	333.3	321.2
全省		346.5	568.7	346.6	278.6	224.8	293.8	296.0	345.0	430.4	344.5	170.6	411.0

注：人均水资源拥有量=水资源量/常住人口数。

资料来源：水资源量来自 2009—2020 年《河南省水资源公报》，常住人口数来自《河南统计年鉴》（2021）。

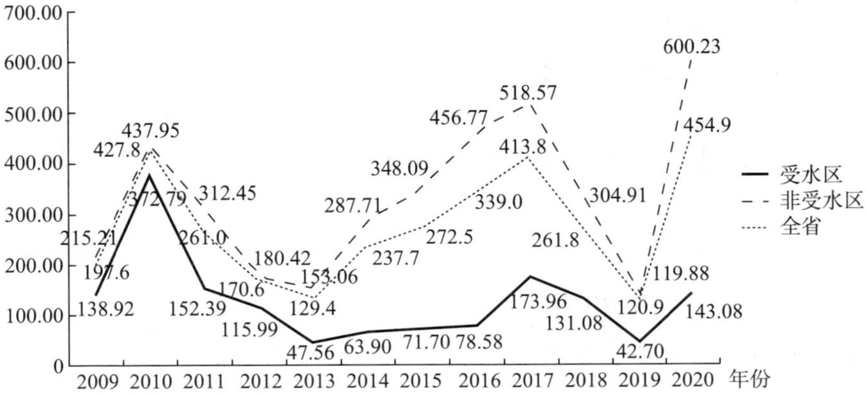

图 5-1　2009—2020 年河南省南水北调中线一期工程受水区、非受水区人均水资源拥有量标准差

从时间维度来看，南水北调中线工程通水时间为 2014 年末，本研究通过河南省各市 2009—2014 年人均水资源拥有量标准差和 2015—2020 年人均水资源拥有量标准差来分析水资源时间分布和空间分布的均衡程度。受水区中南阳市、平顶山市、濮阳市、郑州市、许昌市通水后各年份水平变异程度低于通水前，而焦作市、鹤壁市、新乡市、漯河市、周口市、安阳市通水后各年份的水平变异程度高于通水前。

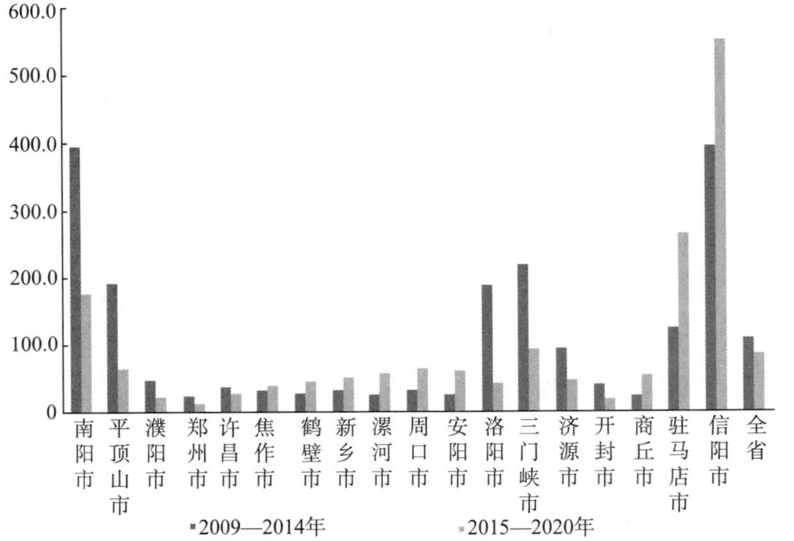

图 5-2　2009—2014 年及 2015—2020 年全省及各市人均水资源量标准差

整体来看，南水北调中线工程切实推动了河南省水资源的时空均衡配置，但各区域间在时空上仍存在较大差异。

二、水资源配置效率仍需进一步提升

1. 河南省水资源使用效率仍有较大提升空间

从国家层面来看，2020年河南省万元国内生产总值用水量为43.1立方米，居全国第11位；耕地实际灌溉亩均用水量164立方米，居全国第4位；农田灌溉水有效利用系数为0.617，居全国第6位；城镇居民人均生活用水量116升/天，居全国第21位，农村居民人均生活用水量70升/天，居全国第26位；万元工业增加值用水量（当年价）20立方米，居全国第9位。水资源利用效率仍有提升空间。

2. 南水北调中线工程河南受水区水资源空间配置效率有待提升

（1）万元GDP用水量分析

由表5-2可知，全省以及各个地级市万元GDP用水量都呈现递减趋势，这说明水资源利用效率普遍提高。其中，驻马店、信阳、三门峡年均下降幅度在20%以上。

表5-2　2009—2020年河南省各地级市万元GDP用水量　　单位：立方米

区域	是否受水区	2009年	2010年	2011年	2012年	2013年	2014年	2015年	2016年	2017年	2018年	2019年	2020年
濮阳市	是	236.5	203.5	184.5	165.6	154.7	105.6	111.4	98.3	93.3	68.4	77.0	58.5
南阳市	是	147.0	116.6	102.7	96.7	97.2	85.1	79.9	73.7	70.9	55.2	51.2	55.5
新乡市	是	180.5	144.5	114.5	110.6	109.3	85.1	87.8	79.7	88.2	61.8	57.4	52.8
安阳市	是	126.0	100.1	84.3	88.3	96.5	78.8	76.7	62.9	70.0	48.6	49.7	49.3
周口市	是	185.3	162.0	136.7	125.4	106.9	80.5	83.9	82.9	71.6	54.2	46.9	48.3
焦作市	是	130.8	105.6	86.5	84.3	79.0	65.9	70.9	64.6	60.2	49.2	41.7	40.6
鹤壁市	是	142.1	105.3	82.0	78.8	75.0	69.4	70.1	59.2	54.6	39.4	35.6	33.5
漯河市	是	68.5	60.2	57.8	60.1	55.4	35.6	36.8	38.7	39.3	30.2	18.7	26.3
平顶山市	是	88.8	76.9	69.4	87.7	80.7	64.2	67.2	60.8	53.3	40.3	25.2	23.3
许昌市	是	66.9	57.2	49.2	46.9	39.2	33.0	37.2	37.4	34.2	21.5	17.0	15.1

续表

区域	是否受水区	2009年	2010年	2011年	2012年	2013年	2014年	2015年	2016年	2017年	2018年	2019年	2020年
郑州市	是	52.7	43.5	41.1	37.3	28.0	26.3	24.9	24.1	21.9	10.8	9.3	8.1
信阳市	否	178.6	157.7	142.7	131.4	111.7	82.2	84.8	89.7	81.0	56.9	51.8	49.0
开封市	否	251.1	154.1	131.9	115.4	113.2	90.9	88.7	88.9	84.3	61.9	46.7	44.0
商丘市	否	154.0	126.9	112.4	112.1	112.2	79.5	79.8	78.9	66.6	47.3	38.0	36.4
济源	否	82.2	71.3	54.8	61.4	57.0	45.0	49.5	39.3	41.5	33.4	31.4	28.7
驻马店市	否	117.0	109.1	109.2	101.6	69.5	50.7	59.8	48.0	40.5	29.2	26.4	23.9
三门峡市	否	62.6	50.4	44.4	41.4	39.1	36.7	31.7	32.8	28.2	20.2	18.8	19.7
洛阳市	否	70.1	62.3	53.6	49.6	48.0	44.4	40.7	37.5	34.4	23.5	22.2	19.5
全省		171.4	121.8	99.1	87.0	82.4	76.0	60.5	60.1	56.6	52.2	36.7	32.1

从南水北调中线工程河南受水区的水资源配置来看，调水与节水不协调。南水北调中线一期工程共向河南省 11 个地级市供水。从万元 GDP 用水量来看，由图 5-3 至图 5-5 可知，2009 年 2 个受水区高于全省平均水平，2014 年 8 个受水区高于全省平均水平，2020 年 7 个受水区高于全省平均水平。

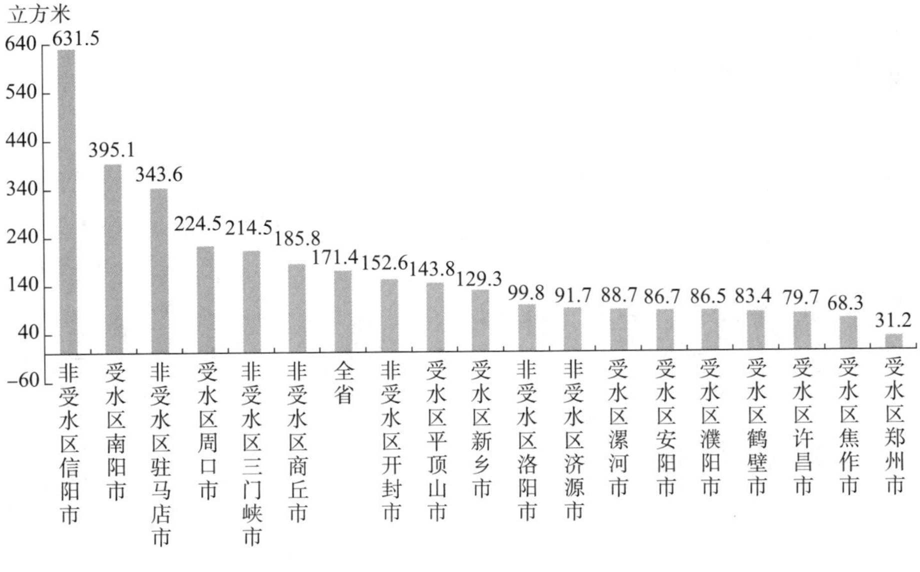

图 5-3　2009 年河南省各地级市万元 GDP 用水量

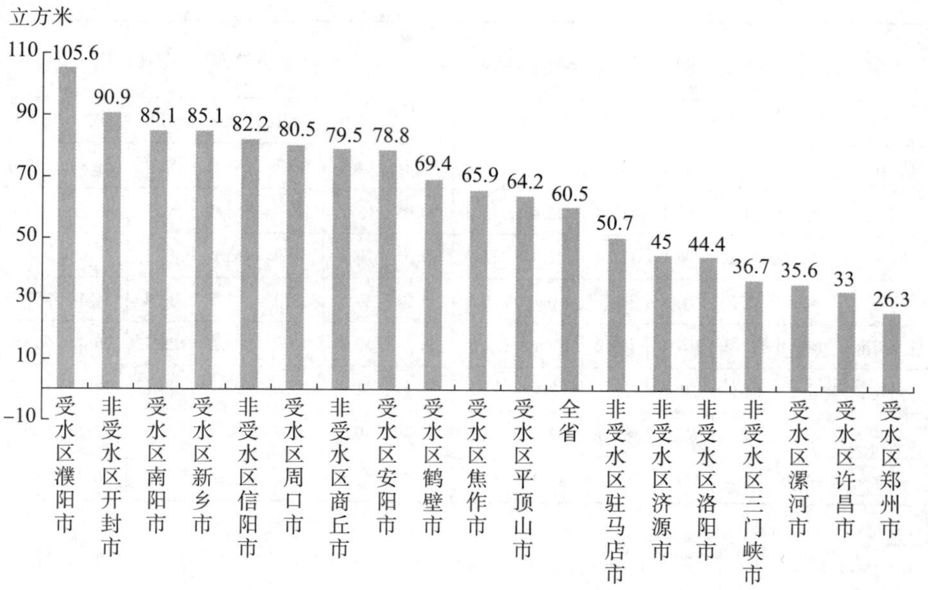

图 5-4　2014 年河南省各地级市万元 GDP 用水量

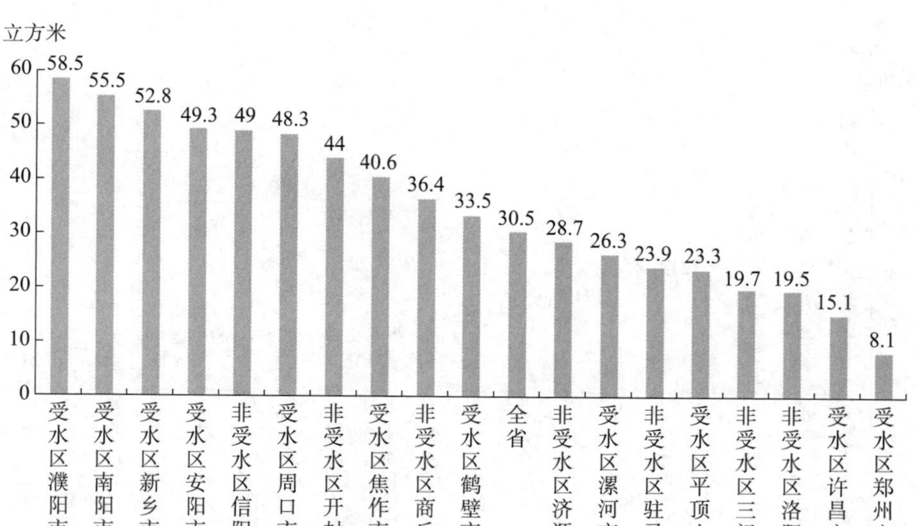

图 5-5　2020 年河南省各地级市万元 GDP 用水量

（2）万元工业增加值用水量分析

由表 5-3 可知，2009—2020 年，河南省整体以及各地级市万元工业增加值用水量都呈现递减趋势，工业用水效率不断提高，许昌、三门峡、信阳、焦作、开封、商丘年均下降幅度在 10%以上。

表 5-3　2009—2020 年河南省各地级市万元工业增加值用水量　单位：立方米

区域	是否受水区	2009年	2010年	2011年	2012年	2013年	2014年	2015年	2016年	2017年	2018年	2019年	2020年
郑州市	是	33.0	27.4	21.9	20.3	18.7	18.3	17.1	16.4	15.5	14.1	16.5	14.0
平顶山市	是	57.9	56.0	54.4	95.1	95.0	78.6	90.7	72.7	69.1	63.6	34.0	28.2
安阳市	是	28.5	24.5	27.0	27.7	23.7	24.6	24.9	20.1	19.1	19.9	25.8	18.7
鹤壁市	是	29.3	23.6	21.8	21.9	17.3	16.0	16.9	13.7	14.2	12.9	12.1	11.3
新乡市	是	62.4	49.4	39.3	38.4	33.7	31.2	29.6	27.6	27.8	25.1	23.3	22.4
焦作市	是	55.8	48.8	42.9	41.9	36.0	35.6	30.2	27.1	26.4	26.3	23.5	19.1
濮阳市	是	64.5	57.1	57.7	53.1	46.4	39.8	40.0	36.8	36.3	35.8	56.1	25.4
许昌市	是	39.3	34.4	30.1	29.0	23.3	22.2	21.9	20.2	18.6	18.0	15.7	7.6
漯河市	是	43.3	41.8	41.5	40.3	31.5	13.3	22.4	22.1	22.2	21.8	19.2	22.0
南阳市	是	98.1	85.9	63.9	56.4	62.5	57.9	57.7	48.5	46.1	46.5	58.2	43.3
周口市	是	58.7	56.4	47.8	41.6	36.0	32.5	30.6	30.2	28.2	27.1	24.3	21.7
开封市	否	62.4	60.1	51.7	45.8	43.7	42.3	34.5	34.1	32.5	32.4	22.7	21.4
洛阳市	否	66.7	57.4	48.8	46.3	43.8	39.1	36.1	34.6	31.2	30.3	28.7	25.1
三门峡市	否	49.8	36.6	33.8	32.3	27.8	29.6	29.3	21.8	15.0	18.8	23.3	14.1
商丘市	否	62.7	45.1	42.1	43.6	40.5	31.1	33.2	31.3	31.4	27.6	19.1	21.7
信阳市	否	80.4	72.0	59.9	48.1	48.0	41.1	42.2	38.1	35.6	34.6	31.7	25.1
驻马店市	否	34.7	30.0	29.2	27.1	24.3	18.8	21.4	19.2	18.1	15.2	15.1	14.5
济源	否	34.1	24.5	27.0	25.7	19.6	23.2	20.2	20.1	18.8	18.3	16.9	16.1
全省		53.5	46.0	39.8	39.6	36.1	32.4	32.0	28.7	27.1	25.9	24.5	20.0

由图 5-6 至图 5-8 可知，2009 年，11 个受水区中 6 个地级市万元工业增加值用水量超过全省平均水平，2014 年 5 个超过全省平均水平，2020 年 6 个超过全省平均水平。

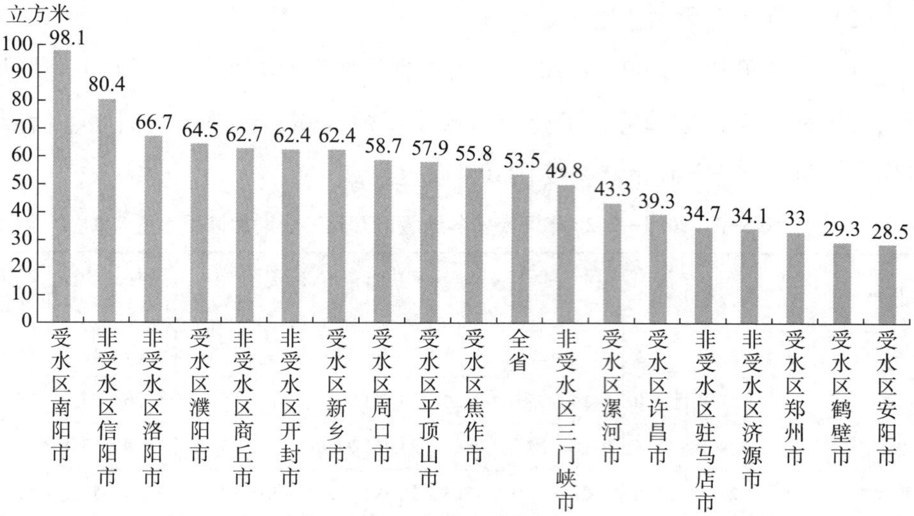

图 5-6　2009 年河南省各地级市万元工业增加值用水量

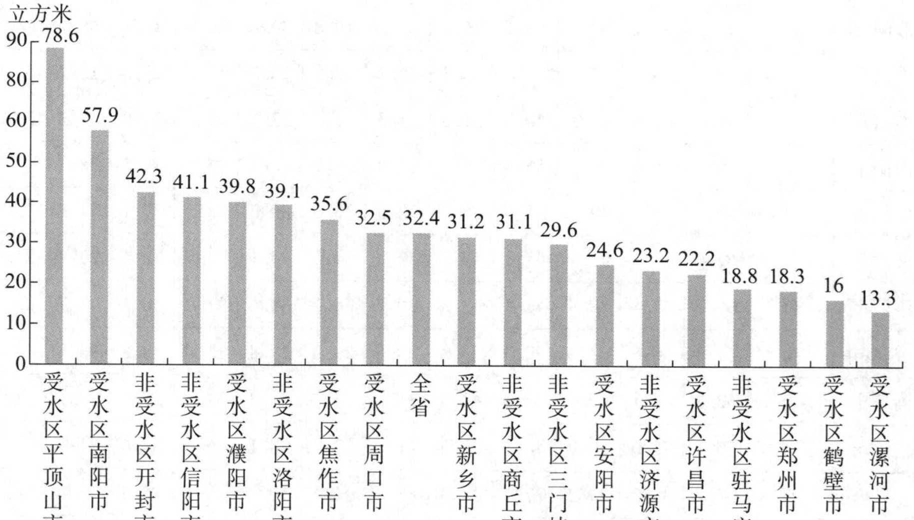

图 5-7　2014 年河南省各地级市万元工业增加值用水量

（3）农田灌溉亩均用水量分析

从农田灌溉亩均用水量来看，由图 5-9 和图 5-10 可知，2018 年和 2020 年 11 个受水区中均有 6 个超过全省平均水平，说明受水区农业集约用水尚有较大提升空间。

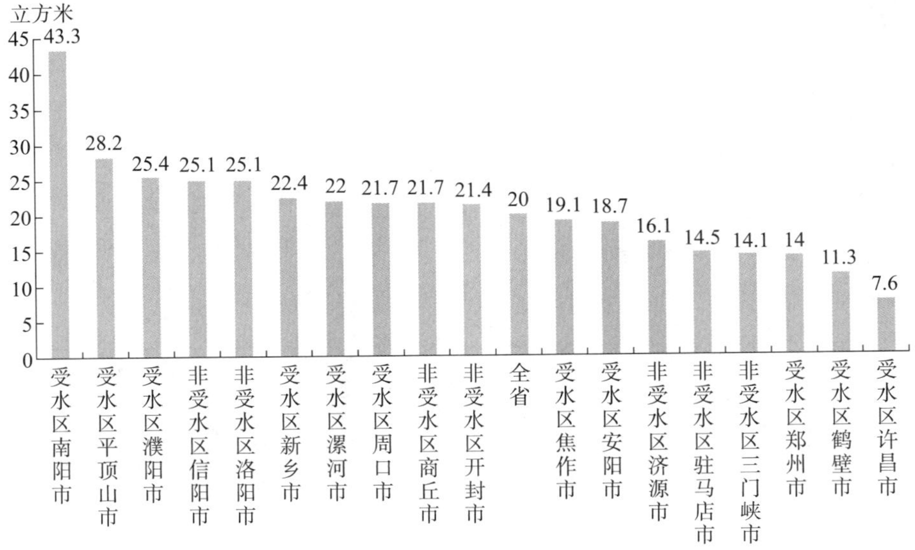

图 5-8　2020 年河南省各地级市万元工业增加值用水量

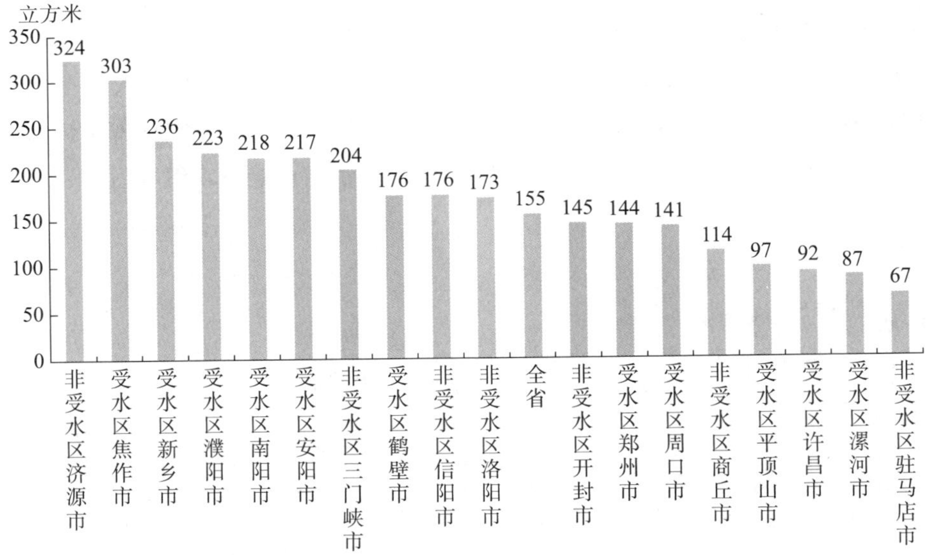

图 5-9　2018 年河南省各地级市农田灌溉亩均用水量

（4）人均生活用水量分析

2018 年前，城镇生活用水包括城镇居民生活、服务业、城镇环境用水三项。2018 年起，城镇综合生活用水包括城镇公共用水和城镇居民生活用水两

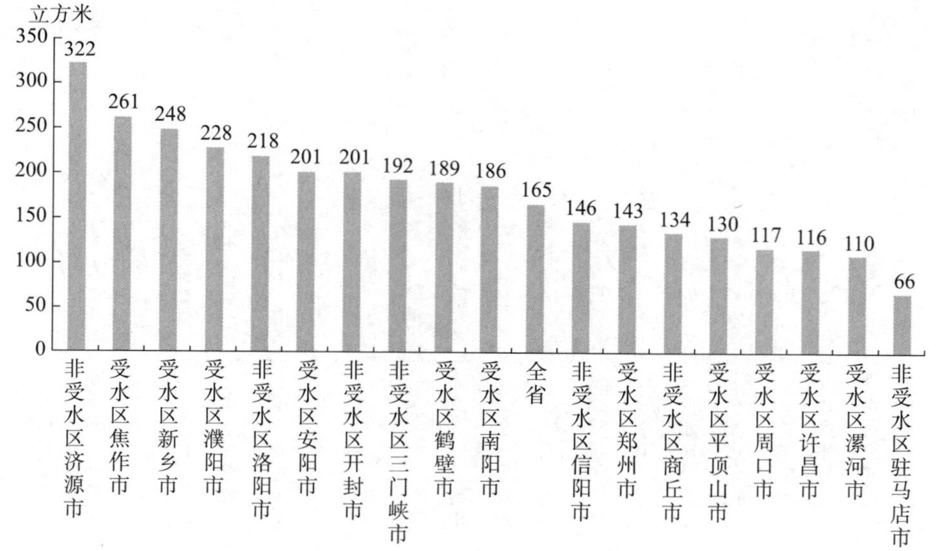

图 5-10　2020 年河南省各地级市农田灌溉亩均用水量

项。2019 年起，生活用水和生态用水分别统计。为保证可比性，此处采用 2019 年和 2020 年人均生活用水表征生活用水的节约、集约程度，人均生活用水采用生活用水与常住人口之比进行测度。从 2019 年和 2020 年人均生活用水量来看，由图 5-11 和图 5-12 可知，11 个受水区中超过当年全省平均水平的分别有 2 个、4 个。这说明受水区居民生活生态化水平尚有提升空间。

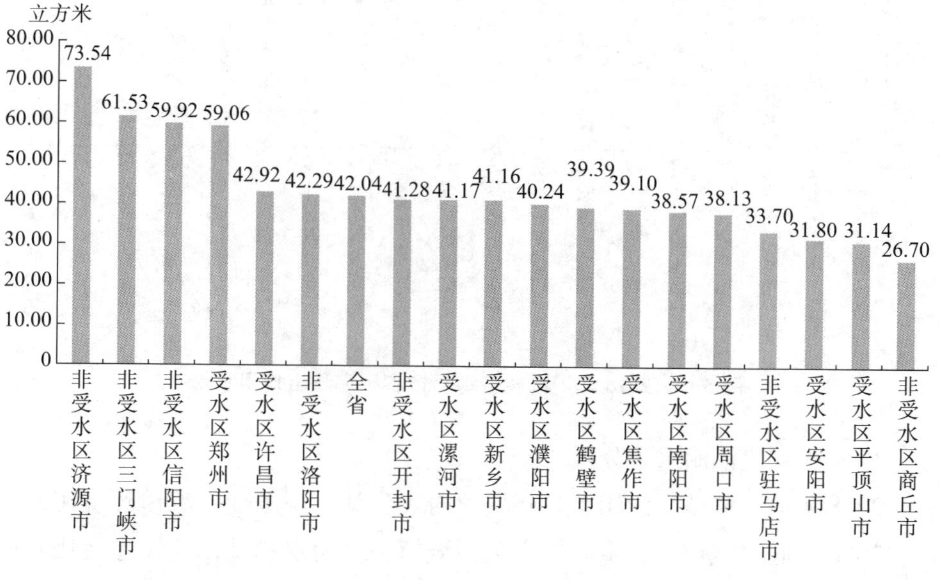

图 5-11　2019 年河南省各地级市人均生活用水量

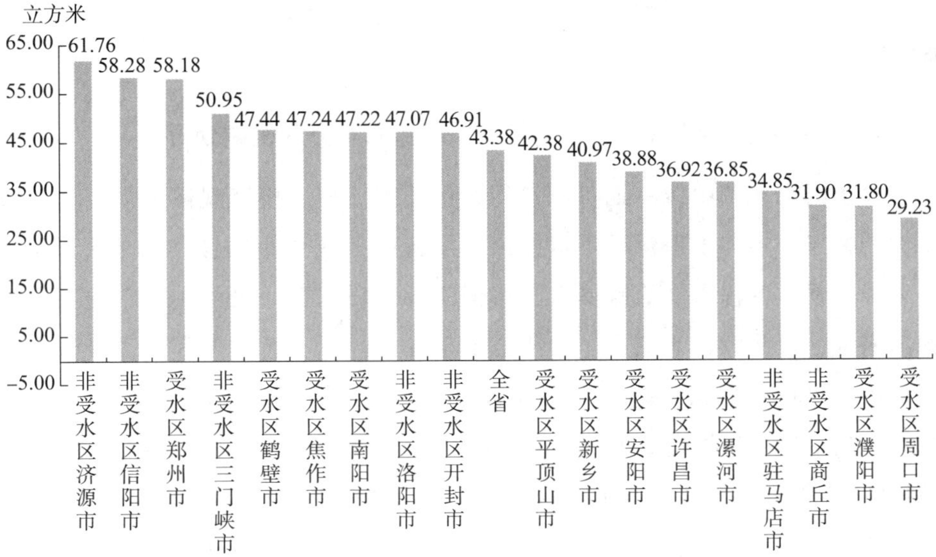

图 5-12　2020 年河南省各地级市人均生活用水量

从万元 GDP 用水量、万元工业增加值用水量、农田灌溉亩均用水量、人均生活用水量对比分析来看，半数以上受水区万元 GDP 用水量、万元工业增加值用水量、农田灌溉亩均用水量均超过全省平均水平。这一方面说明河南受水区水资源开源与节流同频共振的程度不高，节水意识有待提高，另一方面也说明河南受水区水资源存在空间错配现象，水资源整体空间配置效率仍有较大提升空间。

第三节　南水北调中线工程水资源配置机制及存在问题分析

对于如何实现有为政府与有效市场的相互协同，南水北调中线工程可谓是一次成功的尝试。下文从初始配置和再分配两个阶段，分析南水北调中线工程水资源配置机制现状。

一、南水北调中线工程水资源初始配置水量分配及价格形成机制分析

（一）南水北调中线工程水资源初始配置水量分配机制分析

鉴于南水北调中线一期工程跨行政区、跨流域、投资规模庞大、具有战略性的特点，主体工程建设不可能由一个行政区或企业独自完成。从建设资金来源来看，工程水供给侧具有二级俱乐部性质。第一级是中央政府主导下的河南省、河北省、北京市、天津市俱乐部，各成员通过工程建设投资获得工程水取水权。第二级是省（直辖市）级人民政府主导下的受水区俱乐部。中线一期工程计划投资 2013 亿元，其中主体工程（含汉江中下游治理工程）总投资 1943 亿元，丹江口库区及上游水污染防治和水土保持工程投资 70 亿元（李倩，2014）。资金筹措采取了中央政府、地方政府和市场融资相结合的筹措机制。主体工程投资中，中央投资 312.6 亿元、银行贷款 407.2 亿元、南水北调工程基金 180.2 亿元、重大水利工程建设基金 1043 亿元（林远，2014）。中央投资来源于中央预算内（或国债）资金。依据《国家重大水利工程建设基金征收使用管理暂行办法》（财综〔2009〕90 号）规定，南水北调和三峡工程直接受益的 14 个省份筹集的重大水利基金，专项用于南水北调工程建设和三峡工程后续工作，由省级电网企业在向电力用户收取电费时一并代征，并全额上缴中央国库，纳入中央财政预算管理。由此可见，南水北调中线一期主体工程主要的资金来源仍是中央投资。按照《南水北调工程基金筹措和使用管理办法》（国办发〔2004〕86 号）规定，南水北调工程基金由受水区地方政府通过提高水资源费征收标准增加的收入筹集，或将现行水资源部分收入等划入南水北调工程基金；建设期间筹集的工程基金用于工程建设，工程建设期满后筹集的工程基金用于偿还银行贷款本息；6 省市所筹集的基金数量按照承诺的用水量及南水北调主体工程投资规模和结构等因素确定。相当于受水区地方政府通过购买南水北调中线一期工程主体工程的部分“股权”，获得工程水取水权。这也是南水北调中线一期工程引入市场机制的重要体现。按照《南水北调中线一期工程水量调度方案（试行）》（水资源〔2014〕337 号），陶岔多年平均水量在各受水区的分配量见表 5-4。

表 5-4　陶岔多年平均水量分配

省（直辖市）	多年平均（亿立方米）	水量分配比例（%）
河南	37.7（含刁河灌区 6）	39.7
河北	34.7	36.5
北京	12.4	13.1
天津	10.2	10.7
合计	95.0	100

二级以河南省为例，《河南省南水北调工程基金（资金）筹资和使用管理实施办法》（该文件已经失效）规定，南水北调工程基金（资金）在全省范围内筹集，水资源费征收标准在现行标准基础上平均每立方米提高 0.2 元，除农村中农民生活用水和农业生产用水暂不征收工程基金（资金）外，凡直接从江河、湖泊或地下取用水资源的单位和个人均应按照规定缴纳，11 个受水区省辖市新增水资源费全额计入南水北调基金（资金），7 个非受水区省辖市新增水资源费的 30%计入南水北调基金，70%作为当地水利建设资金。受水区省辖市通过缴纳工程基金，获得南水北调中线一期工程水的取水权。

需要说明的是，南水北调中线一期工程水在河南省、河北省、北京市、天津市的配置并不是严格按照各省（直辖市）投入工程建设基金比例进行分配的，而是根据陶岔年度可调水量及本省供用水情况提出本省（直辖市）南水北调年度用水计划建议。当受水区各省（直辖市）用水计划建议小于等于年度分配水量时，按照用水计划建议分配；当用水计划建议大于年度分配水量时，按年度分配水量分配。河南省各受水区水量分配基本也遵循这一模式。由此可见，南水北调中线一期工程水数量配置方案实质上是水资源供给总量限额下的按需配置模式。

（二）初始配置水价形成机制

依据《关于南水北调中线一期主体工程运行初期供水价格政策的通知》（发改价格〔2014〕2959 号），工程运行初期供水价格实行成本水价，并按规定计征营业税及其附加。其中，河南、河北两省暂实行运行还贷水价。南水北调中线工程采用两部制水价。基本水价按照合理偿还贷款本息、适当补偿工程基本运行维护费用的原则制定，计量水价按补偿基本水价以外的其他成本费用以及计入规定税金的原则制定。基本水费按基本水价乘以规划分配的分水口门净水量计算，计量水费按计量水价乘以实际口门用水量计算。南水北调中线一期工程各区段的水价见表5-5。《国家发展改革委关于南水北调中线一期主体工程供水价格有关问题的通知》（发改价格〔2019〕634号）指出，中线工程供水价格暂不校核调整，待中线工程决算后，再开展成本监审，并制定运行期水价。截至目前，尚未有相关价格调整的政策文件发布。

表5-5 南水北调中线一期工程各区段水价

区段划分		区段内各口门供水价格（元/立方米）		
		综合水价	基本水价	计量水价
水源工程		0.13	0.08	0.05
干线工程	河南南阳段（望城岗—十里庙）	0.18	0.09	0.09
	河南省黄河南段（辛庄—上街）	0.34	0.16	0.18
	河南省黄河北段（北冷—南流寺）	0.58	0.28	0.30
	河北省（于家店—三岔沟）（郎五庄南—得胜口）	0.97	0.47	0.50
	天津市（王庆坨连接井—曹庄泵站）	2.16	1.04	1.12
	北京市（房山城关—团城湖）	2.33	1.12	1.21

各受水区水价确定基本上也以成本价为主。仍以河南省为例，《关于我省南水北调工程供水价格的通知》（豫发改价管〔2015〕438号）规定，水价构成因素包括国家核定的主体工程口门水价、河南省配套工程成本、应纳税金及附加。河南省南水北调工程水价实行两部制水价。基本水价按照主体工程口门分配水量减去供水损耗收取，供水损耗统一按3%计算；计量水价按各地实际使用量（配套工程末端计量装置所计水量）收取（见表5-6）。

表5-6 河南省南水北调工程供水价格和两部制水价

区段划分	供水价格（元/立方米）		
	综合水价	基本水价	计量水价
南阳段（包括南阳市、邓州市）	0.47	0.23	0.24
黄河南段（包括平顶山、周口、漯河、许昌、郑州市）	0.74	0.36	0.38
黄河北段（包括焦作、新乡、鹤壁、濮阳、安阳市和滑县）	0.86	0.42	0.44

由此可见，南水北调中线一期工程水价整体上实行以偿还银行贷款本息以及工程（含主体工程和配套工程）运行及维护成本为主的成本价。由于基本水费是按照规划分配口门净水量计算的，这就保证了基本水费计收的相对稳定性，可以保证工程建设和运行的稳定进行。另外，计量水费按照实际口门用水量计算，为通过计量水价调整，调节各受水区水资源需求，提高水资源集约节约利用水平提供了空间。

二、南水北调中线工程水资源再分配机制分析

为进一步提高南水北调中线工程水资源利用效能，《南水北调工程供用水管理条例》（国务院令第647号）第十五条规定，“受水区省、直辖市用水需求出现重大变化，需要转让年度水量调度计划分配的水量的，由有关省、直辖市人民政府授权的部门或单位协商签订转让协议，确定转让价格”。水利部、国家发展改革委、财政部《关于水资源有偿使用制度改革的意见》指出，“引导和鼓励开展水权交易，切实发挥水资源有偿使用制度对水资源节约、保护与合理开发利用行为的调节引导作用，促进水资源的可持续利用，保障经济社会可持续发展”。河南省陆续出台了《河南省南水北调水量交易管理办法（试行）》（豫水政资〔2015〕31号）、《关于南水北调水量交易价格的指导意见》（豫水政资〔2015〕31号）、《河南省南水北调取用水结余指标处置管理办法（试行）》（豫政办〔2017〕13号）、《河南省南水北调水量交易风险防控指导意见》、《河南省水利厅关于进一步规范水权收储转让（交易）行为的通知》（豫水政资〔2018〕18号）等系列政策文件，为河南省南水北调中线工程水量交易提供政策支持和行为规范。

《河南省南水北调水量交易管理办法（试行）》（豫水政资〔2015〕31号）规定，交易对象包括两类：其一是南水北调年度水量调度计划分配的水量；其二是一定时期内结余或节约的南水北调分配水量。交易主体是县级以上地方人民政府（含省直管县）。交易价格综合考虑南水北调工程基本水价、供求关系、交易成本、交易收益、节水工程相关费用等因素协商确定，《关于南水北调水量交易价格的指导意见》给出了两个参考价格：其一是《关于我

省南水北调工程供水价格的通知》（豫发改价管〔2015〕438号）规定的综合水价；其二是在综合水价基础上增加交易收益，但在水权交易试点期间，建议以水源地同类水源或受让方所在地同类水源水价为参考，最高不宜超过《关于南水北调中线一期主体工程运行初期供水价格政策的通知》（发改价格〔2014〕2959号）规定的水源工程综合水价。2015年11月平顶山市与新密市签订河南省首宗南水北调水权交易意向书；2016年9月，南阳市与新郑市签订南水北调水权交易协议，交易收益0.13元/立方米；2016年12月，南阳市与登封市签订水权交易协议，交易收益0.23元/立方米；2020年4月，邓州市与郑州市签订水权交易协议。以平顶山市和新密市的水权交易为例，水权交易期限为20年，平顶山市每年转让不超过2200万立方米的南水北调中线计划用水量给新密市，每3年签订一次具体交易协议，交易价格按照黄河南段综合水价加上水源工程综合水价确定，总价格为0.87元/立方米，平顶山市的交易收益为0.13元/立方米。

南水北调中线工程是一项推动我国水资源南北空间均衡的战略工程，是我国水资源供给侧优化的重大举措。从工程基金筹集和水价构成来看，体现了“使用量越大、支出成本越高”的基本市场供求规律，为工程沿线受水区强化节约用水意识提供了一定的经济激励，是我国水资源配置双侧改革的一次重要尝试。2020年，中国南水北调集团有限公司正式成立，主要负责南水北调工程的前期工作、建设资金筹集、开发建设、工程和供水安全、资产经营等业务，整体上逐步形成了国家宏观调控、公司市场运作、用水户参与的管理新体制（茹晴，2000）。

三、现行配置机制存在问题分析

（一）初始配置机制存在问题分析

1. 实际使用量受限于财政支付能力，内生节水动力不足

从现行水价形成机制来看。设某一受水区南水北调中线工程水资源消费量为 Q_F、财政支付能力为 F、基本水价为 P_0、规划分配的分水口门净水量为 Q_0、分水口门设计最大水量为 Q_{max}、计量水价为 P，则该受水区“南水”的

总支出为：$C=P_0Q_0+PQ_F$。在给定的财政支付能力下，受水区的可购买量为 $Q_K=\frac{F-P_0Q_0}{P}$。平均价格为：$\overline{P}=P+\frac{P_0Q_0}{Q_F}$，由此可见，$Q_F$ 越大，$\overline{P}$ 越低；这就意味着在给定的财政支付能力下，受水区的水资源消费量 $Q_F=\min\{Q_K, Q_{\max}\}$；如果财政支付能力足够强，$Q_K \geqslant Q_{\max}$，为实现平均水价足够低，受水区将按照分水口门设计最大水量申请年度计划，节水激励不足；如果财政支付能力较弱，尤其是当 $F<P_0Q_0$ 时，可能导致受水区不愿使用南水北调中线工程水，导致工程潜在输水能力不能充分发挥，资源浪费。

2. *初始水量配置和初始水价形成机制难以实现供求均衡*

中国南水北调集团有限公司成立后，水的生产和供应将由中国南水北调集团有限公司负责，从供求关系上来讲，形成垄断型市场结构。如图 5-13 所示，设供水企业的平均成本函数为 AC，边际成本函数为 MC，市场需求函数为 D，企业边际收益函数为 MR。Q_1、P_1 是纯市场机制下企业收益最大化条件下的市场均衡供水量和供水价格；Q_2、P_2 是社会福利最大化条件下，政府边际成本规制下的市场均衡供水量和供水价格；Q_3、P_3 是政府平均成本规制下的市场均衡供水量和供水价格，Q_4 是免费供水情况下受水区的水资源需要量。从《南水北调工程基金筹措和使用管理办法》（国办发〔2004〕86 号）第二条“按其承诺的用水量及南水北调主体工程规模和结构等因素确定受水区筹集工程基金数额”的表述来看，工程设计之初就充分考虑了各受水区的水资源需求，同时受水区在承诺用水量时也不可能不考虑水价因素，因此，各受水区规划分配的分水口门净水量 Q_0 在理论上应该满足 $Q_0 \leqslant Q_4$，亦即小于免费供水时的水资源需要量。另外，南水北调中线工程并非纯粹的经济工程，同时也是民生工程、生态工程，这就导致各受水区规划分配的分水口门净水量势必大于利润最大化下的 Q_1，因此，从理论上来看，南水北调中线工程各受水区规划分配的分水口门净水量应该满足 $Q_1 \leqslant Q_0 \leqslant Q_4$。

按照目前南水北调中线工程成本价的初始配置水价形成机制，市场均衡点为（Q_3，P_3），在此点处，供水企业完全弥补供水成本，受水区在 P_3 价格下获得给定财政支付能力下效用最大化的用水量 Q_3。但要想实现这一理想状态，需要满足两个条件：其一，准确把握受水区南水北调中线工程水的需求函数；其二，准确把握供水企业的成本函数。供水企业的成本函数通过财务数据尚可进行相对精确的估计，但受水区的水资源需求函数在目前条件下几乎无法估计。这就导致工程实际运行中很难实现均衡配置。

下面仅以需求曲线位于平均成本曲线和边际成本曲线交点的左侧时（见图 5-13）的情况进行分析。当 $Q_3 \leqslant Q_0 \leqslant Q_2$ 时，按照平均成本定价，价格为 P_{m1}，受水区愿意支付的价格为 P_{m2}，此时 $P_{m1}>P_{m2}$，受水区会认为水价过高，充分利用“南水”的积极性会有所下降。当 $Q_1 \leqslant Q_0 \leqslant Q_3$ 时，$P_{m1}<P_{m2}$，受水区会认为水量供给不足。这就意味着在图 5-13 所示的情况下，如果按照目前的平均成本定价，原来规划分配分水口门净水量较小的受水区会认为供给不足，原来规划分配分水口门净值较大的受水区会认为供过于求，这将为管理部门进行水量分配和水价管理带来巨大的协调成本。而其根本原因在于对受水区“南水”需求函数无法准确把握。

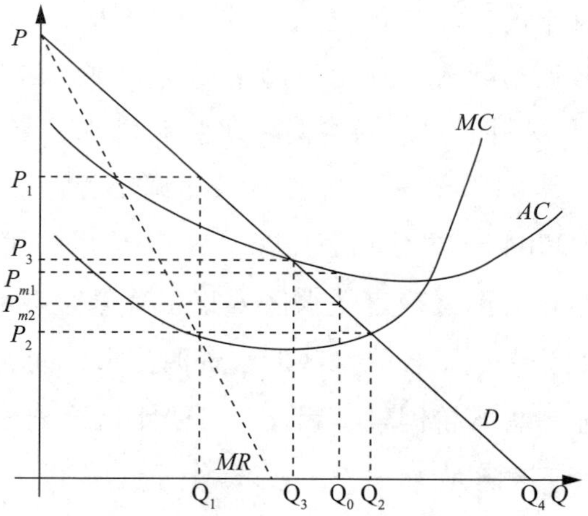

图 5-13 需求曲线位于平均成本曲线和边际成本曲线交点的左侧时南水北调中线工程初始配置水量水价关系示意图

（二）再分配机制中水资源的稀缺性没有得到完全体现

南水北调中线一期工程水资源再分配采用的是区域水权交易形式，从理论上来讲，这为发现各受水区的“南水”需求函数提供了契机。但河南省水利厅《关于南水北调水量交易价格的指导意见》相当于为南水北调中线工程河南受水区水量交易价格设置了天花板（见图 5-14）。纯市场机制下交易均衡点为（Q_5，P_5），政府部门制定的天花板价格为 P_C，在此价格下，供给方愿意供给的水量为 Q_{SC}，需求方愿意购买的水量为 Q_{DC}。从对市场交易进行最高价限价的角度来看，如果 $P_C>P_5$，市场仍将按照价格 P_5 进行交易，设置价格天花板没有任何意义。因此，$P_C \leqslant P_5$，除非恰好出现 $P_C=P_5$，否则就导致 $Q_{SC}<Q_{DC}$，市场依然存在制度性缺水。从目前河南受水区已经进行的四宗区域水权交易来看，平顶山市与新密市的水权交易是按照交易收益最高不超过水源工程综合水价进行的，而南阳市与登封市的水权交易收益已超过水源工程综合水价。这说明目前的再分配机制在抑制价格上涨的同时，也导致真实的市场供求关系并未展现出来，水资源的稀缺性依然没完全得到体现。

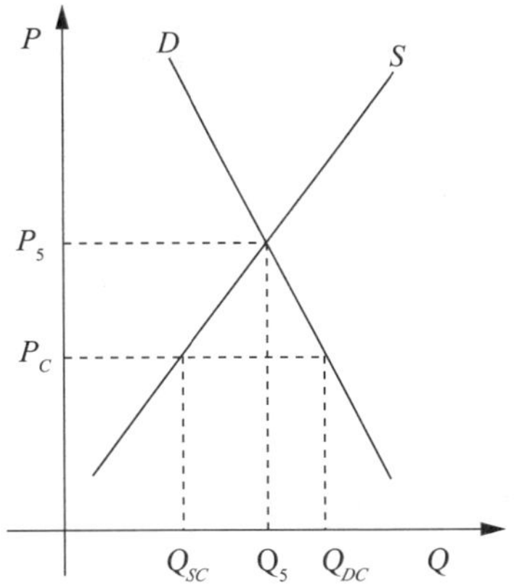

图 5-14 水权交易示意图

整体来看，现行南水北调中线工程水价和水量初始配置和再配置机制能够维护工程的正常运行，一定程度上反映了受水区水资源供求关系，但并没有充分显示“南水”的稀缺性，不利于激发受水区用水户节水的内生动力。

第四节 “供需混动-市场联动定价”的南水北调中线工程水资源定价机制设计

南水北调中线工程水价及水资源配置机制研究主要集中在通水前，通水后的相关研究较少。水价相关研究主要集中在工程成本回收、运营费用、用水公平、用水效率、用水户负担能力等方面。由前文分析可知，现行的水量分配和水价形成机制可以解决工程成本回收、运营费用和用水公平问题，需要进一步深入解决的问题是在用水户负担能力和水质保护基础上提高用水效率。

一、机制框架设计

水利是基本的公共产品，是保障和改善民生的重要内容，涉水权益是人民群众的基本权益，涉水安全是公共安全的重要内容（李玉梅等，2015），确保公平是优化水资源配置过程中的应有之义。南水北调中线工程所调取的水资源具有稀缺性、消费外部性、消费有偿性、产权共有性、供给垄断性和市场信息不对称性。由于调水能力以及上游水资源数量限制，南水北调中线工程调水量是有限的，相较于各受水区的水资源需求具有稀缺性，同时也导致某一受水区的不合理利用将使其他受水区使用权受限，消费具有外部性。《中华人民共和国水法》规定水资源归国家所有，一方面保障了国家对水资源开发利用的宏观控制能力，另一方面也体现了水资源的公共品属性，南水北调中线工程水资源同样属于国家所有。南水北调中线一期工程所调取的水资源本身就属于工程水，已经凝结了劳动，这就意味着水资源消费具有有偿性。《中华人民共和国水法》第七条规定“国家对水资源依法实行取水许可制度和有偿使用制度”，第四十九条规定“用水实行计量收费和超定额累进加价制度”，这既是对工程水中包含的人类劳动的体现，也是在水资源稀缺条件下，调控水资源使用效率的手段。《中共中央关于全面深化改革若干重大问题的决定》指出处理好政府和市场的关系，使市场在资源配置中起决定性作用和更好发挥政府作用。由于水资源的特殊性，在南水北调中线工程水资源配置过程中，理应充分发挥政府和市场的作用。

结合前文分析，如何在用水户负担能力基础上实现水源区生态保护积极性提高、受水区用水效率提升主动性增强的同步协调，是南水北调中线工程水资源配置中面临的主要问题。本研究提出“供需混动—市场联动定价”的南水北调中线工程水资源定价机制。该机制主要由三个市场构成：其一是以水源区为供给方、中国南水北调集团有限公司为需求方的南水北调中线工程水资源供给侧市场；其二是以中国南水北调集团有限公司为供给方、受水区为需求方的南水北调中线工程水资源需求侧市场；其三是受水区间水权交易市场。机制示意图见图 5-15。

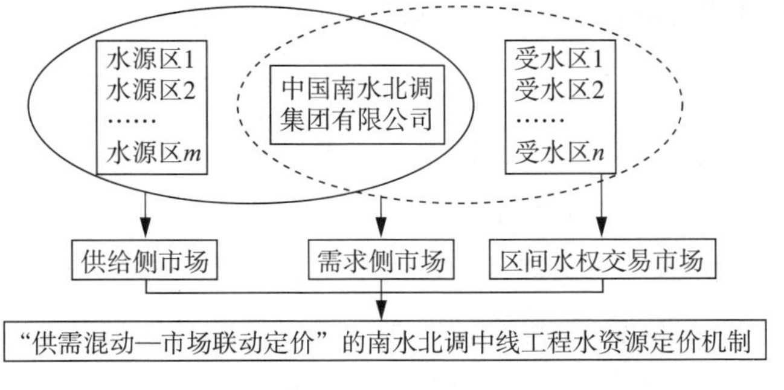

图 5-15 “供需混动—市场联动定价”的南水北调中线工程水资源定价机制示意图

二、供给侧市场分析

南水北调中线工程在为受水区带来发展机遇的同时，也在一定程度上制约了水源区经济社会发展。从理论上来讲，南水北调中线工程不是帕累托改进，而是卡尔多—希克斯改进，在追求整体收益最大化的同时，牺牲了水源区的部分发展机会，对水源区进行生态补偿也是应有之义。目前对水源区的生态补偿以重点生态功能区财政转移支付、对口协作、人才培训、共建园区为主，社会力量参与不足。在整个工程运行中，南水北调中线水源公司负责水源工程的运行管理，保证供水安全、工程安全、库区安全和资产增值等。南水北调集团中线有限公司负责中线干渠工程建设、管理。水源区及干渠沿线生态保护工作基本上仍属于政府行为，水源区及沿线企业、居民等相关主体并没有从生态保护中获取直接收益，导致其参与环境保护的内生动力不足，监管成本较高。“谁受益、谁补偿，谁保护、谁受益”的生态保护与生态补偿基本原则落实并不完善，存在受水区不愿补偿、水源区不愿保护的现象。

党的十九大报告指出，构建政府为主导、企业为主体、社会组织和公众共同参与的环境治理体系……建立市场化、多元化生态补偿机制。《建立市场化、多元化生态保护补偿机制行动计划》（发改西部〔2018〕1960 号）进一步明确了健全资源开发补偿制度、优化排污权配置、完善水权配置、健全碳排放权抵消机制、发展生态产业、完善绿色标识、推广绿色采购、发展绿色金融、建立绿色利益分享机制等重点任务。针对南水北调中线工程生态保护机制现状，建议逐步建立政府主导下的市场化运作机制。

（一）供给侧市场建立水量—水质联动定价机制

综合各支流入库平均水质及库水平均水质制定各支流水资源收购价格。收购价格一方面体现水资源的有偿使用，随受水区“南水”需求进行动态调整；另一方面收购价格中由库水平均水质决定部分的收益用于水源工程运行及水源区跨行政区整体生态环境改善。此外，收购价格中由支流平均水质决定的收益，按照“谁保护、谁受益”的原则，将收益切实落实到生态保护主体身上，提高水源区政府和公众参与生态保护的积极性。按照入库支流平均水质制定不同的收购价格，通过水质竞争，提高各支流沿线水质保护的积极性。同时，由于各支流所在区域的生态保护收益还受到入库平均水质影响，各支流所属区域之间就会形成自主相互监督，以保护本区域收益。

（二）积极开展南水北调中线工程跨区域排污权交易

从《河南省南水北调饮用水水源保护条例》的相关内容来看，水源保护主要是通过禁止规定的污染行为来实现，这为水质保护提供了基础保障，但沿线利益相关主体为保护水质付出的努力并没有得到体现。《河南省人民政府关于印发河南省主要污染物排污权有偿使用和交易管理暂行办法的通知》（豫政〔2014〕62号）、《河南省主要污染物排污权有偿使用和交易管理暂行办法实施细则》、《河南省排污权出让收入管理暂行办法》、《关于我省新建改建扩建项目主要污染物排污权有偿使用收费有关问题的通知》（豫发改收费〔2016〕187号）等文件，已经建立了河南省排污权交易的基本制度。但南水北调中线工程水源区生态安全涉及豫、鄂、陕三省，同时，污染具有扩散性、流动性和区域性的特点，导致以行政区为单元开展排污权交易不利于发掘南水北调中线工程水源区和干渠沿线区域的治污潜力。作为南水北调中线水源区最后一道生态屏障和干线工程的第一个受水区所在地，建议河南省牵头搭建南水北调中线工程沿线区域排污权交易平台，推动跨行政区排污权交易，提高相关区域污染治理积极性。

通过水量—水质联动定价的供给侧市场和跨区域排污权交易，真实显示水资源价值和水源区为生态保护付出的成本，将水源区的资源优势转化为发展优势。

三、需求侧市场分析

由前文分析可知，需求侧市场对应的是南水北调中线工程水资源初始配置，初始配置从水量分配到水价制定已经引入了市场化机制，目前存在的问题主要集中在计量水价无法准确反映水资源稀缺性。但由于水资源是生产、生活、生态的必备资源，水资源配置的公平性、社会可接受性以及安全性是水资源配置的基本要求；同时，由于水文特征的不确定性、大型水利设施的公共品属性、水资源用途的多样性，水资源配置很难利用纯市场机制通过不同区域、不同部门之间的公平竞争实现有效配置，而水资源初始配置由政府主导也是学界和理论界的共识。不同于自然河流流域人口分配模式、面积分配模式、产值分配模式、现状分配模式、混合分配模式等行政配置模式（佟金萍，2006），南水北调中线一期工程采用了在水资源总量和成本价格约束下的按需配置模式，已经最大限度保证了“南水”的公平配置。因此，在工程建设成本完全回收之前可保持现行配置模式不变，但强化计量水价随供给侧市场购水成本变化动态调整机制建设，是在初始配置中显示水资源稀缺性及生态补偿的需要。

四、区域水权交易市场分析

从通水以来各受水区实际消纳的水量来看，南水北调中线一期工程初始分配水量与实际用水需求之间存在不匹配现象（郭晖等，2018），尤其随着城乡供水一体化、饮用水地表化、产业结构调整等政策的进一步实施以及受水区城镇化发展，这种不匹配的现象会进一步加剧（高磊等，2021），这就为开展受水区间水权交易提供了契机。同时，南水北调中线工程硬件条件良好，已具有开展区域水权交易的经验积累，通过受水区间的水权交易，在初始配置保证公平的基础上，可进一步挖掘资源潜力，实现供需平衡。

南水北调中线工程水资源分配至各受水区后，通过三种途径输送至用水户：一是直接通过配套工程输送至本地自来水厂；二是建设调蓄水库，作为区域水源之一，然后再输送至本地自来水厂；三是进行生态补水，直接输送至受水区原有河道。除了部分对水质要求不高直接使用工程水的用水户外，通过自来水厂购水的用水户在用水过程中难以区分“南水”和本地原有水源，这就导致开展基于用户级别的南水北调水权交易存在较大的技术困难，这也是目前河南省已开展的南水北调水量交易全部是区域水权交易的主要原因。但区域水权交易实质上仍是政府间行为，受水区政府并不能完全掌握用水户的水资源需求函数，这就意味着纯粹依靠区域水权交易并不能保证水资源的高效配置。因此，本研究所谈的区域水权交易市场包括两部分：一是区域间水权交易；二是受水区内部用水户间的水权交易。通过用水户间的水权交易，研究受水区内部水资源供求关系。通过区域间水权交易，研究受水区水资源真实需求状况。可采取如下步骤进行区域水权交易市场建设：

第一步，全面推进水权确权，并赋予用户水权可交易性，为水权市场交易提供制度保证。这里相当于受水区内部水资源初始配置，配置数量可按照各受水区用水总量控制制度以及各行业用水定额制度制定。初始配置价格结合各区域实际情况，按照“保障基本民生、保护弱势产业、保持水利系统正常运转、保证生态安全”的原则分类定价。《河南省行业用水定额》和《河南省水资源税改革试点实施办法》（豫政〔2017〕44 号）可为本步骤的实施提供政策支持。

第二步，开展受水区内部水权交易。由于水资源流动具有流域性和水利工程依赖性，因此，水权交易不可能完全实现自由交易。建议首先开展受水区内同一水源用水户水权交易；其次对水资源缺口或盈余，开展受水区内水源间水权交易。《河南省农业水权交易管理办法（试行）》（豫水资〔2019〕50 号）、《河南省取水许可管理办法》（河南省人民政府令第 205 号）等系列政策的公布实施，为节余水资源或水量分配指标有偿转让提供了政策基础。河南省水权收储转让中心的成立，为河南省开展全面水权交易提供了平台保障。

第三步，对受水区间存在的水资源缺口或盈余水量，通过区域间水权交易进行市场配置。

水权交易可通过自主协商或通过流域水权交易平台进行竞价交易，各级政府不用设置交易价格限制。依据《关于南水北调中线一期主体工程运行初期供水价格政策的通知》（发改价格〔2014〕2959 号）规定，设受让方所在区段综合水价为 P_{SL}，转让方所在区段的综合水价为 P_{ZL}，受让方交易水量的平均收益为 P_{SH}，转让水量自用的平均收益为 P_{ZH}，交易价格为 P_Z。对于转让方而言，只要转让的收益不低于自用的收益，即 $P_{ZH}-P_{ZL} \leqslant P_Z-P_{ZL}$时，转让方可以从交易中获取额外收益，就存在转让动机。从目前南水北调中线工程水资源分配的实际情况来看，$P_{ZH}-P_{ZL}$与 0 的关系并不确定，当 $P_{ZH}-P_{ZL}>0$ 时，转让方转让的条件为：$P_Z \geqslant P_{ZH}$；当 $P_{ZH}-P_{ZL} \leqslant 0$ 时，转让方转让条件为 $P_Z \geqslant P_{ZL}$。对于受让方而言，如果不进行交易，收益为 0，只要 $P_{SH}-P_Z \geqslant 0$，受让方就存在购水动机，同时为了保证干线工程的平稳运行，$P_Z \geqslant P_{SL}$，因此，受让方购水的条件为 $P_{SH} \geqslant P_Z \geqslant P_{SL}$。

综上可见，当 $P_{ZH}-P_{ZL}>0$ 时，交易发生的条件为 $P_{SH} \geqslant P_Z \geqslant \max(P_{SL}, P_{ZH})$；当 $P_{ZH}-P_{ZL} \leqslant 0$ 时，交易发生的条件为 $P_{SH} \geqslant P_Z \geqslant \max(P_{SL}, P_{ZL})$。因此，只要受让方和转让方都是理性的，南水北调中线工程水权交易存在自然上下限，且实现帕累托改进，没有设置价格限制的必要性。

五、市场联动定价机制分析

需求侧市场的计量水价可以依据区域间水权交易市场价格变化趋势动态调整，一方面，避免频繁进行区域间水权交易带来过大的交易成本；另一方面，通过区域间水权交易，受水区理论上具有“南水”供给方和需求方的双重身份，既可以真实显示出“南水”市场供求状态，也为受水区提高水资源利用效能内生动力提供激励机制。

供给侧市场购水价格、工程水源区计量水价与需求侧市场计量水价实施动态联动调整。通过各市场间价格联结调整，实现水源区与用水户以价格为纽带的互动，实现提高水生态保护积极性与提升用水效率的同步激励。

第五节　“供需混动－市场联动定价”的南水北调中线工程水资源定价机制运行保障措施分析

由前文分析可知，水资源配置中纯市场机制失灵现象经常存在，为保证机制正常运行，政府需要提供必要的监管和技术手段。

一、强化政府监管和制度落实

政府部门除了为水权交易提供保证水权交易合法进行的相关制度外，为保证生态环境的持续向好，对涉及生态用水的水权交易由上一级政府监督，以确保水权转让方生态环境不退化。

对涉及居民生活用水的水权交易，尤其剩余水权明显低于一定节水技术下生活必需水量的交易，建议由居民所在村或社区进行监督，确保居民不因“短视”行为影响正常生活。

对水权供给方因不可抗拒原因出现水资源严重不足，可以强制交易熔断，确保各受水区生态、生产、生活不因水权交易受到重大影响。

严格审查水权交易市场需求方资格，严禁水权倒买倒卖行为带来的水权空转，切实保证每一滴水高效使用在生活、生态和生产中。

受水区地方政府要严格落实习近平总书记“坚持先节水后调水、先治污后通水、先环保后用水”的指示精神，坚持以水定城、以水定地、以水定人、以水定产，严格落实用水总量控制、用水效率控制、水功能区限制纳污“三条红线”，认真落实用水定额，强化用水总量和强度双控，严格取水用水管理，落实水资源刚性约束制度，全面落实节水评价制度。水权确权过程中把好总量控制、水质保护、定额管理的关口，配置总量要留有余地，以备不时之需。

二、强化工程技术支持

水权交易的实施有赖于工程技术支持，其一，强化水利工程设施建设，水资源流动依赖水利工程，为保证水权交易的顺利进行，需要做到水利设施入户、到地头、进企业，确保拥有水权就可以用水。其二，提高用水计量、监测和调度水平。做到用水必计量、必监测，同时强化水利信息系统建设，提高调度能力，确保用水户可以第一时间行使用水权利。

第六章 高质量发展视角下河南受水区城乡产业与空间优化

第一节 城乡产业融合

一、河南受水区城乡产业融合理论

南水北调是我国最重要的水利工程之一。其中线工程从丹江口水库陶岔渠首取水，途经河南、河北、天津到达团城湖，全长 1277 千米，其中 731 千米在河南省境内。南水北调总干渠河南段设置分水口门 39 处，受水区覆盖南阳、漯河、周口、平顶山、许昌、郑州、焦作、新乡、鹤壁、濮阳、安阳等 11 个省辖市及地区。自 2014 年底建成到 2020 年 5 月，全线总供水量约为 274 亿立方米。河南区域受水 100 亿立方米，其中生态补水 18.5 亿立方米。

南水北调大大提高了河南受水区水资源保障能力和促进了生态文明建设，也对河南的经济成长具有极大增强作用。基于水资源生态保护和水资源带来的社会效益与经济效益，河南受水区城乡产业需要及时调整经济增长方式和产业结构，加快城乡产业融合步伐。

（一）南水北调对河南产业影响的研究梳理

吴涛等（2009）用灰色关联分析法分析了水资源消耗与河南产业结构之间的动态联系，认为河南应该调整农业内部结构，发展节水农业，建立生态工业体系，加速发展第三产业。赵瑞等（2015）以河南淅川县为例，用空间分析法等划设了淅川县县域的三个产业区域。余淑秀（2020）以 PSR 模型为基础，利用层次分析法对南水北调中线水源区生态环境进行评价，分析了生态环境与产业结构的关系，从而进行产业结构转型升级策略建构。朱九龙等（2021）通过对南水北调中线工程水源区多个地区的三产融合水平进行测定，对水源区产业融合水平进行了分析，认为应该利用水源区生态优势构建生态经济带，提高区域产业融合水平。

现有研究以水源地区域研究为主，缺少对南水北调受水区的研究，而对受水区城乡经济产业进行研究很有必要。此外，之前的研究侧重于生态旅游等具有直观直接影响的产业，随着南水北调效应的逐渐显现，其对产业的影响已远远超越了生态旅游，对更广泛的深层次的城乡产业结构、布局、融合等的研究更为重要。

（二）城乡产业融合的理论发展历程

国外一些比较典型的理论研究如下：①马克思、恩格斯的城乡产业统筹理论。②以库兹涅茨产业演进为代表的产业结构演进理论。③城乡二元结构理论：刘易斯二元经济论、乔根森二元结构模型理论等。法国经济学家佩鲁提出了“增长极”理论等。④杜能的农业区位论、韦伯的工业区位论、拉塞尔·史密斯在《北美：人口、资源、发展及其作为工业、商业地区大陆的发展前景》中提出研究城市与乡村相互关系的重要理论。

传统上我国是一个农业国家，历来重视农业，新中国成立后开始偏向工业，因为工业主要分布在城市，因此城乡产业发展中更重视城市发展。同时在农村管理中对农民进行户籍限制，进一步拉大城乡产业差距，形成城乡产业的二元分割局面。近年来，国家开始采取一些政策来反哺农业，提出以工促农、以城带乡等策略，试图调整城乡产业之间的不协调局面。城乡产业差距的日益扩大已经阻碍了我国的发展，城乡产业融合日益得到理论和政策的重视。城乡产业方面存在从侧重一元到统筹融合的理论发展脉络。

国内对城乡产业的研究，存在从两元到统筹融合的理论发展脉络。周月书（2015）、段禄峰（2016）、赵颖文（2016）等的研究表明，消除二元经济结构、实现经济的一元化发展是城乡改革发展的趋势，也是国内学界关于我国经济发展方向的主流思想。郑明高（2011）认为城乡产业融合是一个产业发展规律、科学技术进步、市场竞争等多种因素共同作用下的动态发展过程。任迎伟等（2008）认为城乡产业融合的主体是城市产业和乡村产业，两者的融合是一个动态、发展的过程：一是现代化的农业与工业的融合；二是城市产业与农村产业的互融发展过程。肖万春（2003）认为城乡产业融合的关键有两点：一是改变城乡产业驱动的局面，进行合理分工，突出各自特色；二是要构建两者之间的桥梁，从而做到城市带动农村，农村支持城市。

在城乡产业融合水平测度方面，倪楠（2013）通过三个层面设计了城乡产业发展一体化水平测度模型。张子珍（2016）从城乡产业一体化的状态、动力和保障三个层面设计出了城乡产业一体化发展的综合评价指标体系，从实证角度对中国各地区城乡产业一体化发展进行水平测度。周江燕（2014）构建了城乡发展一体化水平评价的“四维度”理论分析框架。

城乡产业融合发展模式：倪楠（2013）认为我国东部、中部、西部分别适用不同的融合发展模式。张军（2018）提出了实现城乡产业融合的“产庄融合、产城融合、产业链融合、互联网融合”四种模式。易醇等（2018）认为应因地制宜探索具有特色的城乡同次产业之间，以及城乡一、二、三产业之间融合的互动模式。王亚飞（2007）、贾少龙（2013）、王开泳等（2007）对城乡产业融合模式、城乡产业融合发展路径及城乡产业融合发展的经验、障碍等问题进行了较多研究。张傲雪（2016）论述了生态型农业融合模式、延伸产业链农业融合模式、功能综合性农业融合模式三种城乡产业融合模式。

二、城乡产业融合评价

结合文献汇总与事件分析，基于科学、系统、可操作性与动态连续性原则，通过融合基础、融合动力、融合平台、融合趋向四个方面进行指标构建（见表 6-1）。

表 6-1　南水北调河南受水区城乡产业融合评价指标与代表的含义

一级指标	二级指标	指标含义	指标方向
融合基础	城镇化率	城镇化率（%）	正向指标
	城乡一产比	一产生产总值/（二产生产总值+三产生产总值）（%）	负向指标
	乡城居民人均支出比	农村居民家庭人均支出/城镇居民家庭人均支出（%）	正向指标
融合动力	乡城从业人口比	农村从业人口/城镇从业人口（%）	正向指标
	乡城居民人均可支配收入比	农村居民家庭人均收入/城镇居民家庭人均收入（%）	正向指标
	农林牧渔固定资产投资比重	农林牧渔固定资产投资/固定资产总投资（%）	正向指标
	普通高校在校生人数	各市普通高校在校生人数（万人）	正向指标
	电子商务销售额	电子商务销售额（亿元）	正向指标
融合平台	旅游总人数	旅游总人数（万人次）	正向指标
	县域产业集聚区固定资产投资额	县域产业集聚区固定资产投资额（亿元）	正向指标
	亿元以上商品交易市场摊位数量	亿元以上商品交易市场摊位数量（个）	正向指标
	农林牧渔法人数比例	农林牧渔法人单位数/总法人单位数（%）	正向指标
融合趋向	第一产业固定资产投资增速	当年第一产业固定资产投资/上年第一产业固定资产投资-1（%）	正向指标
	农用机械总动力	农用机械总动力（万千瓦）	正向指标
	农产品初加工作业机械	农产品初加工作业机械（万台）	正向指标

融合基础是城乡产业融合的基础条件。基础条件越好对该区域城乡产业融合越有利，越能够提高融合的效率与质量。随着城镇化率的提高，经济中农村所占的整体份额会降低，从而大大减少融合的难度。城乡产业的融合重点之一是加速二产三产对农村一产的融合，如果城乡一产所占比重越大，则融合的难度就会越高，因此，城乡一产所占比重是一个负向指标。同理，如果城乡居民人均支出比过高，乡村居民购买力不足，会提高产业升级融合的难度。本指标在指标体系中称为乡城居民人均支出比，属正向指标。

融合动力也即城乡产业融合所需要的动力来源。城乡产业融合的推动力主要包括人力、物力、财力等资源与信息动力。在乡城居民人均可支配收入比方面，如果“农村居民家庭人均收入/城镇居民家庭人均收入”较高，则为城市产业向农村产业转移融合提供了较好的购买力与资源投入潜力。乡城从业人口比、普通高校在校生人数显示城乡产业融合的人力资源状况。农林牧渔固定资产投资比重表示，如果“农林牧渔固定资产投资/固定资产总投资”较高，则农村传统产业具有较高的资金支持与资源动力。同时，随着电子商务的普及，电子商务超越城乡区域分割、交通分割，成为农村经济强大的助推力已经成为共识。电子商务的应用，是实现乡村产业跨越式发展，促进城乡产业融合的重要动力。

融合平台是城乡产业融合的重要着力点和途径所在，通过提升融合平台的质量，能够极大地提高产业融合的质量与效率。近年来，国家高度重视县域经济、小城镇建设与产业园区的发展，在“十四五”规划中，更是多次论述了县域城乡融合的意义和要点，通过大力发展各地县域产业集聚区，为城乡产业融合搭建有效平台。同时，在中小型城市与城乡区域中的商品交易市场，更是城乡产业交汇与融合的舞台。同样，随着消费观念的转变，旅游市场是率先突破城乡分割的产业之一，给城乡产业融合提供了广阔的平台。

融合趋向意味着城乡产业融合的走向。第一产业固定资产投资增速、农用机械总动力、农产品初加工作业机械描述了农村传统产业向二三产融合的趋势。

通过问卷调查，利用熵权法计算南水北调河南受水区城乡产业融合评价指标权重（见表 6–2）。

表 6–2　南水北调河南受水区城乡产业融合评价指标权重

一级指标	子指标	权重
融合基础 A_1 0. 13199862	城镇化率（$a11$）	0. 040640771
	城乡一产比（$a12$）	0. 019668791
	乡城居民人均支出比（$a13$）	0. 071689059

续表

一级指标	子指标	权重
融合动力 A_2 0.338431473	乡城从业人口比（a21）	0.066092207
	乡城居民人均可支配收入比（a22）	0.160935496
	农林牧渔固定资产投资比重（a23）	0.031531894
	普通高校在校生人数（a24）	0.015797385
	电子商务销售额（a25）	0.064074491
融合平台 A_3 0.286890244	旅游总人数（a31）	0.074665062
	县域产业集聚区固定资产投资额（a32）	0.098300438
	亿元以上商品交易市场摊位数量（a33）	0.042516568
	农林牧渔法人数比例（a34）	0.071408176
融合趋向 A_4 0.242679662	第一产业固定资产投资增速（a41）	0.028620708
	农用机械总动力（a42）	0.089019076
	农产品初加工作业机械（a43）	0.125039877

三、数据分析与结果

（一）分析对象与数据来源

研究的对象是南水北调河南受水区11个省辖市。数据来源为2020年《河南统计年鉴》、南水北调受水区各县市统计年鉴、《河南省南水北调年鉴》。

表6-2中15个指标具有不同的单位、不同的数量，不具有直接的可比性。为了能进行直接的对比，使用数据归一化处理方法，将这些因子进行标准化处理。

正向归一化公式为：

$$N_{ij}=\frac{X_{ij}-\min(X_j)}{\max(X_j)-\min(X_j)} \tag{6-1}$$

负向归一化公式为：

$$N_{ij}=\frac{\max(X_j)-X_{ij}}{\max(X_j)-\min(X_j)} \tag{6-2}$$

归一化处理后的数据如表6-3所示。

表 6-3　城乡产业融合数据归一化计算结果

	南阳	漯河	周口	平顶山	许昌	郑州	焦作	新乡	鹤壁	濮阳	安阳
*a*11	0. 112	0. 318	0. 000	0. 369	0. 323	1. 000	0. 549	0. 349	0. 561	0. 081	0. 294
排名	9	7	11	4	6	1	3	5	2	10	8
*a*12	1. 000	0. 582	0. 000	0. 605	0. 787	1. 000	0. 743	0. 530	0. 646	0. 313	0. 483
排名	1	7	11	6	3	2	4	8	5	10	9
*a*13	0. 009	0. 000	0. 339	1. 000	0. 367	0. 469	0. 382	0. 258	0. 474	0. 596	0. 298
排名	10	11	7	1	6	4	5	9	3	2	8
*a*21	0. 070	0. 218	0. 000	0. 134	0. 160	1. 000	0. 279	0. 162	0. 255	0. 219	0. 101
排名	10	5	11	8	7	1	2	6	3	4	9
*a*22	0. 576	0. 758	0. 487	0. 475	0. 889	0. 959	1. 000	0. 694	0. 949	0. 000	0. 601
排名	8	5	9	10	4	2	1	6	3	11	7
*a*23	1. 000	0. 013	0. 684	0. 566	0. 303	0. 000	0. 118	0. 171	0. 316	0. 421	0. 342
排名	1	10	2	3	7	11	9	8	6	4	5
*a*24	0. 074	0. 019	0. 028	0. 051	0. 033	1. 000	0. 075	0. 146	0. 000	0. 000	0. 075
排名	5	9	8	6	7	1	3	2	11	10	4
*a*25	0. 046	0. 365	0. 027	0. 021	0. 000	1. 000	0. 080	0. 034	0. 003	0. 002	0. 015
排名	4	2	6	7	11	1	3	5	9	10	8
*a*31	0. 163	0. 000	0. 055	0. 090	0. 087	1. 000	0. 261	0. 190	0. 002	0. 073	0. 211
排名	5	11	9	6	7	1	2	4	10	8	3
*a*32	0. 599	0. 222	0. 247	0. 111	0. 481	1. 000	0. 617	0. 292	0. 000	0. 260	0. 186
排名	3	8	7	10	4	1	2	5	11	6	9
*a*33	0. 339	0. 130	0. 131	0. 042	0. 094	1. 000	0. 045	0. 150	0. 000	0. 175	0. 006
排名	2	6	5	9	7	1	8	4	11	3	10
*a*34	0. 811	0. 336	1. 000	0. 448	0. 344	0. 000	0. 519	0. 528	0. 465	0. 440	0. 409
排名	2	10	1	6	9	11	4	3	5	7	8
*a*41	0. 338	0. 000	0. 644	0. 226	1. 000	0. 313	0. 481	0. 288	0. 281	0. 932	0. 049
排名	5	11	3	9	1	6	4	7	8	2	10
*a*42	1. 000	0. 018	0. 607	0. 140	0. 125	0. 168	0. 016	0. 443	0. 000	0. 116	0. 222
排名	1	9	2	6	7	5	10	3	11	8	4
*a*43	0. 800	0. 022	1. 000	0. 323	0. 244	0. 342	0. 076	0. 315	0. 000	0. 194	0. 272
排名	2	10	1	4	7	3	9	5	11	8	6

（二）河南受水区产业融合水平计算结果与分析

根据上述南水北调河南受水区城乡产业融合发展水平指标体系，对表 6-3 的数据进行计算，得到河南受水区城乡产业融合发展的融合基础、融合动力、融合平台、融合趋向的评价指数。南水北调河南受水区城乡产业融合发展水平评价得分如表 6-4 所示。对表 6-4 数据乘以 100 进行线性加权，可以得到南水北调河南受水区城乡产业融合发展水平评价指数，如表 6-5 所示。

表 6-4　南水北调河南受水区城乡产业融合发展水平评价得分

地区	融合基础		融合动力		融合平台		融合趋向		综合评价	
	得分	名次	得分	名次	得分	名次	得分	名次	得分	名次
南阳	0.0248	9	0.1330	6	0.1434	2	0.1987	1	0.4999	2
漯河	0.0244	10	0.1605	5	0.0513	10	0.0043	11	0.2405	10
周口	0.0243	11	0.1020	10	0.1053	4	0.1975	2	0.4292	3
平顶山	0.0986	1	0.1053	9	0.0514	9	0.0593	7	0.3146	7
许昌	0.0549	5	0.1637	4	0.0823	6	0.0703	4	0.3712	5
郑州	0.0939	2	0.3003	1	0.2155	1	0.0666	5	0.6763	1
焦作	0.0643	4	0.1894	2	0.1191	3	0.0247	9	0.3975	4
新乡	0.0431	7	0.1322	7	0.0870	5	0.0871	3	0.3494	6
鹤壁	0.0695	3	0.1798	3	0.0333	11	0.0080	10	0.2906	8
濮阳	0.0522	6	0.0279	11	0.0699	7	0.0612	6	0.2112	11
安阳	0.0428	8	0.1163	8	0.0635	8	0.0552	8	0.2778	9

表 6-5　南水北调河南受水区城乡产业融合发展水平评价指数

地区	融合基础		融合动力		融合平台		融合趋向		综合评价	
	指数	名次	指数	名次	指数	名次	指数	名次	指数	名次
南阳	2.48	9	13.30	6	14.34	2	19.87	1	49.99	2
漯河	2.44	10	16.05	5	5.13	10	0.43	11	24.05	10
周口	2.43	11	10.20	10	10.53	4	19.75	2	42.92	3
平顶山	9.86	1	10.53	9	5.14	9	5.93	7	31.46	7
许昌	5.49	5	16.37	4	8.23	6	7.03	4	37.12	5
郑州	9.39	2	30.03	1	21.55	1	6.66	5	67.63	1

续表

地区	融合基础		融合动力		融合平台		融合趋向		综合评价	
	指数	名次	指数	名次	指数	名次	指数	名次	指数	名次
焦作	6.43	4	18.94	2	11.91	3	2.47	9	39.75	4
新乡	4.31	7	13.22	7	8.70	5	8.71	3	34.94	6
鹤壁	6.95	3	17.98	3	3.33	11	0.80	10	29.06	8
濮阳	5.22	6	2.79	11	6.99	7	6.12	6	21.12	11
安阳	4.28	8	11.63	8	6.35	8	5.52	8	27.78	9
均值	5.39		14.64		9.29		7.57		36.89	
标准差	2.48		6.48		4.95		6.28		12.62	

通过综合分析可以发现，郑州作为河南省的经济、文化、交通中心，城乡融合发展水平整体上处于第一位。南阳和周口分别处于第二、第三的位置，这几个地区的综合指数皆超过40，可以认为这几个地区的城乡融合水平处于第一队列。焦作、许昌、新乡、平顶山这几个地区的城乡融合水平综合指数为30~40，和均值比较接近，可以认为处于中间水平。鹤壁、安阳、漯河、濮阳四个地区指数低于30，和均值有一定的差距，可以认为这几个地区的城乡融合水平处于第三个层次。

从融合基础来看，通过计算各地区的融合基础指数、平均值与标准差，可以发现，不同地区在融合基础方面的得分相差不大，处于较为接近的水平。这也可以解释，某些地区在该指标上的排名，不会显著影响整体排名。比如南阳和周口两个地区，虽然在融合基础方面分别排名第9与第11，比较靠后，但是并没有过于影响这两个地区的整体指数。同样，平顶山与鹤壁，虽然融合基础排名靠前，但整体排名仍然比较靠后。

从融合动力指标来看，郑州、焦作、鹤壁、许昌这几个地区的乡城从业人口比和乡城居民人均可支配收入指标排名比较靠前。这几个地区是河南省内工业相对比较发达的地区，这也说明这些地区工业对农业的带动效果较好。而周口、南阳、漯河、平顶山这几个地区，农业占据了较高的比例，农业农村范围较大，在这两个指标上面较为落后。作为城乡产业融合的核心动力人力资源，普通高校在校生人数具有较大影响，作为河南省高等教育比较集中的地区，郑州、新乡、焦作、安阳、南阳在这方面具有较强的领先优势，而漯河、鹤壁、濮阳却相对较为落后。焦作、漯河、南阳在轻工业、农业加工方面有所领先，比如漯河在食品工业方面比较突出，电子商务具有较为广泛的应用，这对城乡产业融合发展具有一定的推动作用。

融合平台方面，郑州、南阳、焦作、周口、新乡排名靠前。进一步深入分析发现，这些地区主要得益于以下几个方面：首先，郑州、焦作、新乡区域是河南境内具有影响力的旅游目的地，旅游景点在城乡分布广泛，具有一定的影响力和带动力；其次，这几个地区的县域产业聚集区与大型商品交易批发市场比较发达，对城乡产业具有较强的带动作用。而鹤壁、濮阳与漯河在这些方面却相对落后。

在融合趋向方面，南阳、周口、焦作这几个地区的农村农业所占比重较高。近几年，随着城乡融合力度的加大，这些地区在第一产业方面投入逐渐增加，农业机械化与农产品初加工作业机械应用推广力度较大，比重逐渐提高，较好地推动了城乡产业融合的发展。

四、河南受水区城乡产业融合模式

所谓融合模式，是指基于不同资源禀赋、地理区位与政治经济特点的差异，使城乡产业融合的过程呈现出不同的特色或特点。

（一）以专业市场为对接平台的融合模式

专业市场，一般是指在一个特定领域中，空间高度集聚、产品类型丰富、配套服务完善，形成以某个产业的大类产品为依托，以相关服务、产品、企业以及专业化服务机构等为配套，并在这个产品及其边缘产品体系中具有很强竞争力的产品或产业发展、流通载体。产业集群与专业市场、城镇化发展相互促进，互动性非常好。迈克尔·波特以竞争优势理论为基础研究了产业集群的形成与发展，最终推演出市场是产业集群发展的决定因素。专业市场作为产业集群的主体市场，很大程度上促进了产业集群的形成和发展。

按照经营产品种类分，目前河南省多数城乡区域形成了建材、机电、小家电、小商品、家具、农产品、花卉、服装、药材、个人电子等市场，其中每一个种类的产品市场大致划分为若干分市场或若干区位布局。如花卉市场有南阳月季专业市场、家具市场有长江路家具市场、汽配市场有光彩市场等。

石佛寺坐落在河南省镇平县城西北 10 千米处，以“玉雕之乡”美名享誉海内外。石佛寺是南阳玉雕产业的发源地，近几年来先后兴建了五大专业市场，即石佛寺玉镯、玉白菜市场、玛瑙翡翠市场、玉雕湾综合市场、玉雕摆件市场。在城乡产业融合方面，有 14 个行政村的农村以玉雕为支柱产业，带动村民走上了致富道路。有 4000 多家企业专门从事玉雕的生产销售，提供了 3 万多个就业岗位，每年产销玉雕产品 1300 多万件。石佛寺镇先后被评为“全国文明集镇”、“国家文化产业示范基地”、“中州名镇”和“河南省玉文化改革发展试验区核心区”。

从国内外产业发展的经验来看，城乡产业融合受很多因素的影响和制约，比如，区位条件影响产业融合的吸聚作用，资源禀赋和文化传统决定着产业融合的产业特色，而技术条件则制约着产业的发展速度。只有经过产业融合筛选后的强势产品才能在专业市场中稳定发展，从而提高专业市场的竞争优势，为专业市场的未来发展赢得更广阔的生存空间。同时，规模性是产业融合的基础，只有规模不断扩大，才能使市场更加专业化。同样，规模化可以在市场竞争中增加筹码，从而提高专业市场的知名度。产业融合的规模与专业市场的质量互相依赖、互相促进，使商品的质量和数量迈向一个新的高度，专业市场的影响力也得到进一步的提高。

由石佛寺玉器市场的发展来看，镇平以石佛寺玉器专业市场为对接平台，形成了专业市场主导型的城乡产业融合发展模式。首先，较长的玉器产业链是以石佛寺玉器批发市场为存在前提，用较长的时间逐渐聚集的，既得益于历史的传统手工业继承，也得益于后天政策上对产业融合的计划推进。其次，整个产业融合的过程伴随着产业功能的优化、产业纵向的延伸与横向的加强，同时也是劳动力的非农化与城镇化的聚集。最后，以玉器市场为平台，形成了整个产业功能优化、社会功能完备、城乡融合发展的有效推进。

（二）以产业集聚区为平台的融合模式

一些城乡区域内集中了相对多的企业，它们按照政府的规划来经营，最大限度地集中利用资源，这样就降低了成本，提高了整体的经济效益，这样的区域被称为产业集聚区。大致可以分为几种类型，比如加工贸易园区、创新科技园区、高新技术产业开发区、现代服务业园区、高效农业园区等多种开发区和园区。产业集聚区作为功能区以经济功能为主，有着非常明显的产业聚集特点，能够合理搭配产业结构，充分安置各层次人员就业，不断加强特色产业的主导地位，使产业和城市同步发展。产业集聚区的基本内涵是“四集一转”，即企业（项目）集中布局、产业集群发展、资源集约利用、功能集合构建，促进农村人口向城镇转移。

近段时期以来，南阳市产业集聚区不断完善基础设施条件，推进开发区内重点项目。政府持续加大力度推进产业区建设，效果显著，主导产业鲜明。2012 年度有 24.6 万人在产业集聚区工作，比 2009 年新增就业 9.2 万人。截至 2016 年 5 月底，全市 14 个产业集聚区规模以上工业企业达 914 家，比上年同期增加 147 家，同比增长 19.2%。规模以上工业企业超过 50 家的产业集聚区有 9 个，分别是淅川县产业集聚区（105 家）、唐河县产业集聚区（99 家）、新野产业集聚区（99 家）、西峡县产业集聚区（91 家）、镇平县产业集聚区（85 家）、南阳高新技术产业集聚区（82 家）、社旗县产业集聚区（75 家）、内乡县产业集聚区（57 家）、南阳市新能源产业集聚区（56 家）。

在产业集聚区建设的影响推动下，南阳市加快了现代城镇体系、现代产业体系和自主创新体系的发展，三次产业结构比例由 2009 年的 50.4∶20.6∶29调整为2012 年的52.7∶17.9∶29.4；全市城镇化率比2009 年度增长 5.2 个百分点，达到 41.8%。产业集群的形成不但可以优化城镇结构，而且对于城镇化质量的提升同样具有非常重要的作用。反过来，随着经济的发展，南阳市教育水平不断提高，行业就业人员的年龄配置更趋合理，投资和消费环境不断优化，城镇化质量也显著提升，很大程度上推动了产业集群的优化。

（三）以商业中心为平台的融合模式

商业中心模式，是一种以商业中心区为空间载体的可以促进城镇化和产业集群共同发展的模式。在商业中心区的规划中，政府起着决定性的作用，后来的招商引资也离不开政府的政策支持，因此也把这种模式归纳为政府主导的产业集群与城镇化互动发展模式。商业中心区集中了城市里最尖端的第三产业设施，零售业和服务业资源高度集聚，是一个城市或一定区域内集约化程度较高的商业核心区。商业中心区汇集了这个城市的信息流、资金价值流、物流和商品流。

商业中心在带动城镇化与产业集群发展方面有以下作用：第一，商业中心集合了最先进的行业动态，高度集中了相关产业，而且综合服务能力强，在一定程度上起到了引领示范作用。第二，商业中心人口密度大，吸引人流的能力比较强。商业中心区一般都坐落于城（镇）的黄金地带，基本上都是城镇人口，单位面积内人口密集，有一定的交通运输压力。第三，商业中心的基础条件比较好，地理位置比较优越，集中了很多产业，在客流、商品流、信息流方面流量大，不断进行着内外交流，商业中心区内经济活动比较集中。

近几年来，南阳市致力于打造乡镇（社区）商业点、商业特色街、区县商圈和中央商务区四个层次的商业中心，积极建设周边精品商业街区，围绕黄河西一路、西二路、西三路，机场南一路、南二路等，打造“非”字结构各具特色的商业支路，依托高铁、临空优势，重点建设外贸商品街、玉石精品街、临空电子产品街、旅游产品街、集中式家居广场等精品特色商业街区，打造综合复合型时尚商贸区。同时，南阳市主城还有以人民路和新华路为辐射范围的市中心商业区、火车站商业圈、人民路商业圈等商务中心。

（四）以交通枢纽为载体的融合模式

现代城市的发展越来越受益于交通枢纽的布局，特别是全国性或大区域性的交通枢纽布局，对城镇化与城市产业的推进更是至关重要。随着近年来几条主要高速公路、高铁线路穿过南阳，南阳市紧紧抓住机遇，大力推进交通枢纽的快速布局。例如正在建设的南阳卧龙站，位于规划建设的东二环与东三环之间的宛城区茶庵乡境内，距二广高速双铺站 2.5 千米。车站按中型站设计，规模为 3 台 7 线，到发线有效长 650 米，设基本站台一座，岛式站台两座，预留 5 条动车存车线。

作为豫西南的中心城市，南阳市依托年货运通过能力 10 亿吨的交通枢纽优势和年货物编组能力6000万吨的大型铁路编组站，构筑大市场、大商贸、大流通发展格局，以物流园区为载体，兴建钢铁材料、建筑材料、机电化工、农贸产品等各类大型专业市场，发展包装、仓储、运输等专业化一条龙的现代物流产业，形成中原乃至全国的大型物流基地，以增强南阳中心城市的集聚力和辐射力。

五、河南受水区城乡产业融合提升路径

河南受水区城乡产业融合路径的设计，首先要考虑到南水北调干、支流水源流经沿线区域的空间范围，划定生态保护红线。在红线保护区内，把生态建设放在第一位，进行严格保护。同时，充分利用南水北调给受水区带来的生态资源利益，进行城乡产业融合的政策、策略设计。

（一）受水区城乡产业空间布局协调一体

城乡产业融合就是要顺应城乡融合发展以及三次产业协调发展的必然趋势，提高城乡产业的区域竞争力。

首先，要逐步完善城乡产业空间的合理化布局，充分利用南水北调受水区资源优势，大力发展高效生态农业，推进农业的专业化、规模化和区域化布局，推动农村工业向城镇聚集，形成城乡分工合理的、具有地域特色的、能够充分发挥自然资源优势的产业空间布局。在三次产业布局方面，结合各地区资源禀赋，发挥各自优势，促进产业的合理布局和专业化分工。其次，受水区省辖市区域中心城市，应当成为经济发展的区域发展极，发展工业以及交通运输业、金融业、信息产业、教育产业等现代服务业。县域城市，应当加强县域产业聚集区的发展，形成城乡产业融合的高效平台。中小城镇应成为向农村扩散的中介，以及农村要素向城市聚集的集散地。农村应该发展专业化、规模化的现代农业种植与农产品加工业，满足城市对生活必需品和生产要素资源的需求。通过产业之间紧密联系，促进城市产业体系自上而下延伸，以及农业加工销售环节向城市延伸，最终实现城市和农村三产空间协同发展、共同繁荣的局面。

（二）调整农村产业结构，提升城乡农业工业融合水平

南水北调工程向受水区各地调水后，一方面，一定程度上减少了原来工业对农业用水的挤占，提高了农业的用水量；另一方面，通过生态补水，一定程度上也增加了农业的供水量。这在一定程度上促使农业部门加大对农田水利的建设力度，把荒地变为耕地，进行高标准的良田改造，从而扩大粮食种植面积。在此背景下，可以对农业种植结构进行一定的调整。

首先，农业供水量的增加将使各地区有效增加传统用水较多的油料作物、蔬菜、烟叶、优质大豆等经济作物的种植面积。其次，可以有效扩大受水区优质水稻的种植面积以及开发苗木、茶叶等特色农产品，促进丰产速生林的建设，大幅度提升农业用水效率。同时，农业种植结构的调整也会促进农林副业和农林产品加工业的发展。在农林种植结构的调整和用水价格提高的作用下，高效农业和农业经济作物面积的增加，将会为农林加工业提供大量的原材料。南水北调工程调水后，地下水资源的回补使生态环境得到较大的改善，为畜牧业和渔业的发展拓展了较大的空间，例如新野的黄牛养殖业、黄河滩区的绿色奶业、南阳的养猪与畜牧加工业、豫西香菇种植与加工业等，将得到快速的发展。农产品和畜牧业的发展也将推动龙头企业的形成与成长，同时推动产业的规模化、标准化发展，有效提高城乡农业工业产业融合水平。

（三）充分利用水资源，促进工业在城乡区域流动

南水北调水资源供应量的增加，将推动城乡区域工业的合理流动与结构调整。南水北调工程使受水区多数地区的工业用水量得到了较大幅度的增加，这使多个行业，特别是与用水量密切相关的一些行业的生产和供应，得到快速的发展，提升了这些行业的发展速度与发展效率。例如电子制造业、电力热力、冶金加工在较为充分的水资源保证下，将会较大地提高产业效应，推动产业规模的扩大与城乡区域的产业延伸。

由于调水成本的不同，水价在各个区域具有一定的差异，结合资源充足水平的差异，一定程度上可能会限制一些需水量较大产业的资源消耗，使水资源消耗大户的生产能力受到限制。但同时也有利于这些企业将生产产能向水资源充分的地区进行转移，在一定程度上实现了城乡区域内的合理流动，

从而也保证了地区产业整体向节约型产业发展。

（四）推动城乡农业与旅游业的融合发展

南水北调工程促进了河南的农业发展，推动了生态环境的改善，给旅游业的发展提供了较好的条件，通过深度开发农业旅游业，促进城乡农业与旅游业的融合发展。

有别于传统农业，现代农业具有市场化、科学化、信息化等特征。现代农业具有较高的渗透性与吸附性，与包括旅游业在内的其他产业具有较高的关联性。旅游业与农业的关联性体现在旅游业通过拉动衣食住行消费等，提高对农产品与农产品加工业的需求。随着人们生活水平的提高，在旅游需求上提高了对包括农业景观、农耕民宿、农业生态环境等农业资源在内的旅游业的需求。

但是从目前来看，虽然两者具有较高的关联性，但实质上受水区多个地区的农业与旅游业仍处于较低发展水平，具有较高的发展潜力。目前的农业之间的融合以间接为主，融合水平较为低下，因此加强这两个产业的主动融合动力是关键。这就需要两个方面的动力引导：一是通过政府政策引导农业旅游业的深度融合；二是通过市场化引导农业的融合创新性产品发展。这就要求旅游业与农业的有关部门，从提升产业竞争力、寻求经济增长点出发，积极主动地寻求合作，从而满足游客的多元化消费需求。这一方面需要农业生产部门通过提高自己的生产实力与发展水平，利用现代化的农业技术与生产方式，满足顾客的多种消费需求，例如对休闲农产品的需求，从而提高旅游业的吸引力。另一方面旅游业也需要更加成熟地挖掘消费者对各种旅游产品的需求，开发多样化的农业旅游项目，提高对农业发展的直接推动力。

六、结论

通过对河南受水区不同地区城乡产业融合水平的测定，可以发现，作为省会的郑州，多个指标都处于第 1 位，总体上也排在第 1 位。从融合基础上看，河南受水区不同地区的得分比较接近，差异较小。而在融合动力、融合平台与融合趋向这几个指标上，各地区间表现出一定的不平衡。特别是在某些二级指标上，比如乡城从业人口比、乡城居民人均可支配收入比、旅游人数、县域产业聚集区以及大型商业交易批发市场等，因为区域差异、产业差异、资源差异、生态差异等，不同地区的指标值差异较大。

结合南水北调工程与各地区特点，应从城乡产业空间布局、调整农村产业结构、提升城乡农业工业融合水平、利用水资源促进工业在城乡区域流动以及推动城乡农业与旅游业的融合等方面，提升河南受水区城乡产业融合发展水平。

第二节　生态农业发展及空间异质性

世界上水资源分配极不平衡，约有65%的水资源集中在不到10个国家中，而占世界总人口40%的80个国家却严重缺水。中国是一个干旱缺水严重的国家，人均水资源占有量仅为世界平均值的1/4。同时，全国水资源80%分布在长江流域及其以南地区，长江流域以北广大地区的水资源量仅占全国的14.7%（翁贞林，2013）。针对我国水资源分布南多北少的局面，南水北调工程的设想于20世纪50年代被提出，经过几十年的研究，南水北调工程的总体方案才得以确定。其中南水北调中线工程2003年12月开工，2014年12月12日正式通水。截至2021年12月，累计向北方输水430亿立方米。南水北调使南北水资源配置得到了优化，修复了生态环境，促进了沿线的生态文明建设，优化了产业结构，大大促进了沿线受水区的高质量发展。

2021年5月14日，习近平总书记在南阳市推进南水北调后续工程高质量发展座谈会上发表重要讲话时指出，要把节水作为受水区的根本出路，长期深入做好节水工作，根据水资源承载能力优化城市空间布局、产业结构、人口规模。同时，加大生态保护力度，加强南水北调工程沿线水资源保护，持续抓好输水沿线区、受水区的污染防治和生态环境保护工作。

传统农业耗水巨大。据统计，农业是我国用水第一大户，农业消耗了全国总用水量的60%~65%（刘晓东等，2021）。多个省份水资源严重缺乏，例如作为我国的粮食调出省河南省已经面临“老井无水可抽、新井越打越深、井眼越来越多、井眼挨井眼”的问题，威胁我国粮食安全战略的实施（周振亚，2015）。同时，为了促进粮食持续增产而投入的大量的农药、农膜等生产资料，对人民生活环境和土壤造成了严重污染，土壤的污染也使适宜生产粮食的土地面积减少。因此，在做好南水北调水源区生态治理，保证高质量的水源供应之外，还应该在受水区进行工业、农业产业结构调整，例如大力发展生态农业等，从而最大效率利用南水北调工程促进我国经济、社会高质量发展。

发展生态农业能够维护农业生态体系的稳定性，较好地解决农业生产与水资源短缺及生态环保之间的矛盾。但是，生态农业具有明显的区域空间异质性，基于不同的区域尺度，生态农业发展所表现的区域共性与地区差异各不相同，因而对区域生态农业发展的规划、政策制定与实施效果影响很大。通过对不同区域生态农业发展质量进行研究，对其发展水平进行评估，分析生态农业发展的区域空间异质性，对整体提高生态农业发展水平具有重要意义。

一、生态农业发展及空间异质性研究综述

1. 研究领域

对生态农业发展空间异质性的研究涉及不同研究领域，包括农业生态效率的区域差异（成金华等，2014；杜红梅等，2020；曾福生等，2019；洪名勇等，2020；冯俊华等，2020）、农业生态环境保护区域差异（张子珍，2016）、农业生态系统的区域差异（王旭熙等，2015；胡晓辉等，2009；马新阳等，2018）等多个研究领域。

2. 不同空间区域尺度的研究

对生态农业发展的空间异质性研究存在不同的区域尺度。在省域尺度上，刘应元等利用非期望产出模型，通过地理信息系统进行可视化处理的三步法评价，评价了各省区生态农业发展水平，认为中国各省域生态农业发展存在差异，特别是东西部之间存在较大的地域差异。李怀等（2017）对辽宁省与山东省生态农业发展水平进行测度，在省域尺度对两区域的生态农业发展及

趋势进行了差异分析。在市域尺度上，蔡洁等（2017）利用陕西省10地市的面板数据，运用SBM-DEA模型对其生态农业绩效进行了评价，认为陕西省生态农业区域差异逐渐扩大，陕南、陕北和关中地区的差异明显。姚永鹏和罗冰凌（2019）将甘肃省划分为五大区域，运用主成分分析法对其生态农业发展水平进行评价，应用聚类分析对其区域差异进行了研究。尚正永等（2005）通过分层聚类法和K-均值聚类法分析，认为甘肃生态农业具有明显的分异特征，对其差异进行了研究，并设计了对应的农业产业化模式。周永等（2019）利用空间离散指数等数理计量方法、核密度分析等空间分析方法，对洞庭湖区生态农业发展进行了研究，分析了洞庭湖区不同区域间生态农业发展的差异。肖体琼等（2007）比较了国内外生态农业发展的区域差异。

3. *研究方法*

对生态农业发展水平的测度，不同学者基于不同研究领域选取了不同的指标与方法。多数学者沿用可持续发展的三个维度目标——环境、经济、社会以及制度，从而选择了生态效益、经济效益、社会效益三个一级指标，并由此设置不同的二级指标（薛领等，2016）。陈培彬等（2020）通过这三个一级指标16个二级指标，应用因子分析法对福建省生态农业发展质量进行了评价。李竹和王龙昌（2007）利用这三个指标以主成分分析法对陕西农业可持续发展能力进行了测评。姚婧婧（2009）在这三个指标的基础上增加了资源利用指标，利用加权综合评价法对忻州市生态农业进行了综合评判。任永泰等（2020）选取农业投入、农业产出、农业结构、农业基础、农业发展方式、农业科教支出六个指标，利用因子分析与灰色关联法对黑龙江省的生态农业经济竞争力进行了评价。

从对有关研究的梳理可以看到，学界对生态农业发展的空间异质性给予了足够的重视，并从多个领域和角度进行了一定深度的研究。但是，综观前期研究可以发现，需要在以下方面进一步充实或完善：第一，多数区域空间异质性的研究利用聚类分析和基于模型的数据比较，关注平行区域之间的差异与对比，而对平行区域间的差异及伴随着的区域内更小尺度空间差异综合研究不足。第二，在生态农业发展水平研究指标的选取方面，多数研究都围绕生态效益、经济效益、社会效益三个方面进行增舍，过于关注产出水平。同时，对碳排放的若干要素涉及不多。

基于此，本研究在对系列文献研究吸收的基础上，通过对南水北调中线工程受水区的生态农业发展水平进行评价，对区域差异进行分析。首先，区域差异分析中主要应用变异系数与泰尔指数方法，一方面，对平行区域之间的差异进行研究；另一方面，通过指数分解对区域内更小尺度的空间差异进行系统、综合分析，以获得较可靠结论。其次，在评价指标的选取上，指标增加了“生态基础”一级指标，并设计了系列二级指标，这是因为生态基础并不只是生态农业发展条件，而是在生态农业区域战略竞争中，生态基础本身就是生态农业发展水平的体现。最后，在二级指标中增加了“碳排放”指标。

二、研究设计

（一）研究方法

1. 变异系数

变异系数是用于测量数据中每个观测数据离散程度的相对指标。变异系数可以消除不同单位或方法对两个或多个数据变化程度比较的影响，计算公式为：

$$v = \frac{\sqrt{\frac{\sum_{i}^{n}(y_j - \bar{y})^2}{N}}}{\bar{y}} \tag{6-3}$$

其中，y 和 $\bar{y}$ 分别为 j 地区某项指标与各地区某项指标的平均值，N 为地区个数。系数越大，说明数据的离散程度越大；系数越小，说明数据的离散程度越小。变异系数可用以反映各地区间的相对差异。

2. 泰尔指数

泰尔指数将总差距分解为组间差距和组内差距，其分解公式为：

$$T_n = T^* + T = \sum_{i=1}^{n} Y_i \log \frac{Y_i}{P_i} + \sum_{i=1}^{n} \left(\sum_{j=1}^{m} Y_i \log \frac{Y_{ij}}{P_{ij}} \right) \tag{6-4}$$

其中，T_n、T^*、T 分别为总体区域差异、区域间的差异、区域内的差异；i 为区域；n 为总的区域数，本研究将河南分为豫中南、豫中和豫北，因此 n 为3；j 为区域内某地区；m 为子区域内地区个数；Y 和 P 为指标与其对应区域所占的比重。本研究以耕地为权重，对各区域生态农业发展指数进行差异研究。泰尔指数的取值范围为0~1，所得之值越大表示区域生态农业发展差异越大；反之则反是。

同时，基于泰尔指数的差异分解，将各项泰尔指数除以总指数，即可得到不同区域的区域内或者区域间差异对于总差异的贡献率。

$$\frac{T^*}{T_n} + \frac{T}{T_n} = 1 \tag{6-5}$$

（二）研究指标的确定

基于科学、系统、可操作性与动态连续性原则，本研究从生态基础、生态效益、经济效益、社会效益四个方面进行指标体系构建（见表6-6）。

表6-6　区域生态农业发展水平评价指标与代表的含义

一级指标	二级指标	指标含义	指标方向
生态基础	X_1：农村人均耕地面积（公顷）	耕地面积/农村人数	正向指标
	X_2：有效灌溉面积占耕地面积比重（%）	有效灌溉面积/耕地面积	正向指标
	X_3：单位面积农用机械总动力（千瓦时）	农用机械总动力/耕地面积	正向指标
	X_4：地均农业固定资产投资额（元）	农业固定资产投资额/耕地面积	正向指标
	X_5：平均年降水量（毫米）	平均年降水量	正向指标
	X_6：千公顷机电井数量/（万眼）	电井数量/耕地面积	正向指标
生态效益	X_7：单位面积柴油使用量/（千克/公顷）	单位面积柴油使用量	负向指标
	X_8：单位面积农药使用量/（千克/公顷）	单位面积农药使用量	负向指标
	X_9：单位面积地膜使用量/（千克/公顷）	单位面积地膜使用量	负向指标
	X_{10}：单位面积使用化肥折纯量/（千克/公顷）	单位面积使用化肥折纯量	负向指标
	X_{11}：节水灌溉面积占灌溉面积比重（%）	节水灌溉面积占灌溉面积比重	正向指标
	X_{12}：每公顷碳排放/千克	每公顷碳排放	负向指标

续表

一级指标	二级指标	指标含义	指标方向
经济效益	X_{13}：农村居民人均可支配收入（元）	农村居民人均可支配收入	正向指标
	X_{14}：单位面积粮食作物产量/（千克/公顷）	粮食作物产量/播种面积	正向指标
	X_{15}：单位面积农业总产值/（万元/公顷）	农业总产值/耕地面积	正向指标
	X_{16}：农业固定资产投资增速（%）	当年农业固定资产投资/上年农业固定资产投资-1	正向指标
	X_{17}：农业法人数比例（%）	农业法人单位数/总法人单位数	正向指标
	X_{18}：农业从业人员人均农业总产值（元）	农业总产值/农业从业人员	正向指标
社会效益	X_{19}：农村恩格尔系数（%）	食品支出总额占个人消费支出总额的比重	负向指标
	X_{20}：城镇化水平（%）	城镇化水平	正向指标
	X_{21}：农村居民人均可支配支出（元）	农村居民人均可支配支出	正向指标
	X_{22}：城乡居民收入差异系数	城镇居民可支配收入/农村居民人均纯收入	负向指标
	X_{23}：农村无害化卫生厕所普及率（%）	农村无害化卫生厕所普及率	正向指标

生态基础是区域生态农业发展的基础条件。基础条件越好则区域生态农业发展越有利，能够提高发展的效率与质量。区域生态农业发展的基础条件主要指自然条件、经济基础和社会条件，具有一定的宏观性与客观性，如平均年降水量、农村人均耕地面积、地均农业固定资产投资额、有效灌溉面积占耕地面积比重、单位面积农用机械总动力、千公顷机电井数量。需要说明的是，平均年降水量与农业发展并没有固定的对应关系，但是，对于河南省来说，对农业形成负面影响的因素多数来自降雨不足。相对而言，河南自然灾害较为频繁，以洪涝及病虫害影响最大，制约着生态农业的可持续发展（杨铭等，2016）。因此对于整体发展趋势来说，给予平均年降水量正向评价。吴涛（2009）用灰色关联分析法分析了水资源消耗与河南产业结构之间的动态联系，认为河南应该调整农业内部结构，发展节水农业。

生态效益是指通过减少和防止工农业生产对人类生产、生活环境的污染或提高环境质量，通过人为的生态平衡带来的利益。农业本身是一个高投入的行业，农业的产出很大程度上取决于各种生产资料的投入，但是生态农业的核心是实现效益与生态之间的平衡。因此在对生态农业的生态效益评价中，确定各种高耗能与对环境污染有重大影响的耗材的消耗是负向指标，使用得越多，生态效益指标越低。同时，在本指标体系中有一个重要的指标体现了生态效益，就是碳排放。

据研究，在中国的各行业碳排放中，农业的碳排放处于第二的位置，约占碳排放总量的17%（冉锦成等，2017）。本研究采用多数学者选取的化肥、农药、农膜、柴油、灌溉以及翻耕六个指标（胡川等，2018），及其对应的碳排放指数 0.8956kg/kg、4.9341kg/kg、5.18kg/kg、0.5927kg/kg、20.476kg/hm²、312.6kg/hm²，使用公式 $E = \sum E_i = \sum T_i\delta_i$ 进行测算（李波等，2011）。

经济效益主要是指生态农业发展所带来的直接或者间接的经济效益。包括农村居民人均可支配收入、单位面积粮食作物产量、单位面积农业总产值、农业固定资产投资增速、农业法人数比例、农业从业人员人均农业总产值。农业法人数比例是本研究设置的一个特色指标，主要因为在生态农业从小农自然经济状态向生态农业合作社、企业集团化运作层次发展过程中，生态农业的法人数量与质量对生态农业发展水平具有重要影响。

社会效益主要是指生态农业发展所带来的正向社会效益的增长以及负向社会效益的降低。正向社会效益包括城镇化水平、农村居民人均可支配支出、农村无害化卫生厕所普及率，负向社会效益包括农村恩格尔系数与城乡居民收入差异系数。

（三）研究区域与资料来源

研究的对象是南水北调中线河南受水区 11 个省辖市。南水北调中线受水区域为河南、河北、北京、天津 4 个省市，区域跨度与差异巨大。为了深入研究生态农业不同区域间的空间异质性，本研究以南水北调河南受水区为研究对象，对该问题进行研究。

第一，河南省作为我国主要粮食调出区，农业战略地位十分重要，研究意义重大。第二，河南省作为我国主要的农业大省，在农业基础条件、产业结构等方面在全国具有一定的代表性。第三，南水北调河南受水区在河南省内跨越长江流域、淮河流域、黄河流域与海河流域四大流域，在气候上大部分地区地处暖温带，南部跨亚热带，属北亚热带向暖温带过渡的大陆性季风气候，经济发展上各地区差异较大。因此，以河南受水区为研究对象，对其生态农业空间异质性进行研究具有较高的典型性与代表性，对其他地区具有较高借鉴意义。

在数据的收集整理过程中，基于可得性、真实性、完整性以及连续性的考虑，各指标所需数据主要来源于2015—2020年的《河南统计年鉴》、南水北调中线受水区各县市统计年鉴、《河南水利年鉴》、《河南省南水北调年鉴》等，个别缺失数据采用时序数据趋势推测补充。

（四）确定指标权重

基于熵值法对数值进行处理，获得区域生态农业发展水平评价各指标权重，如表6-7所示。通过该权重表，初步可以看出不同指标的权重差异较大。在生态农业发展水平评价中，生态效益和经济效益具有比较高的权重。在生态效益权重中，单位面积使用化肥折纯量、单位面积柴油使用量权重较高；在生态基础权重中，地均农业固定资产投资额权重较高；在社会效益权重中，农村居民人均可支配支出所占权重比较突出。这在一定程度上体现了当前影响生态农业发展的关键问题所在。

表6-7 基于熵值法的区域生态农业发展水平评价指标权重

一级指标	编号	二级指标	权重
生态基础 0.238691318	X_1	农村人均耕地面积	0.0371
	X_2	有效灌溉面积占耕地面积比重	0.0250
	X_3	单位面积农用机械总动力	0.0498
	X_4	地均农业固定资产投资额	0.0561
	X_5	平均年降水量	0.0409
	X_6	千公顷机电井数量	0.0298
生态效益 0.283797678	X_7	单位面积柴油使用量	0.0611
	X_8	单位面积农药使用量	0.0424
	X_9	单位面积地膜使用量	0.0057
	X_{10}	单位面积使用化肥折纯量	0.0860
	X_{11}	节水灌溉面积占灌溉面积比重	0.0527
	X_{12}	每公顷碳排放	0.0360

续表

一级指标	编号	二级指标	权重
经济效益 0.273438007	X_{13}	农村居民人均可支配收入	0.0352
	X_{14}	单位面积粮食作物产量	0.0392
	X_{15}	单位面积农业总产值	0.0520
	X_{16}	农业固定资产投资增速	0.0607
	X_{17}	农业法人数比例	0.0318
	X_{18}	农业从业人员人均农业总产值	0.0546
社会效益 0.204072997	X_{19}	农村恩格尔系数	0.0298
	X_{20}	城镇化水平	0.0564
	X_{21}	农村居民人均可支配支出	0.0756
	X_{22}	城乡居民收入差异系数	0.0024
	X_{23}	农村无害化卫生厕所普及率	0.0398

三、河南受水区评价结果与分析

（一）各地区生态农业发展水平测算

根据区域生态农业发展水平评价指标体系，对目标数据进行计算，得到2019年河南受水区生态农业发展水平的生态基础、生态效益、经济效益、社会效益四个方面的评价指数与总指数，如表6-8所示。

表6-8　2019年南水北调河南受水区生态农业发展水平评价指数

地区	生态基础		生态效益		经济效益		社会效益		综合评价	
	得分	名次	得分	名次	得分	名次	得分	名次	得分	名次
南阳	11.43	7	15.04	5	11.02	7	6.63	8	44.13	6
漯河	12.87	5	11.10	6	9.86	8	6.59	9	40.42	7
周口	13.40	4	2.84	11	15.70	3	1.14	11	33.08	9
平顶山	9.54	9	9.26	7	8.58	10	5.07	10	32.45	10
许昌	15.14	2	28.17	1	13.17	6	10.08	3	66.56	1
郑州	9.33	10	21.17	3	8.49	11	20.08	1	59.07	4
焦作	10.16	8	9.16	8	19.54	1	11.28	2	50.13	5
新乡	12.40	6	6.85	10	13.67	5	7.33	5	40.24	8

续表

地区	生态基础		生态效益		经济效益		社会效益		综合评价	
	得分	名次	得分	名次	得分	名次	得分	名次	得分	名次
鹤壁	15.16	1	25.28	2	14.73	4	9.44	4	64.60	2
濮阳	14.88	3	19.24	4	18.75	2	7.27	6	60.14	3
安阳	8.30	11	7.66	9	9.69	9	6.73	7	32.37	11
均值	12.06	—	14.16	—	13.02	—	8.33	—	47.56	—
标准差	2.37	—	7.85	—	3.71	—	4.51	—	12.55	—

从截至 2020 年的统计数据可以发现，就 2019 年的时间截面来说，许昌、鹤壁、濮阳、郑州、焦作综合得分大于 49，处于第一队列；南阳、漯河、新乡综合得分为 39~45，可以认为处于中间水平；平顶山、周口、安阳 3 个地区低于 34 分，和均值有一定的差距，可以初步认为这几个地区的生态农业发展水平处于第三个层次。

（二）区域生态农业发展整体差异时空分析

从 2014—2019 年各市的指数排名趋势图来看（见图 6-1），各地区的生态农业发展排名基本趋于稳定的状态，郑州、焦作、许昌长期维持在排名较高的位置，而周口、平顶山、新乡长期处于较低的排名。其他地区多数稳定在中间层次。首先，许昌从 2014 年的排名第 4 位逐渐攀升到 2019 年的排名第 1 位，具有较好的长期上升趋势。而焦作从 2014 年的排名第 3 发展到 2019 年的排名第 5，具有一定下跌趋势。郑州和鹤壁长期处于排名头部位置，虽然在 2019 年排名有所下降，但并不能断定其趋势走坏。其次，对处于中间梯队的这些城市来说，年度排名震荡较为剧烈。从趋势上看，近 4 年内濮阳于 2017 年走低，南阳于 2019 年有所走低，整体趋势向上发展，而其他地区不太明朗。最后，从处于排名低位的地区来看，这些地区相对长期稳定在较低的排名位置，但是在 2019 年，这些地区的排名有所上升。

为了更进一步分析这些地区不同指标的长期发展趋势与差异，本研究应用极差分析与变异系数，对各个不同的重要指标发展情况进行进一步的分析，如图 6-2 和图 6-3 所示。

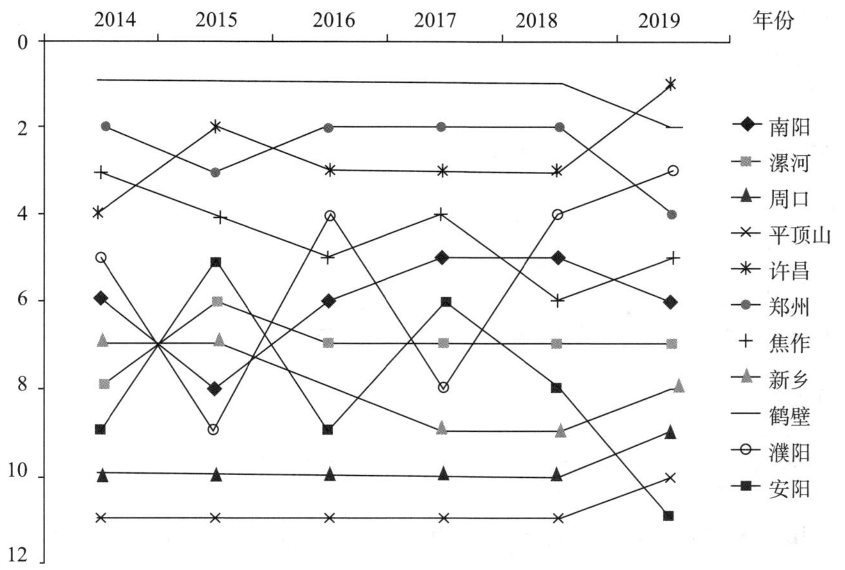

图 6-1　2014—2019 年南水北调河南受水区各地区生态农业发展指数排名趋势图

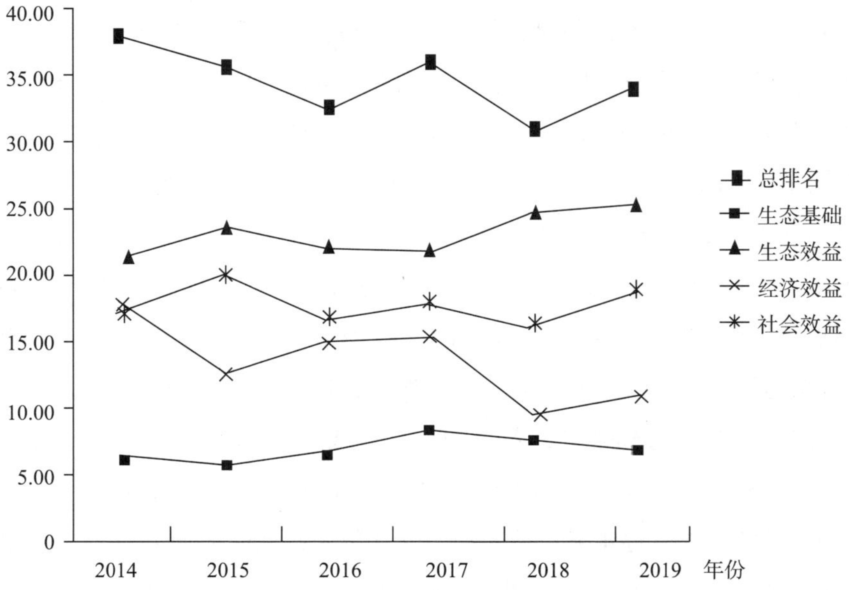

图 6-2　2014—2019 年南水北调河南受水区各地区生态农业发展极差值变化

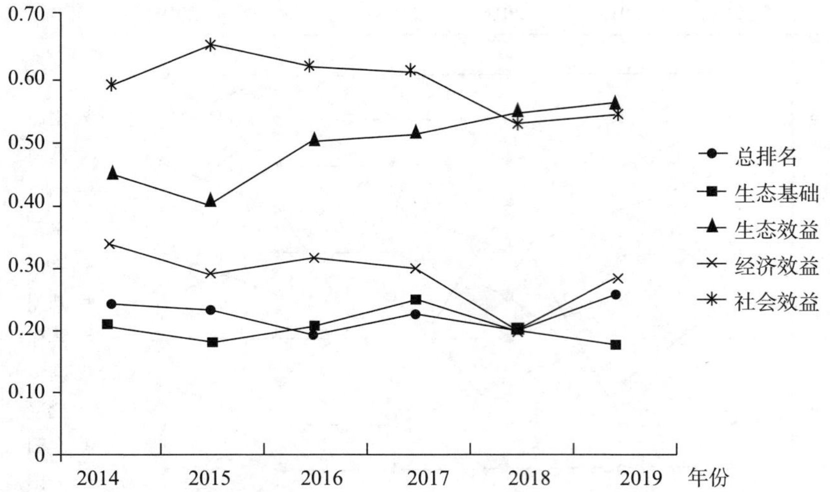

图 6-3　2014—2019 年南水北调河南受水区各地区生态农业发展变异系数

从总体极差来看，整体极差从 2014 年的 37.7 逐渐缩小到 2019 年的 34.19，具有逐渐降低的趋势。从分指标来说，在生态基础和社会效益指标上变化不大，但是在生态效益指标上却有缓慢扩大的趋势，从 2014 年的 21.14 增加到 2019 年的 25.34；但是在经济效益上极差值却逐渐缩小，从 2014 年的 17.94 下降到 2019 年的 11.05。通过对图 6-3 的变异系数进一步分析，也可以发现整体的变异系数从 2014 年的 0.24 逐渐降低到 2018 年的 0.2，但在 2019 年又有所回升，增长到 0.26。生态基础的变异系数从 2014 年的 0.2 增长到 2017 年的 0.24，但在 2018 年又回落到 0.2。生态效益的变异系数从 2014 年的 0.45 发展到 2019 年的 0.55，处于长期增长状态。但是经济效益和社会效益指标的变异系数从 2014 年到 2019 年均处于逐渐下降状态。整体上来说，虽然各个地区的生态农业发展有一定差距，但在 2014—2019 年，差距有逐渐缩小的趋势。从分指标来说，各个地区在生态基础指数上的差异相对较小，生态效益指标差异较大，且不同地区之间具有明显的增大趋势，而经济效益与社会效益的差异有逐步缩小的趋势。究其原因，在区域协调发展的背景下，地区间的经济社会效益差异长期看有所收敛，而生态效益则对地区间较大的政策措施与执行力度差异比较灵敏。

（三）基于泰尔指数的区域生态农业发展差异分析

按照传统的河南区域划分方法，河南省分为豫中南、豫中和豫北，比如豫南包括南阳、驻马店、信阳。本研究的对象是南水北调中线河南受水区的区域生态农业，为了分析本区域生态农业发展的地区空间差异性，本研究将这些地区按照地形结构重新分组：以与南水北调干渠交汇的沙河为界，以南部分包括了大部分长江、淮河及交汇流域，界定为豫中南区，包括南阳、漯河、周口、平顶山；将与南水北调干渠交汇的黄河以南及黄河沿线地区，界定为豫中区，包括许昌、郑州、焦作；将黄河以北的其他地区界定为豫北区，包括新乡、鹤壁、濮阳、安阳。

1. 区域差异的泰尔指数分解

为了进一步研究不同地区在区域间与区域内的差异状况，利用泰尔指数对不同地区的差异进行进一步分解分析，从而研究南水北调河南受水区豫南南、豫中和豫北地区在生态农业发展上的区域间和区域内的差异情况。区域差异的泰尔指数如表 6-9 所示。

表 6-9　2014—2019 年南水北调河南受水区生态农业发展的地区差异

年份	泰尔指数	区域内差异	区域间差异
2014	0. 1017	0. 0209	0. 0808
2015	0. 0915	0. 0167	0. 0748
2016	0. 0765	0. 0166	0. 0600
2017	0. 0901	0. 0166	0. 0652
2018	0. 0847	0. 0228	0. 0619
2019	0. 1055	0. 0272	0. 0783

从泰尔指数来看，各地区的整体差异从 2014 年的 0. 1017 回落到 2016 年的 0. 0765，之后又从 2016 年逐渐回升到 2019 年的 0. 1055。从差异分解来看，泰尔指数间的差异主要体现在区域间的差异，区域间的差异明显大于区域内的差异，这一点通过图 6-4 的进一步分析可以得到验证。可以发现，区域生态农业发展的整体差异主要来自区域间的差异。同时从区域间和区域内差异的曲线走势来看，虽然两者的差距较大，但是有逐渐收敛的趋势：区域间差异有所回落，而区域内差异有所上升。

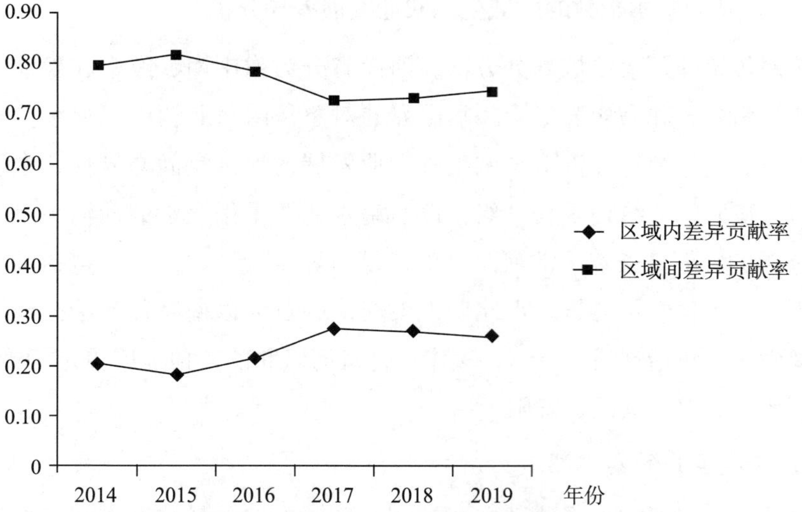

图 6-4　2014—2019 年南水北调河南受水区生态农业发展的区域间与区域内差异贡献率

同时，如图 6-5 所示，对各区域的区域间与区域内泰尔指数贡献率进一步分析可以发现，外部差异的贡献率主要来自豫中南区域间差异贡献率和豫中区域间差异贡献率，有所回升的区域内差异贡献率主要来自豫北组的区域内差异贡献率增长，而其他差异贡献率总体上有降低的趋势。

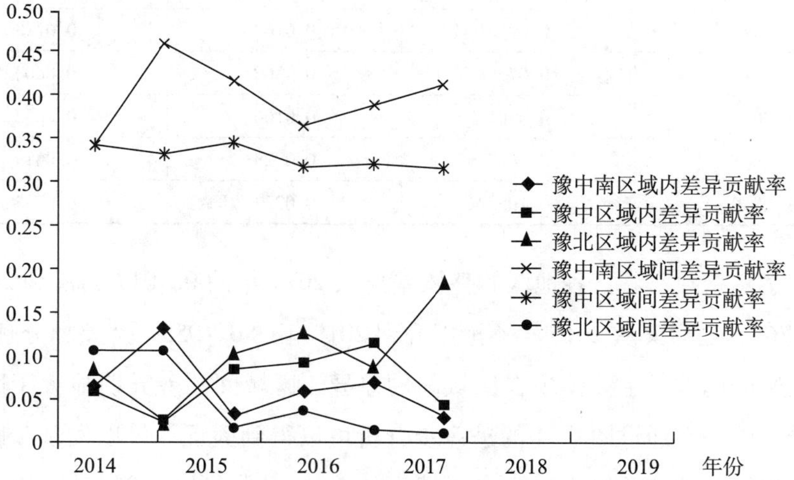

图 6-5　2014—2019 年南水北调河南受水区生态农业发展的各区域间与区域内差异贡献率

为了深入分析不同分组各地区差异的主要表现和趋势，课题组统计了各地区不同子指数的泰尔指数与差异贡献率，如表 6-10 所示。

表 6-10　2014—2019 年南水北调河南受水区生态农业发展的各类指标地区差异

分类指标	年份	泰尔指数	区域内差异	区域间差异	区域内差异贡献率	区域间差异贡献率
生态基础	2014	0. 0684	0. 0188	0. 0497	0. 2743	0. 7257
	2015	0. 0619	0. 0155	0. 0464	0. 2501	0. 7499
	2016	0. 0382	0. 0155	0. 0266	0. 3029	0. 6971
	2017	0. 0458	0. 0134	0. 0324	0. 2925	0. 7075
	2018	0. 0449	0. 0103	0. 0346	0. 2296	0. 7704
	2019	0. 0352	0. 0188	0. 0164	0. 5340	0. 4660
生态效益	2014	0. 1567	0. 0901	0. 0666	0. 5750	0. 4250
	2015	0. 1473	0. 0745	0. 0728	0. 5058	0. 4942
	2016	0. 2219	0. 1345	0. 0874	0. 6063	0. 3937
	2017	0. 2358	0. 1395	0. 0963	0. 5917	0. 4083
	2018	0. 3045	0. 1973	0. 1072	0. 6479	0. 3521
	2019	0. 2920	0. 1772	0. 1148	0. 6067	0. 3933
经济效益	2014	0. 1339	0. 0691	0. 0647	0. 5164	0. 4836
	2015	0. 1006	0. 0463	0. 0543	0. 4605	0. 5395
	2016	0. 1203	0. 0721	0. 0483	0. 5989	0. 4011
	2017	0. 1123	0. 0617	0. 0506	0. 5490	0. 4510
	2018	0. 0449	0. 0103	0. 0346	0. 2296	0. 7704
	2019	0. 1007	0. 0479	0. 0527	0. 4762	0. 5238
社会效益	2014	0. 2729	0. 0890	0. 1839	0. 3263	0. 6737
	2015	0. 4321	0. 2401	0. 1920	0. 5557	0. 4443
	2016	0. 2849	0. 1058	0. 1791	0. 3713	0. 6287
	2017	0. 3010	0. 1214	0. 1795	0. 4035	0. 5965
	2018	0. 2677	0. 0996	0. 1681	0. 3720	0. 6280
	2019	0. 3234	0. 1451	0. 1783	0. 4487	0. 5513

从生态基础泰尔指数来看，整体差异逐渐降低，从 2014 年的 0. 0684 降低到 2019 年的 0. 0352；同期，区域间差异贡献率从 0. 7257 到 0. 4660，区域内差异贡献率逐渐增长，从 2014 年的 0. 2743 增长到 2019 年的 0. 5340。

从生态效益指数的差异来看，生态效益的泰尔指数有逐渐扩大的趋势，从 2014 年的 0.1567 增长到 2019 年的 0.2920。同时，在该指标上，差异主要表现在区域内的差异，区域内差异贡献率从 2014 年的 0.5750 增长到 2019 年的 0.6067，并有逐渐增高的趋势；而区域间差异贡献率相对较小并有下降的趋势，从 2014 年的 0.4250 下降到 2019 年的 0.3933。

经济效益的泰尔指数逐渐下降，从 2014 年的 0.1339 下降到 2019 年的 0.1007。从差异贡献率来说，区域间与区域内差异相对平衡，区域内差异贡献率有降低趋势，而区域间差异贡献率有升高的趋势。

从社会效益泰尔指数来看，区域差异有总体增长的趋势，从 2014 年的 0.2729 增长到 2019 年的 0.3234。该指标的差异主要体现在区域间的差异。长期来看，区域间的差异相对稳定而偶有回落，而区域内的差异有逐渐增高的趋势。

2. 区域差异的原因分析

（1）区域组间差异的原因分析

基于对 2014—2019 年各地区生态农业发展差异的时空分析，可以发现豫中与豫北近中地区生态农业发展长期处于较高排名。通过泰尔指数的差异分解来看，影响各地区生态农业发展的差异贡献率主要来自区域间的差异。

第一，豫中与豫北近中地区居于中原经济区中心位置、围绕陇海与京广交会核心区域，经济、社会比较发达。一方面，农业种植有条件倾向于选择较高效益的经济作物；另一方面，农业从业人员能够从生态农业产业链获取更高的收入回报，从而实现较高的社会效益。

第二，该区域地处国家中心城市与黄河流域中部区域，农业生态保护有关政策与措施具有更高的质量与效率。在农药、地膜等高农业污染资料使用上处于相对较低水平，保持相对较低的碳排放水平，具有较高的生态效益。

第三，河南省降水自南向北递减，中部地区天然降水相对不足，但是拥有较好的水资源库存设施，同时大规模发展节水灌溉设施，节水灌溉面积占灌溉面积比重居各地区前列。一方面，随着滴灌、喷灌等设施的使用，用水量比原来减少了一半；另一方面，据统计，节水型灌区内粮食单产是非灌溉区粮食单产的 1.56 倍（2017 年）。通过水资源的生态应用实现了较高的生态效益与经济效益。例如 2017 年，许昌成为全省第一个、全国第二个获得验收通过的“全国水生态文明城市”试点城市。

（2）区域组内差异的原因分析

以组内差异贡献率较高的豫北组区域内差异来说，鹤壁与濮阳在 2019 年生态农业发展指数分别排名第 2 和第 3，但新乡和安阳却分别排名第 8 与第 11。深入分析来看，有诸多原因：

第一，豫北四市相对远离中原经济中心区，具有相对较少的工业经济红利。但新乡与安阳的农业从业人口都明显高于鹤壁、濮阳，从而使新乡（50.15%）与安阳（40.68%）拥有显著低于鹤壁（64.67%）和濮阳（58.97%）的城乡从业人员比。同时，新乡与安阳拥有相对较少的生态农业法人数量。这将在一些经济效益指标与社会效益指标方面，显性和隐性地拉低该地区有关指数。

第二，生态农业基础条件与投入上的差异。例如在“有效灌溉面积占耕地面积比重”“地均农业固定资产投资额”“单位面积农用机械总动力”“千公顷机电井数量”方面，新乡与安阳显著低于鹤壁和濮阳。

第三，在生态指数排名占有较高权重的生态效益指标方面，例如“单位面积柴油使用量”“单位面积使用化肥折纯量”以及综合体现各种生态效果的“碳排放”指标，新乡与安阳的多数指标显著低于鹤壁和濮阳。这体现了农业生产方式的差异影响，以及地方政策与执行效果的差异影响。

四、河南受水区研究结论与启示

本研究利用变异系数与泰尔指数，实证分析了 2014—2019 年南水北调河南受水区生态农业发展的区域间和区域内差异，可以得到以下结论与启示。

（一）结论

（1）通过南水北调河南受水区生态农业发展整体差异时空分析可以看到：

第一，从整体趋势来看，河南受水区不同地区的生态农业发展水平具有长期相对稳定的位置。

第二，豫中地区在整体排名上长期处于相对较高的位置，豫中南地区多数处于排名较低的位置，而豫北地区排名多分布于第一和第二层次。

第三，从发展趋势来看，整体上各地区的生态农业发展排名具有开口收敛、差距收窄的趋势，一些排名较高的地区，增长有所减缓，而指数排名较低的城市发展趋势开始上扬。

第四，从分指标来说，各个地区在生态基础指数上差异相对较小，生态效益的指标差异较大，且不同地区之间具有明显的增大趋势，而经济效益与社会效益的差异有逐步缩小的趋势。

（2）利用泰尔指数进行差异分析，发现河南受水区生态农业发展的整体差异主要来自区域间的差异，区域间的差异明显大于区域内的差异。区域间差异的贡献率主要来自豫中南区域间差异贡献率和豫中区域间差异贡献率，有所回升的区域内差异的贡献率主要来自豫北组的区域内差异贡献率增长，而其他差异贡献率总体上有降低的趋势。虽然区域间差异与区域内的差异差距较大，但是从趋势上看，差距有逐渐收敛的趋势：区域间差异有所回落，而区域内差异有所回升。

（3）区域组内的地区差异很大程度上取决于各地基础条件与投入，以及农业生产方式、地方政策与执行效果等方面的差异。

（二）启示

河南是中部农业大省，南水北调河南受水区的生态农业发展条件、产业结构等在全国具有一定的典型性与代表性，对其他地区具有较高参考价值和启示意义。

从整体看来，在对生态农业区域空间异质性分析中，跨流域、跨经济区的平行区域间差异受区域位置、经济环境影响较大，而受自然基础条件影响相对较小；区域组内的地区差异很大程度上取决于各地基础条件与投入，以及农业生产方式、地方政策与执行效果等方面的差异。

生态农业发展区域空间差异和自然环境基础差异并不完全对应，自然环境相对较为落后的地区往往更容易通过较大力度的投入、较多政策措施与较大执行力度，大幅度提高生态农业发展水平。

目前来看，生态农业并未在各中部地区大规模化、体系化发展，地区的生态农业发展水平一定程度上受该地区城乡人口结构、工业、区域经济与社会多方面影响，处于社会经济较发达区域以及具有合理城乡从业结构、较高城镇化率的地区，对生态农业具有较高的正向绩效影响。生态农业发展水平呈现出一定的与城乡人口结构和区域经济发展水平相对一致的地区差异。

五、对策建议

根据以上分析，为缩小南水北调中线受水区生态农业发展的地区差异，整体协调区域生态农业发展水平，提出以下建议：

（1）对于远离区域经济发达中心区以及生态农业社会效益整体较为落后的地区，应在生态农业规划过程中，给予相应的政策支持，在转移支付上给予一定政策倾斜，通过补贴完善生态农业产业链，如加工、销售等环节，带动当地生态农业参与者的积极性，从而提高农业参与者的个人收入，提升社会效益。

（2）强化与落实生态农业的政策。借鉴许昌等地的经验，减少农膜、农药使用量，推进节水灌溉。在发展滴灌技术等方面，因地制宜制定可以量化实施的标准，并按照该标准严格检查、认真落实。

（3）通过对南水北调河南受水区生态农业的地区发展差异进行比较，可以发现生态农业经济效益的地区不平衡，受经济效益产出和生态农业产业化规模影响较大。第一，在科技方面，应开展由政府推动、生态农业经营主体参与的先进生产技术引进与技术培训。在此基础上，以当地科研院所为技术依托，提高生态农业产出水平。第二，基于农业法人数量对生态农业整体水平的较大提升作用，应该推动建设或引进各种生态农业产业企业。同时，鼓励各种家庭农场、农业合作社等生态农业产业主体的培育孵化，壮大地区生态农业的产业化、规模化经营。

（4）针对生态效益的地区不平衡，有关部门应该加强对农业主体参与者“绿水青山就是金山银山”的农业发展理念灌输，并对有关制度进行完善，密切关注农业与生态环境的协调发展，根据现有的农业种植状况，创新种植技术，统筹农业种植结构。

第三节 小城镇产业发展与空间优化

河南受水区小城镇数量众多，拥有大量的产业突出的小城镇。但是，一方面，长期以来我国的城镇化发展是以大城市为重点；另一方面，产业的集聚也是向大城市和沿海优势产业中心区聚集，从而使众多的小城镇没能跟上发展步伐。在城镇空间形态上，河南的小城镇产业集群基本上表现为处于县域经济环境下的小规模块状经济，城镇空间形态较多地随产业的发展呈自然状态演进，缺乏系统长远的总体规划。一方面不利于向更高层次进一步发展，另一方面不利于小城镇对多种产业、人口、社会活动的多要素的聚集和合理配置。因此，对城镇空间结构进行合理化和秩序化布局，有目的、有意识地引导生产要素的流动和集聚效应的发挥，以满足城镇产业转型发展的客观要求非常重要。

一、小城镇的产业发展与城镇空间形态演化

（一）小城镇空间演化的产业动力机制

陈修颖（2003）认为，只有当城市内外条件发生重大转变以致原有的城市空间结构对城市经济社会的发展起到阻碍作用时，城市空间结构才会进行调整，逐步形成新的空间格局。这当中，决定城镇空间结构的动力主要来自产业。

1. 产业结构升级演变对小城镇空间形态的推动

通过对西方国家城镇产业结构升级演进过程的研究可以发现，产业结构的演进过程大致呈现出螺旋形的“轻型化”趋势。①在工业社会之前的农业社会，整个城镇经济由农业主导，主要是劳动密集型产业，产业结构简单。②第一次工业革命丰富了城镇的产业结构，工业逐渐成为主导，这时的产业结构以劳动密集型的轻工业为主。③第二次工业革命到19世纪末，电器、石化、机械制造逐渐发展，城镇产业以重工业为主导。④第三次产业革命使计

算机、信息技术得到极大发展，服务业逐渐成为城镇主导产业。随着服务业产值比重的提高和就业人口的增加，城镇的轻型化进一步加强。和产业结构演化相对应，城镇的空间结构也发生了变化：①在农业社会阶段，产业聚集能力较弱，城镇空间结构以均匀分散为主。②在工业化初期，随着工业发展，城镇规模扩大，人口开始向工业中心区域聚集，城镇空间出现极核型发展特征。③随着工业进一步发展，城镇功能分区日益成熟，城镇空间呈现由内向外的圈层式结构。④随着服务业与高科技的发展，城镇经济对空间区位的依赖逐渐降低，空间结构逐渐呈现多中心、网络型。

2. 产业集聚对小城镇空间形态的推动

从表面看，导致小城镇空间结构变化的直接力量来自政府城市规划，但实际上，从整个城市空间一体化的扩展过程来看，正是产业升级及集群推动的产业空间向城镇空间的融合，驱使城镇的各功能区进行重新布局，促使传统的产业空间、商业消费空间以及居住空间不断进行空间位置的优化，形成开放的、动态的一体化的空间系统。根据增长极理论，经济的发展并非均匀分布，而是以不同的强度率出现在不同的增长点上，然后通过不同渠道向外扩散。这种理论体现在城镇产业特征上就是产业向某一个区域聚集，然后向外扩散。伴随产业聚集过程，在城市空间的横向和纵向的联系中，城镇各个内部要素不断被整合，从而产生不同形态的城镇空间结构。

3. 城镇产业定位对小城镇空间形态的驱动

对于产业小镇来说，所谓产业定位就是依据小城镇的外部客体要求，结合内部资源禀赋，科学确定其主导产业与辅助产业的关系、特色、规模与目标的过程。一方面，不同的产业结构构成推动着城镇空间呈现不同的形态；另一方面，在小城镇中，不同类型、不同行业、不同发展阶段的主导行业及其与辅助产业的关系需要相适应的城镇空间结构。同时，不同产业定位表现的产业特色，需要相应的城镇空间去推动。例如，以月季种植加工为主导产业的石桥镇，会与以服装加工为主导的穰东镇的城镇空间布局产生较大差异。

（二）小城镇空间演化形态

构成小城镇的要素很多，在小城镇的历史演化过程中，重要演化要素有交通网络、居住空间变迁、商业中心区域变迁以及工业空间等。

1. 基于交通网络的小城镇空间演化特征

小城镇的交通网络是联系外部的桥梁和内部的血脉通道，支撑着小城镇的物资信息流动，直接影响着小城镇的外部与内部空间形态。作为人口与农业大省，传统的河南的小城镇往往紧邻水路、码头、驿站或多个距离接近的人口聚集村庄的公共道路交界地而建，成为该地区的政商中心，如博望镇、赊店镇等中州名镇。初期的交通主要依靠水路、码头，内部交通呈放射状。随着公路和铁路在某些小城镇建成通车，交通开始由水路转向陆路，城镇空间开始沿着公路、车站分布。随着近几年高速公路、高速铁路甚至航空成为一些小城镇的主要交通方式，小城镇的空间形态开始由封闭转向开放，由简单转向复杂。

2. 基于居住空间变迁的小城镇空间演化特征

基于我国传统的城乡二元对峙社会结构，早期的小城镇在社会经济生活上还属于农村范畴，居住空间和农村村落差异较小。随着工业、商业在小城镇的逐渐繁荣，居住在小城镇的主要是从事工、商业的居民。在居住空间上，工、商、住混为一体，往往采取前店后居，家家开作坊的厂住一体形态。随着小城镇的不断发展，小城镇在功能上逐渐向城市过渡，城镇空间出现工、商、住分布于不同功能区域的城镇结构，同时出现休闲、教育服务等不同的配套区域。在住宅形态上多种混合，既有联立临街低层商住住宅、类村庄连片底层居住区域，也有规划完善的别墅区、城市的多层公寓小区。这些居住区和工、商、娱乐休闲区，具有一定的空间分割布局。

3. 基于商业中心区域变迁的小城镇空间演化特征

小城镇最初的聚集往往来自商业交易，人们往往把这叫作“赶集”。小城镇空间结构形式也围绕着商业集市布局。当集市沿着水路、码头、驿站等公共交接区域分布时，小城镇空间中心会以此集中，当集市转向公路、车站、铁路站点时，小城镇空间结构中心随之转移。随着某些小城镇聚集效应的逐渐扩大，原有的单个商业中心会扩散为多个商业中心，这时小城镇的空间规模也会逐渐扩大，小城镇的空间结构会演化为多中心的复杂网络结构。

4. 基于工业空间的小城镇空间演化特征

伴随着小城镇的成长和工业化进程的加快，小城镇的空间布局受工业布局空间的影响越来越大。在小城镇，最初的工业往往来自农产品的低端加工或手工业，所需场地相对有限，多数采取前店后厂、厂店合一的经营形式，工业、商业布局融为一体。随着工业规模的逐步扩大以及小城镇功能结构的完善，工业和商业逐渐分割为不同空间区域。

河南受水区小城镇的工业分布是小型化、加工作坊与大型企业共存，形成多种空间布局形态。既有传统的前店后厂，商业、工业空间融合为一的形态，如穰东的小型服装加工企业，也有商业、工业空间分割的布局结构，如石佛寺镇的玉器商业、工业分割布局。随着小城镇对用地以及城镇功能的系统规划，较多的小城镇建立了各种各样的产业集聚区、工业区，从而对整个小城镇的工、商、住、服务、娱乐功能区进行了整体、全面分布式空间布局。

二、河南受水区小城镇研究对象的选取

2016 年住建部和国家发展改革委等单位确定了全国 3675 个重点镇，其中河南有 203 个。作为全国重点镇，这些城镇具有一定产业优势，同时这些产业优势相较于普通乡镇来说具有一定的特色比较优势。基于研究过程和工作量的可行性，本研究选取该名单中南水北调受水区的邓州市穰东镇、赵集镇、构林镇和许昌市建安区五女店镇、灵井镇，鄢陵县陈化店镇，襄城县紫云镇，以及南阳市下属宛城区红泥湾镇，卧龙区蒲山镇，南召县云阳镇、南河店镇，西峡县双龙镇，镇平县石佛寺镇、贾宋镇，内乡县马山口镇，淅川县荆紫关镇、丹阳镇，唐河县毕店镇，新野县歪子镇，桐柏县埠江镇、安棚镇，共 21 个小城镇为研究对象。

三、小城镇产业发展现状与问题

通过对目标小城镇资料汇总与实地调研，按照小城镇的主导产业，河南小城镇可分为五种类型：特色农业型、工业型、商贸型、旅游型、多种主导

产业复合型。本项目将根据这五种类型对小城镇的产业和空间布局分别进行研究，对小城镇产业类型的划分参见表6-11。

表6-11 河南省小城镇分析

所属地区	小城镇	人口（万人）	面积（平方千米）	产业规划或定位	主要产业	主导产业
建安区	五女店镇	5.78	73.4	建设文化旅游、健康养生、休闲度假、宜业宜居温泉小镇	花卉、商贸、食品、传统农业	特色农业、旅游、商贸
	灵井镇	5.85	67	项目兴镇、工业强镇、商贸富镇	饮食、商贸、煤炭、运输、档发	工业
鄢陵县	陈化店镇	3.2	50	培育花卉园艺、生态旅游、地下水开发、餐饮服务、烟叶种植、畜牧养殖六大支柱产业，强力实施农业产业化、工业园区化、城镇园林化三大战略	花卉园艺、餐饮、茶文化、烟叶、畜牧养殖	农业
襄城县	紫云镇	4.7	81.6	生态紫云、诚信紫云、活力紫云	矿藏资源、烟叶、林、果、畜牧业、旅游	农业、旅游
南阳宛城区	红泥湾镇	8.2	135.3	强农兴工活商、城镇带动、城乡一体	小辣椒等蔬菜种植，黄牛、生猪等养殖	农业
南阳卧龙区	蒲山镇	12	140	东工西游、南菜北牧	月季、艾、养殖、水泥建材、石雕	工业、农业、旅游
南召县	云阳镇	16	152	发展铸造、汽配、微型电机、服装、农副产品加工五大工业	玉兰、辛夷等中药材，机械、铸造、矿产，建材，农副产品加工	工业、农业
	南河店镇	5.7	124	建设区域性中心城镇，努力打造南召西南商贸重镇（辐射周边4个乡镇10余万人的区域性中心城镇）	“三乡”（钙粉之乡、石材之乡、矿产之乡），矿产资源、花木花卉种植、养殖、商贸、农副产品集散	工业、农业、商贸
西峡县	双龙镇	2.3	297	民营工业，以果、菌、药为主的特色农业，以四大景区为龙头的旅游产业，以集镇和香菇市场为依托的商贸流通业四大经济支柱	板栗、猕猴桃、山茱萸、香菇、旅游、商贸流通	农业、旅游、商贸

续表

所属地区	小城镇	人口（万人）	面积（平方千米）	产业规划或定位	主要产业	主导产业
镇平县	石佛寺镇	7.2	148	城镇现代化，乡村城镇化，城乡一体化	玉雕工业、玉雕市场、旅游、商贸、地毯、畜牧	工业、商贸
	贾宋镇	6.3	51.7	以商带工、以工促商、工商联动形成机械铸造、塑料、针织、化肥、建材五大产业集群	玉兰等花卉苗木、小商品贸易	农业、商贸
内乡县	马山口镇	5.5	283	扩烟、兴牧、稳菌、增林果	动植物、中药材、矿产、烟叶、养殖	特色农业、商贸
淅川县	荆紫关镇	6.5	168.2	三省沿边交通枢纽、边贸中心，打造三省接合部中心镇	桑蚕、畜禽、旅游、服装、桐油、建筑材料、蔬菜、果品、土特产等商贸市场，物流	旅游、商贸
	丹阳镇	6.7	136	“生态立镇、工业强镇、旅游兴镇”三大战略	中药材、鲜椒、烟叶	特色农业
唐河县	毕店镇	6.5	114	工业强镇、商贸特色镇、旅游名镇	烟叶、畜牧业	特色农业
新野县	歪子镇	7	102	建设工业园区，发展农牧产业	小辣椒、蔬菜、畜牧	特色农业
桐柏县	埠江镇	5.2	45	建设轻工专业园区，江河、府南、锦埠等五大农贸市场	养殖业、林果业、农产品加工业	农业
	安棚镇	2.2	72.5	“以碱硝产业为主的工业重镇、区域性中心城镇、桐柏农业大镇”三个定位	碱硝化工、化工、艾产业	工业
邓州市	穰东镇	9.44	98.98	服装加工业、农副产品加工业、皮毛制革业、一般制造业、饮食服务业、市场物流业六大支柱产业	服装加工业、农副产品加工业、皮毛制革业、造纸业	工业商贸
	赵集镇	6.8	126	农副产品加工、农机加工展销、纺织、建材等四大主导产业和百货、蔬菜、瓜果、建材等专业市场	林业、畜牧、烟叶、校油泵为主的机械维修业、农副产品加工	农业
	构林镇	14	162.75	“一个龙头”（华鑫纸业）、“三大群体”（面粉加工、棉花加工和建材加工）的工业经济格局	面粉加工、棉花加工和建材加工，养殖，商贸	工业、商贸

资料来源：笔者整理。

（一）农业型小城镇

特色农业型小城镇主要有：五女店镇、陈化店镇、紫云镇、红泥湾镇、蒲山镇、云阳镇、南河店镇、双龙镇、贾宋镇、马山口镇、丹阳镇、毕店镇、歪子镇、埠江镇、赵集镇等。

从数量上来看，作为传统的农业大省，特色农业型小城镇在河南省的小镇中所占比重最高，达到71%。在这当中，首先，从产业种类来看，花卉、特色种植所占比重最高；其次，各个小镇产业差异化特色明显，具有比较鲜明的区域特色，基本可以做到“一镇一品”。花卉、中药材种植尤为突出，例如，五女店镇、陈化店镇属于传统花卉种植集散地区，具有规模与种类齐全优势；而云阳镇的玉兰、辛夷，双龙镇的山茱萸，贾宋镇的玉兰等，蒲山镇的月季、艾，马山口镇和丹阳镇的中药材，均具有特色品种优势，重点突出少数品种的竞争优势。

林果业特色的小镇主要有紫云镇、双龙镇（板栗、猕猴桃）、埠江镇（林果业）、赵集镇（林业）。一方面，这些小镇多数处于山区或山区与平原接合部，地域面积广阔；另一方面，具有适宜特定品种发展的地形、气候条件。

重点发展畜牧养殖的小镇有陈化店镇、紫云镇、红泥湾镇、荆紫关镇（桑蚕、畜禽）、毕店镇（畜牧业）、歪子镇（黄牛等畜牧）、埠江镇（养殖业）、赵集镇（畜牧）。

农业型城镇面临的问题如下：

（1）作为河南省小镇中的优势产业，尽管花卉、中药材产业特色明显，但是这些特色影响力扩散区域不大，多数仅为本省局部居民所知，在全国甚至全球有一定影响的较少。同时，产业链较短，多数产业仍局限于种植销售，产业附加值较低，对地方经济和人员就业带动有限。

（2）林果业面临的主要问题：缺乏原产地品牌知名度或注册商标知名度，物流不够发达，产业链较短，后加工不足。

（3）畜牧养殖仍然处于养殖业较低端，规模化、科学化、品牌化不足，同质化、小规模问题比较突出。

（二）工业型小城镇

工业型小城镇主要有：灵井镇、蒲山镇、云阳镇、南河店镇、石佛寺镇、安棚镇、穰东镇、构林镇等。

总体上，在河南省的小镇中，工业型小城镇占比较低，为38%。这些工业产业主要包括建筑建材、矿产加工、化工、服装、玉雕等。各小城镇主要工业产业如下：灵井镇（煤炭、运输、档发）、蒲山镇（水泥建材、石雕）、云阳镇（机械、铸造、矿产、建材、农副产品加工）、南河店镇（钙粉、石材、矿产）、石佛寺镇（玉雕）、安棚镇（碱硝化工、化工）、穰东镇（服装加工业、农副产品加工业）、构林镇（面粉加工、棉花加工、建材加工）。

工业型小城镇面临的问题如下：

这些行业的共同特点是属于劳动密集型行业，科技含量不高，产业竞争力较小，容易受环境波动影响，同时数量占比也有些不足。具体来说：

（1）初级工业较多。如煤矿开采、矿业加工、钙粉、石材、碱硝化工等，产业链层次较低，同时因为受生态环境与国家政策影响，面临一定发展阻力。如蒲山建材、石雕行业因为环境问题关停较多，安棚镇化工业面临产业转型。

（2）轻工业规模普遍较小，传统轻工业缺乏协同管理，产业链不够完善，产业聚集强度不足，影响力有限。例如穰东服装、灵井镇档发工业等缺乏有一定影响力和规模的大企业引领，产业分散。石佛寺镇的玉雕产业有一定规模和聚集效应，产业链协同有待进一步提高。

（3）农产品加工业多处于产业链的初级阶段，链条较短，产业附加值较低。品牌影响度较低、产业辐射度较低。

（三）商贸型小城镇

商贸型小城镇主要有：五女店镇、南河店镇、双龙镇、石佛寺镇、贾宋镇、荆紫关镇、穰东镇、构林镇、马山口镇等。

河南受水区商贸型小城镇大致分为两种类型：

首先，小城镇在历史上处于多区域接合部，交通位置重要且交通便利，成为周围多区域的商贸聚合中心，例如五女店镇，历史上是许扶官道重镇，商业发达；贾宋镇，地处312国道和207国道宁西铁路及宛坪高速会合带，形成以商带工、以工促商、工商联动的产业结构。荆紫关镇，为三省沿边交通枢纽、边贸中心，努力打造三省接合部中心镇；埠江镇，是辐射豫鄂两省“三市”（南阳市、驻马店市、信阳市）“四县”（桐柏县、唐河县、泌阳县、随县）的区域性中心镇，规划建设了江河、府南、锦埠等5大农贸市场；构林镇，南与湖北省襄阳区接壤，为构林火车站207国道、焦枝铁路、省际大通道和二广高速穿豫鄂沿边商贸重镇。

其次，基于小城镇产业聚集所带来的商贸聚集，成为具有突出商贸特色的小城镇，如穰东镇基于服装贸易和物流带来商贸聚集、石佛寺镇基于玉雕和玉器市场的商贸聚集、马山口镇的中药材商贸、双龙镇基于香菇等特色农产品交易的商贸聚集。双龙镇位于311国道和331省道的交会点，集镇配套设施齐全，功能完善，环境优美，依托城镇建起的双龙香菇市场，不仅成为本地香菇产品的集散中心，而且吸引了全国80%以上的香菇产品到这里交易，形成了“买全国，卖全国”的格局。流通刺激了生产，调动了群众发展支柱产业的积极性，不仅双龙镇周边乡镇农民自发种植袋料香菇，而且也带动了河南、陕西、湖北等地群众种植香菇的积极性。

商贸型小城镇面临的问题如下：

（1）基于传统地域区位的商贸小城镇，随着现代快速交通的改变与发展，以及科技、通信的发达，传统的区位优势逐渐降低，这些传统商贸小城镇有逐渐衰落的趋势。如荆紫关镇，古代的荆紫关镇是西接秦川、南通鄂渚的交通要塞。丹江航运与汉江、长江航运连为一体，汉江和长江流域的大部分物资运往古都长安和西北地区都要通过丹江，荆紫关是中国南部与西北地区的货物中转站。但是随着现代高速交通网络的发达和改向，该镇的商贸流通区位优势逐渐衰落。

（2）建立在当地产业基础上的商贸小城镇，受产业发展影响较大，周期性、季节性比较明显，商贸繁荣聚集的稳定性不足。如双龙镇、马山口镇等受产业季节性影响较大。

（3）传统商贸是中原小城镇的突出特色，但是因为交通的重构和农村人口向大中城市的城镇化转移，小城镇的商贸随着区域人口的减少，优势逐渐削弱。

（四）旅游型小城镇

特色旅游型小城镇主要有：五女店镇、紫云镇、荆紫关镇、双龙镇、蒲山镇等。

旅游型小城镇主要有两种类型：一是基于传统自然资源如山川地貌、古迹文化资源的自然人文旅游型城镇；二是基于小城镇的产业旅游型城镇。前者如紫云镇、荆紫关镇，后者如五女店镇、双龙镇、蒲山镇。

旅游型小城镇面临的问题如下：

（1）基于自然资源型旅游，除少数拥有较高知名度自然旅游资源的小城镇具有较大的旅游产业规模，多数旅游型小城镇因为距离大中城市较远、旅游景点分散且影响不足，对游客吸引力不足，产业效应有限。

（2）发展产业型旅游是最近几年小城镇普遍的诉求，特别是位于大中型中心区域城市边缘区的小城镇，逐渐兴起较多的生态农业、休闲等形式的生态旅游业。这些旅游项目以附近大中城市为诉求对象，集生态农业、采摘、运动、文化等于一体，深受城镇工薪阶层的欢迎。但是，这些旅游项目往往季节性较强，一方面是农业产业本身的季节性，另一方面是城镇居民放假休闲的季节性，从而使这些旅游项目持续性有限。如蒲山镇的月季旅游项目、双龙镇基于特色农业的生态旅游等。

（五）多种主导产业复合型小城镇

多种产业复合型小城镇主要有：五女店镇、紫云镇、蒲山镇、云阳镇、双龙镇、南河店镇、穰东镇、构林镇、荆紫关镇等。

复合型小城镇的共同优势是能够多项主导产业共同发展，能够提高小城镇的产业规模和影响力。不足的是，各个城镇的生态农业、工业、商贸、旅游等产业之间没有较好地融合发展，产业空间缺乏统一规划，协同不足，特别是从产业发展角度对产业空间之间的协同、优势互补认识不足。

四、河南受水区小城镇的空间形态现状与问题

（一）小城镇外部空间形态现状研究

基于产业驱动在不同阶段的不同形态，小城镇的空间结构会演变出不同

的形态，根据对河南受水区小城镇的空间形态的演化过程和结果分析，大概可将其划分为几种不同的形态。

对河南小城镇的外部空间形态研究，可以利用定量分析，通过对城镇空间的测度，计算城镇空间的伸展率，对外部空间形态进行度量。计算公式如下：

$$伸展率=\frac{L}{L'} \tag{6-6}$$

其中，L 为城镇区域的最长轴的长度，L' 为城镇区域的最短轴的长度。如果城镇空间形态为圆形集中分布，则伸展率为 1 左右；若伸展率为$\sqrt{2}$左右，则城镇空间接近正方形；同理，伸展率比值越大，说明城镇空间离散度越高。根据伸展率的不同比值，可以把河南小城镇的外部空间形态划分为如下几种类型：集中型，伸展度<2∶1；带状型，伸展度>2∶1；多核组团式空间结构，空间上具有明显组团分割界限的城镇。

1. 集中型结构，外部、内部单核扩张

这些城镇多位于重要干道交会处，以交会点呈单方向或多方向放射状扩散。随着商业、手工业与初级加工业的发展，这些集镇中的某些具有地理、交通优势的集镇得以较快发展，形成区域内有一定影响的小城镇，产生一定的辐射效应，吸引周边人口、商业、工业要素来此聚集，这些小城镇也往往成为当地的政府机关驻地。

在小城镇内部，城区和工商业往往融为一体，这时城镇空间呈现围绕中心集市单核聚集形态。一些农民开始离开土地专业从事商业活动或成为雇用工人，从事专业生产、服务。随着人口、物资、商流向中心城区聚集，小城镇的规模得到较快发展。在这种由主要交通干道交互而形成的城镇中，干道交会点往往成为城镇的中心。

云阳镇作为传统工业重镇，城区沿 S331 和 S231 省道和铁路交会处集中分布，产业分布于城区周边多个主干道和铁路沿线。埠江镇，以 312 国道和省道交会处为核心，辐射发展，有效利用主干道多方向布局。其他属于集中型布局城镇的主要有：五女店镇、蒲山镇、双龙镇、石佛寺镇、贾宋镇、丹阳镇、毕店镇、歪子镇、穰东镇、赵集镇、构林镇等。

2. 带状型结构

由于追求生活、交通运输的便利，城镇的发展长期沿主要公路、铁路或水路交通干道延伸，不论车站、旅馆、市场、企业以及社区，都以邻路而居为最佳，于是形成独特的带状空间形态。

如陈化店镇以许鄢城际快速通道为发展轴，城镇社区和产业呈带状分布。红泥湾镇城区沿 S103 省道带状分布，新的规划继续向西延伸到 S333 省道，在两条省道交会处建立产业区。其他属于带状布局的有：灵井镇、紫云镇、荆紫关镇。

3. 多核组团式空间结构

随着市场经济与工业化的进一步发展，一些乡镇企业快速成长，工商一体的空间结构逐渐不适应城镇的发展。某些小城镇开始将商业集市与工业分开布局，建立单纯的工业园区。随着部分人口在工业园区的聚集，小城镇逐渐形成商业和工业区域的双核心、多核心。城镇空间通过对多个商业、工业区域的纵横联结，形成多级网络结构。多核组团式空间结构小城镇主要有南河店镇、安棚镇、马山口镇。

（二）小城镇内部产城空间结构现状研究

河南受水区的传统小城镇往往具有较长的成长过程，有的几十年，有的几百年，有的上千年甚至更久。因此，城镇空间结构关系受历史、人文、社会以及后期主动规划调整等各种因素影响，从而形成各种不同的产城空间结构。

1. 产城单侧集中空间布局

河南受水区传统小城镇往往具有较长的历史，在发展的过程中工商业往往和小城镇空间融为一体。随着城镇的发展和产业的规划，往往在主城镇旁边新开辟一处空间，将旧的以及新生的工商业聚集于此，形成专业的产业空间。某些有一定产业规模的小城镇会在主城镇临近区域集中新开辟几处不同的空间，将产业分类布局（如图 6-6-A 所示），这些传统产业往往具有一定的关联性，容易产生协同效应。如穰东镇的服装传统加工产业和物流产业聚集就属于这种布局，这种布局结构有利于拓展产业发展空间。

马山口镇沿着 S248 省道和滨河路南北纵向拓展，在南部郑湾分布着中药材交易市场和镇南工业园区。歪子镇城区沿省道集中分布：镇西为荷花湖休闲娱乐区，镇中为以人民路、宝善路为主体的商贸办公区，镇东为以“四赵路”两侧为主的工业园区。拥有类似空间结构的还有：五女店镇、红泥湾镇、蒲山镇、丹阳镇、穰东镇、赵集镇、构林镇。

2. 产城多侧空间发散布局

小城镇在拓展城镇空间规模驱动下，会形成有一定优势的产业集群，或传统专业市场按照小城镇空间拓展方向，分布在城镇周围不同的区域，使产业集群对城镇形成一种包围或半包围结构（如图 6-6-B 所示）。通过横向与纵向交通网络，将主城镇和这些产业区域连接起来，使得城镇空间与产业空间在目标区域均衡发展。

这类小城镇往往偏工业型城镇居多，一方面大型工业企业占地较大或对环境有一定影响，被疏散在城区较偏远的地方，另一方面又要具备便利的主干道交通，于是这些企业常常分布于城镇的不同方向，通过长期经营围绕核心企业产业链形成一定规模的产业空间。例如紫云镇，城镇围绕着主干道七紫路沿铁路线带状发展，矿业产业分布于城镇周边。安棚镇碱硝化工企业规模较大且有一定环境影响，产业分布于不同方向。同样，作为传统的工业大镇云阳镇，依 S331 和 S231 省道与铁路交会处，产业分布于城区多个周边。拥有类似产城空间结构的城镇还有南河店镇、毕店镇、埠江镇。

3. 产城交替空间布局

有一些小城镇传统产业历史比较悠久且具备相当的规模，这些传统产业区域伴随着城镇区域一同成长，当传统产业规模和范围发展超越城镇空间，产业伴生的人口、商业会形成新的城镇空间并封闭城镇空间。同时，产业空间为了进一步成长，会自发或有规划地越过新的城镇空间继续成长。随着时间的推移，会形成城镇空间—产业空间—城镇空间—产业空间交错发展的局面（如图 6-6-C 所示）。

例如，灵井镇的空间基础是独特的城镇社区+商贸市场的带状空间结构，随着商贸市场对人口和生活设施的聚集，在商贸市场一侧又生长出一定规模的城镇社区空间，形成社区+产业+社区的交替空间拓展局面。双龙镇基于传统香菇、猕猴桃商贸市场和食品、机械加工，在经济和城镇化发展较快的情况下，集中形态在空间上交替分布。其他类似布局城镇有：陈化店镇、石佛寺镇、贾宋镇、荆紫关镇等。

4. 多城协同产城空间布局

传统产业扩展到一定规模，会对周围区域产生较强的产业辐射，产业的发展会超越原来所在的小城镇，向周边小城镇扩散，产业在小城镇的地域界限逐渐模糊，形成区域一体的产业发展模式。这些小城镇会通过一定的协同，对产业区域做出竞争—合作的分工布局（如图 6-6-D 所示）。这种多个小城镇产业区域协同在江浙小城镇经济发达的地方比较普遍。在河南受水区也有一些小城镇的传统产业具有类似特征，例如作为我国最大的玉器加工集散基地，石佛寺玉器产业已经不仅仅局限于石佛寺镇，同时也扩散到县城、晁陂镇等多个区域。南河店镇距离县城较近，部分产业区域和县城共享，钙粉、石材产业也和县城园区具有一定的协同效应。

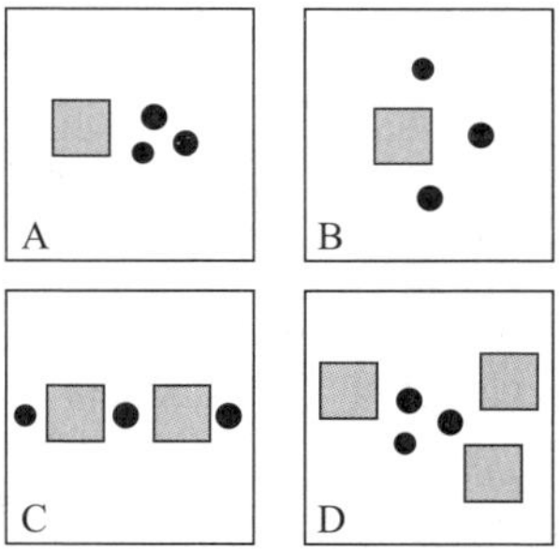

图 6-6 小城镇产城空间结构类型图①

（三）空间结构的矩阵图归纳

经过对河南特色小城镇外部形态研究，将外部形态分为集中式、带状式、多核组团式三种类型；将内部产城结构分为产城单侧集中空间布局、产城多侧空间发散布局、产城交替空间布局、多城协同产城空间布局四种类型。利

① 注：方块代表城镇区域，圆点代表产业区域。

用内部空间形态和外部空间形态构成空间类型矩阵（见表6-12）。

表6-12　河南受水区小城镇空间类型矩阵

外部空间类型 / 内部空间类型	集中型	带状结构	多核组团式
产城单侧集中空间布局	集中型 产城单侧集中空间布局	带状结构 产城单侧集中空间布局	多核组团式 产城单侧集中空间布局
产城多侧空间发散布局	集中型 产城多侧空间发散布局	带状结构 产城多侧空间发散布局	多核组团式 产城多侧空间发散布局
产城交替空间布局	集中型 产城交替空间布局	带状结构 产城交替空间布局	多核组团式 产城交替空间布局
多城协同产城空间布局	集中型 多城协同产城空间布局	带状结构 多城协同产城空间布局	多核组团式 多城协同产城空间布局

经过数据汇总，河南受水区小城镇的城镇内外空间布局如表6-13所示。

表6-13　河南受水区小城镇空间结构形态分析

所属地区	小城镇	伸展度	外部空间形态	内部产城空间结构	空间生长轴	规划空间结构或定位
建安区	五女店镇	1.2	集中	产城单侧集中空间布局	商贸开发区组团—城镇生活组团	一轴三园
	灵井镇	2.3	带状	产城交替空间布局	沿S237公路带状延伸拓展	城镇生活组团—商贸市场组团—生活组团
鄢陵县	陈化店镇	3.6	带状	产城交替空间布局	以许鄢城际快速通道为带状发展轴	五大经济定向发展功能区
襄城县	紫云镇	2.1	带状	产城多侧空间发散布局	城镇主干道七紫路沿铁路线带状发展，矿业产业分布于周边	生态紫云、诚信紫云、活力紫云
南阳宛城区	红泥湾镇	3	带状	产城单侧集中空间布局	沿S103省道带状分布，新的规划延伸到S333省道，在两条省道交会处建立产业区	三团两心、三轴五片
南阳卧龙区	蒲山镇	1.3	集中	产城单侧集中空间布局	在平行的S231和S333省道之间集中分布	三镇一园

续表

所属地区	小城镇	伸展度	外部空间形态	内部产城空间结构	空间生长轴	规划空间结构或定位
南召县	云阳镇	1.4	集中	产城多侧空间发散布局	S331 和 S231 省道和铁路交会处集中分布，产业分布于城区多个周边	工业强镇、商贸重镇、生态大镇
	南河店镇	2.4	多核组团式空间结构	产城多侧空间发散布局/多城协同产城空间布局	沿 G207 国道带状发展，由国道和河道交会处集中延伸，形成一镇三区的空间格局	以排路河和大石河作为城镇建设的景观轴、发展轴，全力构筑“一带五区”基本框架
西峡县	双龙镇	1.3	集中	产城交替空间布局	208 国道和 331 省道与河道交会处放射状拓展	商贸市场、城市社区、工业园区交错发展
镇平县	石佛寺镇	1.1	集中	产城交替空间布局/多城协同产城空间布局	玉雕湾中心区作为全镇的发展核心，主要沿赵河两岸向南发展，适度向北发展	镇区分为五个功能区，逐步实施，确保一个区域一个特色，建一片成一片
	贾宋镇	1.3	集中	产城交替空间布局	传统商贸市场沿 S248 省道南北纵向分布，城镇沿着中心街道向东西拓展	“一区四路”的城镇发展大格局 目前，围绕产业特色形成商贸区、工业区、住宅区、文教卫生区、行政事业区
内乡县	马山口镇	3.1	多核组团式空间结构	产城单侧集中空间布局	沿着 S248 省道和滨河路南北纵向拓展，在南部郑湾分布着中药材交易市场和镇南工业园区，城区和产业分割布局	建设绿化广场工程和镇南工业园区工程，使镇区框架进一步拉大
淅川县	荆紫关镇	2.9	带状	产城交替空间布局	沿丹江带状拓展。商贸市场和社区交替融合布局	三省沿边交通枢纽、边贸中心，打造三省接合部中心镇
	丹阳镇	1.4	集中	产城单侧集中空间布局	S335 集中分布，在集镇北环路建设了千亩工业基地	“生态立镇、工业强镇、旅游兴镇”三大战略
唐河县	毕店镇	1.2	集中	产城多侧空间发散布局	沿 312 国道的沙河铺工业园区及临近油区和鲁姚路的杨家柳工业园区发展势头迅猛	工业强镇、商贸特色镇、旅游名镇

续表

所属地区	小城镇	伸展度	外部空间形态	内部产城空间结构	空间生长轴	规划空间结构或定位
新野县	歪子镇	1.3	集中	产城单侧集中空间布局	沿省道集中分布。镇西为荷花湖休闲娱乐区；镇中为以人民路、宝善路为主体的商贸办公区；镇东为以“四赵路”两侧为主的工业园区。全镇三位一体	“四纵八横”的集镇框架
桐柏县	埠江镇	1.7	集中	产城多侧空间发散布局	312国道和省道交会处辐射发展，有效利用主干道多方向布局	“一心、两带、四轴、五区”的城镇建设总体规划和“三纵五横五组团”城镇格局
	安棚镇	1.1	多核组团式空间结构	产城多侧空间发散布局	传统工业城镇，城区和产业界限清晰	唐桐泌三县交界处区域性中心小城市
邓州市	穰东镇	1.3	集中	产城单侧集中空间布局	沿省道和焦柳铁路拓展，穰东已初步形成了以豫231线、244线大十字为主轴，以仲景路、民族路、团结路等七纵七横主次干道为网群的发展框架	城区布局由原来的一个中心板块扩大到现在的外围产业园区、中部老城区、西部新城区三大板块
	赵集镇	1.1	集中	产城单侧集中空间布局	由南北县道和东西镇主街道交会处放射布局	打造“两轴”，开发“两场”，规划“两园”，建好“两区”
	构林镇	1.4	集中	产城单侧集中空间布局	207国道集中扩散	“一个龙头”（华鑫纸业）、“三大群体”（面粉加工、棉花加工和建材加工）

资料来源：笔者整理。

（四）小城镇空间结构面临的问题

（1）部分城镇对产城空间的合理布局缺乏科学规划。在没有科学规划布局情况下，城镇的产业发展过分依赖交通主干道，出于交通便利和降低成本的需要，企业或市场依照市场选择结合随机选择，建设在主干道各个方向的沿线。一方面使城镇功能布局凌乱，另一方面阻碍了城镇后期的发展。不论是对城镇化还是对产业发展都产生一定阻碍。

（2）一些有一定产业规模的城镇，入手规划较晚或前瞻性不足，产城结构随着城镇的聚集发展已经固化。例如贾宋镇、石佛寺镇、双龙镇在发展过程中，商贸市场、城市社区、园区交替融合发展，一方面有利于城镇繁荣，另一方面，也在一定程度上限制了产业的拓展空间。

（3）新的城区或者产业园区规划脱离本镇实际情况，某些园区距离城镇过远，一方面不利于产城一体，另一方面对产业企业的吸引力不足。或者园区规划规模较大而产业不足，造成较大的空间资源浪费。

（4）从城镇空间形态和产业互动角度来看，对河南受水区多数小城镇来说，城镇空间形态落后于产业化，城镇空间布局不甚合理，不能适应产业转型升级的需要。

多数小城镇的空间形态演进以产业的自发或半自发状态进行，按照点状集中空间形态—树枝状扩散布局—块状布局形态演进，空间布局系统性较差，空间联系强度不足，阻碍了产业的进一步扩散，不利于产业升级与产城良性互动。

五、河南受水区小城镇的产业转型升级路径

（一）推进产业结构转型升级

从产业结构来说，通过前面对河南不同产业类型小城镇所占的比重可以发现，以第一产业为主导的占比最高，达到71%，工业型小城镇所占比率较低，为38%，商贸型占34%，旅游型占24%。这一比重基本和总体小城镇产业结构比重相当。因此，对产业结构的转型升级是当务之急。

总体上来说，在工业优势镇，通过工业聚集区、园区化提高工业规模和质量，同时通过市场或政府主导大力发展第三产业。

（1）对于农业主导类型小城镇来说，应该在传统农业特色镇有效推行并拓展农业产业化路径。例如可以建立“企业+农户+企业”等农业产业化组

织，把农业生产的各个环节结合起来，实施专业化生产。同时，加大力度发展农产品的初级加工与深加工，逐步提高农业镇的工业比重，通过对工农业深入挖掘，提高服务业比重和层次。同时，利用工农业的产业特色优势，大力发展第三产业。如西峡双龙镇的一产香菇种植、二产香菇加工比较发达，而三产基于香菇产业的旅游、文化服务业尚有待增强。同时，双龙镇的猕猴桃产业，一产种植比较发达，而二产、三产都有待加强。

（2）对于工业主导镇发展制造服务业，提高服务业对工业的服务层次。一方面提升工业发展质量，另一方面提高服务业所占的比重。提高非农在工业、服务业所占的比重，达到产业结构优化的目的。

（3）对于具有商贸、旅游等优势的城镇来说，要充分利用人口聚集的优势，将产业结构中心由服务业向工业特别是轻工业等拓展，提高工业比重，增强小城镇经济影响力。例如，以商贸为突出特色的贾宋镇正在进行着三大转变：一是从市场内交易为主转变为内外并举，以外为主。二是以商贸为主转变为工商贸并举，以工为主。三是从间接交易为主，转变为间接、直接交易并举，以直销为主。

（二）推进产业增长方式的转变

（1）加快小城镇园区建设，引导各种产业向园区聚集。在对小城镇产业发展现状、前景详细研究的基础上，指导小城镇的产业空间分布结构规划，建设规划合理的园区空间结构，对小城镇产业进行优化聚集。对于农业特色镇来说，规划合理的农业产业布局，使优势农业合理分布聚集，形成规模优势。加快农业产品的初次加工、深加工的园区规划，形成农产品加工类聚集区。对于工业镇来说，以生产某种产品的若干类企业为核心，以这些企业的上下游为骨架，形成合理的园区空间结构规划。通过加快整合、搬迁城区类分散的小规模企业，引导布局分散的工业向园区聚集，加大产业聚集力量，优化产业空间布局，提高产业竞争力。

（2）加大对优势、龙头企业的培育和支持力度，发挥品牌效应和引领作用。对小城镇来说，一方面要注重小城镇的地域品牌建设，另一方面也要加大对优势、龙头企业的培育和支持力度，形成有影响力的企业品牌。从实践上看，单纯利用地域特色品牌，对产业的支持并不是很大，因为多数产品来自农户或小企业，在产品质量、服务等方面由于分散而不易形成规模影响力。因此，需要由优势、龙头企业来带动。例如，双龙镇的猕猴桃产量和质量都具有一定优势，但是长期以来缺乏有影响力的龙头企业和龙头品牌，产业在全国影响有限，附加值不高；而香菇产业因为有“仲景”“福寿”等龙头企业的带动，产业具有较强的竞争优势。其他城镇的产业如蒲山的艾产业，云阳的辛夷、玉兰产业，穰东的服装产业等，由于缺乏优势龙头品牌企业带动，产业优势始终难以发挥。

（3）产业价值链优化升级，提高产业附加值。一方面，小城镇传统产业由价值链的低端不断向价值链“微笑曲线”的两端升级，例如由低端组装逐步升级到高级的零部件生产再升级到关键零部件的生产，最后向研发和营销两端延伸。另一方面，合理利用小城镇的优势拉长产业链，在增强产业链竞争力的同时提高人口聚集度。

例如，穰东镇的服装加工业比较繁荣，但是多数服装企业从事的是中低档的散货加工，不论是规模还是产品价值都不高。最重要的原因是价值链上缺乏足够的服装创意、设计企业，因为服装的竞争力核心在于差异化，在于设计，没有竞争力强的设计和品牌，就只能从事低附加值的加工环节。同样，双龙镇的猕猴桃产业链上缺乏高附加值的品牌销售环节，使产业优势没有很好地发挥出来。

（三）推进小城镇核心传统产业与其他多种产业的耦合升级

以小城镇核心产业为抓手，结合小城镇的资源禀赋、历史传承、旅游、人文等，研究主导产业与当地各产业之间的耦合性，优化产业布局，最大限度提高资源配置效率。耦合是指多个系统之间通过互相作用相互影响甚至联合的现象，是子系统之间在互动的基础上进行互相依存、协调与促进的动态关联关系（吴勤堂，2004）。我们把小城镇的核心传统产业与其他多种产业通过各自的子系统进行相互影响、彼此协调促进的过程，称为两者之间的耦合过程。

对处于城市和农村中间的小城镇来说，发展城镇产业的同时离不开农村产业的支持。进行小城镇城乡产业之间的协调发展，就是要对城镇和农村相关产业进行统筹考虑，打破城乡分割的二元局面，加强城乡产业间的联系，充分发挥城镇带动农村、农村促进城镇的作用，实现两者相互融合、良性互动协调发展与产业优势互补。第一，以高效生态农业的发展促进二、三产业的升级，以服务业的发展推动三次产业融合，进而推动城乡联动发展。第二，通过新技术产业与传统产业、资本与劳动密集型产业的融合，发挥竞争优势，为农村劳动力创造更多就业机会，推动农村剩余劳动力向非农业转移，增加农民收入，促进城镇人口的持续增长。第三，通过城乡产业的协调发展，使农业产业链不断向加工制造、销售、服务一体化延伸，形成以市场为导向的农业产业经营体系，提高农业产业的升级、集聚能力。

（四）对产业环境进行转型升级

对于小城镇来说，产业的发展与小城镇的产业环境具有密切联系甚至具有决定意义，中小城镇的发展定位对产业发展具有重要意义。一方面，多数小城镇的形成与发展是产业不断聚集的结果，产业的规模与特色决定了小城镇的城镇化定位；另一方面，小城镇的发展定位取决于多个方面，如空间、规模、战略方向、产业、文化、资源禀赋等。这些方面有的与产业发展一致，有的则相互冲突。因此，如何做到两者协调一致就尤为重要。在实践中，具有产业集群发展趋势的小城镇应该首先明确本城镇在自身资源上的特色与比较优势，确定特色定位。在确定小城镇定位基础上，通过提升小城镇的基础设施、金融环境、市场意识、创新意识、管理制度环境，促进小城镇产业的转型升级。例如，五女店镇虽然商贸比较繁荣，集市依旧热闹，但城镇基础设施和公共服务体系建设缓慢，镇区内供水、排水、用电、通信等基础设施不完善，尤其是文体、科技、市政设施等较为缺乏，从而造成城镇的综合服务能力较低，对城镇产业缺少强有力的凝聚力和辐射力。通过对这些问题进行深入研究后，镇政府基于本镇区域位置，确定了许鄢一体的重要节点镇、现代田园城镇的定位，通过提升城镇产业环境、公共设施，将农业产业向文化旅游、健康养生、休闲度假、宜业宜居温泉小镇进行转型升级。

六、河南受水区小城镇的空间形态优化策略

小城镇的空间结构与产业发展水平存在密切的关系。首先，小城镇产业的发展决定了城镇化建设的物质基础，影响着城镇居民生活水平的高低；其次，小城镇城镇化的发展是以人口、土地、经济规模的提高与扩张为前提的，产业的发展会带来要素的聚集，拉动小城镇的城镇化建设。因此，基于产业转型升级驱动，对河南受水区小城镇的空间形态进行优化具有重要意义。

（一）总体策略

1. 规划先行，系统有序

进行科学的、有一定前瞻性的产业规划和城镇空间结构规划。一般来说，河南受水区小城镇在区域小城镇中都具有一定的影响力和聚集能力，因而进行科学的规划是有必要的。但事实上，部分城镇并没有进行系统的产业和城镇空间规划，或者规划缺乏整体性，具有一定随意性且无序散乱。

2. 强化产业转型升级，推动城镇外部空间扩展

全面研究并尊重本城镇的自然地貌和所在区位条件，对城镇产业发展状况和前景进行正确评估，以产业转型升级为驱动，合理确定城镇外部空间扩展的方向和规模。

河南省作为人口和农业大省，地少人多是其突出特点。城镇化的发展，对城镇用地边界的扩展是不可避免的，但部分城镇在扩展的过程中突破自然环境的限制，盲目扩张城镇边界，城镇土地利用效率低下，对产业升级缺乏支撑。因此，需要客观分析本地区的资源环境优势、产业特色优势与发展状况，以提高产业转型升级为导向，通过促进产业要素的集聚、拉长产业链条，对产业链进行升级，合理布局不同产业以及产业链不同环节的空间结构，划定城镇的合理增长空间与方向。只有使城镇空间发展与产业转型升级同步进行，才能保持河南省特色小城镇外部空间扩展的方向和规模的合理性。

3. 强化内部空间整合，适度外部扩展

对内部空间进行合理布局，以内部空间整合聚集为主，重点强镇适度进

行外部扩张。在目前人口与产业要素主要向大中城市聚集的背景下，小城镇对农村人口的转移吸收存在一定不足。在这种情况下，追求快速的城镇规模突破不是很现实。对河南多数产业小镇来说，不论是集中还是带状发展，从小城镇的规模效应和聚集效应来看，以行政办公机构、公共服务设施、传统商业零售、娱乐、交通等功能为主的单中心结构，仍是主要的空间模式，也会是以后较长时期内的主要模式。因此，空间的规划首先应该满足内部功能区的完善，通过道路、绿化、公共设施、产业内部合理布局，推动城镇空间的升级。

4. 城镇内部空间和外部空间协同发展，提高产城融合强度

在外部空间扩展过程中，不要脱离对城镇内部空间的整合，将内外部空间协同一体，使两者保持一定的融合，既做到合理分工，又做好相互支持，强化产业链的联系和效率。首先，控制城镇空间的扩张规模，不追求“摊大饼”、一步到位过于超前的规划，而应遵循由内到外、由近及远、由小到大的原则，在保持一定远期预期的情况下，循序渐进地进行稳步扩张。根据城镇自然生态和产业规模等因素合理确定城镇规模和发展方向，防止小城镇蔓延式扩张，同时加强小城镇中心城区建设，强化对周边的辐射带动作用。其次，协同外部扩张规划，对城镇空间结构进行合理布局。例如，某些带状空间城镇或者多核组团式空间结构城镇发展到一定规模时，主城区难以辐射，这时应加强次中心的建立，同时加强交通建设，加强各中心之间的联系，形成多中心联动的网络型空间结构。例如南河店镇沿 G207 国道带状发展，由国道和河道交会处集中延伸，形成“一镇三区”的空间格局。

5. 加强小城镇文化传承，突出地方特色

对于小城镇来说，小城镇的空间格局与小城镇产业文化特色具有密切联系。一方面，多数小城镇的形成与发展是产业不断聚集的结果，产业的规模与特色决定了小城镇的定位；另一方面，小城镇的发展定位取决于多个方面，如空间、规模、战略方向、产业、文化、资源禀赋等。这些方面有的和产业发展相一致，有的相互冲突，如何做到两者协调一致就尤为重要。在实践中，具有产业特色的小城镇应该首先明确本城镇在自身资源上的特色与比较优势，确定特色定位，在城镇空间规划过程中突出强化文化特色，形成小城镇独有的

空间格局，在布局中融入小镇产业特色，依靠自然、田园环境，历史人文等景观资源，建设产城融合、和谐发展的城镇空间系统。例如荆紫关镇在城镇空间布局中突出旅游特色文化，较好地体现了城镇的地域风格。

（二）基于产业转型升级驱动，不同产业类型的小城镇空间布局优化策略

1. 农业型特色小城镇空间布局优化策略

农业型特色小城镇在产业转型升级方向上有三个选择：一是将集中于第一产业的特色农业沿着产业链向农业初级产品加工、精细化深加工方向发展，打造农工一体型。二是强化农产品贸易，向农贸型城镇发展，加强交易与物流的升级，包括实体交易市场的建立以及对电子商务互联网+贸易的支持。三是向农业+旅游业转型，强化乡村生态旅游和特色农业的协同升级。河南省作为著名的农业大省，地处中原，气候适宜，小城镇可因地制宜，拓宽都市农业的内容，通过打造集特色农业、商贸、旅游、农业深加工等于一体的复合产业格局，将小城镇发展为多产业良性互动的生态宜居城镇。例如双龙镇，已经初步形成以香菇、猕猴桃生产为中心，集加工、农产品贸易、乡村旅游于一体的多产业复合型特色小城镇。

（1）积极引导特色农产品的初级加工和精细加工向特定产业园区分布，打造小城镇的专业农贸市场，将农贸市场和产业园区协同布局。

（2）以特色农业为主导的小城镇多数城镇规模不大，缺乏系统规划，往往出现镇村不分的情况，城镇用地分散。因此，要加强城镇空间规划引导，加强城中村的改造，对城镇用地进行优化，改变用地分散局面，引导城镇居住社区采用集中式小区布局。

（3）基于城镇规模不大的局面，对城镇公共设施适宜采用单点集中布局，以其服务半径进行多级别层次发展。同时结合居住用地，商业、产业园区，贸易市场等，通过道路交通网络形成点、线、面合理的空间格局。

2. 工业型特色小城镇空间布局优化策略

工业型特色小城镇的产业转型方向有两个：一是利用工业对人口的大量聚集加强商贸业发展，打造工业商贸业一体局面。二是结合小城镇的特色工业发展创意产业和旅游产业，使小城镇向工旅型城镇升级。

（1）合理规划工业产业园区，引导分散的小规模工业企业向园区集中。一般来说，小城镇应该因势利导，充分利用现有较大规模工业企业与产业，集中建设工业园区。一方面能够降低搬迁成本，另一方面能够利用原有资源沉淀，使园区快速发展。同时完善市政基础设施、物流体系、信息体系，提升园区的产业承载力和配套能力。

（2）加强园区和城镇中心区以及与外主干道之间的联系。通过交通网络将三者联系起来，使城镇空间和产业空间形成高效合理的网络结构。

（3）逐步将城镇中心区内的工业企业迁入园区，对城中村进行规划改造，合理建设空心地区，推进城镇居住社区采用集中式小区布局。同时，推动商贸向专业市场转型，合理设置商业空间。

（4）结合产业区和城镇区的布局结构，对城镇公共设施、商业餐饮进行居中式布局，方便产城区域共享，推动产城融合发展。

3. 商贸型特色小城镇空间布局优化策略

商贸型特色小城镇在产业转型方面，可根据商贸类型向农贸或工贸型转型，构筑互联网+商贸特色小城镇。对于以特色农产品为主的商贸城镇，适宜将产业链向前和向后拉长，选取适合本地区的特色农业项目，重点培育形成生产、加工、贸易一体的格局。对于工业品贸易为主的城镇，积极引导商业资本向工业资本延伸。随着互联网对实体商业流通的冲击，商贸型小城镇向互联网+商贸转型是必由之路。

（1）推动小块分散的商贸市场向专业的规划市场聚集。大型专业市场一般是城镇人口密集之处，合理布局专业市场有利于形成合理的城镇空间结构和发挥城镇的聚集功能。

（2）商贸市场的布局，一方面需要临近城镇的对外交通主干道，方便对外交通的联结；另一方面通过高效的交通网络和镇内中心区联结，形成良好的互动局面。

（3）结合商贸发展和商贸市场布局，优化城镇居住生活布局，积极推进集中小区建设，形成商贸和居住设施配套齐全的商业居住片区。

4. 旅游型特色小城镇空间布局优化策略

旅游型特色小城镇在产业转型方面可重点推进商贸业发展，使旅游型城镇向商旅型城镇转型。

（1）河南小镇的特色旅游多数基于独特自然景观、山川河流等，一般距城镇较远且景点分散，交通不便。这就需要在城镇布局上能够将分散各处的景点通过交通站场、住宿、餐饮、导游等景区服务在城镇中聚集，提高旅游的效率和体验。

（2）围绕旅游项目对商贸进行合理布局，扩大游客在小镇的活动范围和延长停留时间，打造商贸+旅游一体的空间布局结构。

（3）加强小城镇的城镇建设和布局特色，加强小城镇中心区、生活区、景区、商贸区之间的相互联系，使小镇的景点旅游升级为小镇文化旅游。

5. 复合型特色小城镇空间布局优化策略

复合型特色小城镇空间布局优化，一方面参照上述各种产业特色的城镇布局方案；另一方面在多种产业复合情况下，强化中心产业，使其他产业围绕中心产业合理布局，体现产业的向心性，增强城镇的聚集效应，促进城镇三产的良性互动。

七、结论

河南的小城镇具有悠久的历史，城镇之间的差异较大。通过分析河南受水区不同类型的产业，对小城镇产业转型升级路径进行了比较全面的研究，探求基于河南受水区产业小镇的城镇空间形态优化对策，实现城镇空间结构的合理化和秩序化，有目的、有意识地引导生产要素的流动和集聚效应的发挥，以满足小城镇产业发展的客观要求，为有关部门的决策者与研究者提供了有益的解决问题思路，必将有助于加快河南省特色小城镇建设和新型城镇化的步伐，为实现中原崛起增强动力。由于河南全省不同层次的小城镇数量庞大，本研究所研究的20多个城镇对象可能不足以完全代表全省情况，后续有待进一步的深入研究。

第七章 主要结论与研究展望

第一节 主要结论

南水北调中线工程通水以来，产生了巨大的社会效应、经济效应、生态效应、系统效应和溢出效应，成为受水区高质量发展的重要驱动力之一。针对南水北调中线工程河南受水区存在水资源利用效率空间不均衡，生产、生活、生态化模式尚未形成等问题，本研究主要得出以下结论。

一、受水区高质量发展水平不断提升，但空间不均衡

评价结果显示，郑州市高质量发展水平远高于其他 10 个地级市，南阳、新乡、许昌、平顶山、焦作、安阳和周口位居第二梯队，漯河、濮阳和鹤壁位居第三梯队。

二、水资源绿色效率较低，产业生态化发展模式尚未形成

农业灰水足迹及荷载系数测度结果表明：2009—2020 年受水区农业灰水足迹整体呈现先升后降的变动趋势，养殖业灰水足迹是农业灰水足迹的主要来源，养殖业面源污染有效控制是农业部门灰水足迹下降的主要原因。作为农业大省，河南省受水区农业灰水足迹普遍较高，农业水污染对水环境带来了很大压力，且在农业发展过程中，河南省农业水污染压力没有出现明显改善。

工业灰水足迹及荷载系数测度结果表明：2009—2020 年受水区工业灰水足迹较农业而言低了很多，整体呈现先平稳下降后快速下降的变动趋势。河

南省受水区工业灰水足迹也出现明显下降，但存在显著的地域差异；工业水污染压力较小，水资源总量可以满足工业灰水足迹的稀释需求，且随着工业经济的发展，河南省工业水污染压力出现较大幅度的下降。

农业水资源绿色效率测度结果显示，2009—2020 年受水区农业水资源绿色效率整体呈现波动中下降的变动趋势，且始终低于 1，农业发展与环境保护协调度较低。河南省受水区农业水资源绿色效率处于低水平，主要源于较低的规模效率，各受水城市农业水资源绿色效率存在明显差异。且随着农业经济的发展，河南省受水区农业用水效率在明显恶化，农业用水形势比较严峻。

工业水资源绿色效率测度结果显示，2009—2020 年受水区工业水资源绿色效率整体呈现波动中下降的变动趋势，且始终低于 0. 8，工业水资源绿色效率下降的主要原因在于不断降低的纯技术效率。河南省受水区无论是综合技术效率，还是纯技术效率与规模效率，在四省市中都处于最低水平，且在工业经济的发展过程中，河南省工业水资源利用效率在不断恶化。

三、制造业是河南省虚拟水消耗大户、出口大户，但创造的经济效益不高

河南省正在不断向着节水型经济发展模式转变。从产业间关系来看，河南省制造业的完全耗水系数明显高于农业、采矿业、生产供应业、建筑业、交通运输业和其他服务业等六部门。农业等六个部门以较低的虚拟水消耗创造了较高的经济价值，制造业消耗大量虚拟水创造了较低的经济效益，说明河南在制造业生产方面的节水成效远远不足。制造业是虚拟水净转移量最大的部门，虚拟水主要流向是从其他 6 个部门流向制造业。从进出口贸易角度来看，河南省虚拟水进出口贸易呈现一直增加趋势，虚拟水净出口呈现先出口后进口然后再增加出口的趋势，虚拟水出口主要集中在制造业高耗水部门，导致大量水资源流出。

四、南水北调中线工程水资源配置机制尚未充分反映水资源的稀缺性

河南受水区水资源开源与节流同频共振的程度不高，节水意识有待提高，

存在水资源空间错配现象，水资源整体空间配置效率仍有较大提升空间。水价形成机制尚未完全体现水资源稀缺性。通过以水源区为供给方、中国南水北调集团有限公司为需求方的南水北调中线工程水资源供给侧市场，以中国南水北调集团有限公司为供给方、受水区为需求方的南水北调中线工程水资源需求侧市场和受水区间水权交易市场三个市场的联动定价机制，可以发现“南水”的真实市场需求，提高水资源配置效率，可以通过水源区与用水户以价格为纽带的互动，实现市场化生态补偿。

五、河南受水区城乡产业融合水平和农业生态化发展水平空间差异较大

河南受水区城乡产业融合水平评价结果表明，郑州市城乡产业融合水平最高，南阳市、周口市次之，焦作市、许昌市、新乡市、平顶山市处于中等水平，鹤壁市、安阳市、漯河市、濮阳市较低。各受水区产业融合基础差异不明显，但融合动力、融合平台与融合趋势有较明显的差异。

从农业生态化发展水平测度结果来看，许昌市、鹤壁市、濮阳市、郑州市、焦作市处于第一梯队，南阳市、漯河市、新乡市处于第二梯队，平顶山市、周口市、安阳市 3 个地区处于第三梯队。区域生态农业发展的整体差异主要来自区域间差异，区域间差异明显大于区域内差异。各个地区在生态基础指数上差异相对较小，生态效益指标差异较大，且不同地区之间具有明显增大趋势，而经济效益与社会效益差异有逐步缩小的趋势。

六、小城镇空间布局不甚科学

从城镇规划布局来看，部分城镇对产城空间的合理布局缺乏科学规划，产业发展过分依赖交通主干道，城镇功能布局凌乱，阻碍了城镇后期的发展。部分具有一定产业基础的城镇，规划的前瞻性不足，产城结构随着城镇的聚集发展已经固化。部分新城区或者产业园区规划脱离本镇实际情况，某些园区距离城镇过远，不利于产城一体化发展，某些园区规划规模较大而产业不足，造成空间资源浪费。从城镇空间形态和产业互动角度来看，受水区多数

小城镇空间形态落后于产业化，城镇空间布局不甚合理，不能够适应产业转型升级的需要。多数小城镇的空间形态演进以产业的自发或半自发状态进行，呈现点状集中空间形态—树枝状扩散布局—块状布局形态演化趋势，空间布局系统性较差，空间联系强度不足，阻碍了产业的进一步扩散，不利于产业升级与产城良性互动。

第二节　研究展望

虽然本研究对南水北调中线工程驱动河南受水区高质量发展从提高水资源利用效率角度进行了探索，得出了部分结论，并提出了优化措施，但研究仍存在以下不足：其一，南水北调中线工程对受水区水资源—生态—经济—社会系统高质量发展的冲击路径需要进一步研究。中国特色社会主义新时期的到来，推动高质量发展成为时代主题，统筹推进“五位一体”总体布局，全面落实新发展理念，都需要坚持系统观念。对于受水区来讲，水资源—生态—经济—社会系统构成一个区域生命共同体，彼此间存在广泛的反馈关系。提高南水北调中线工程对受水区高质量发展的驱动力，需要对受水区水资源—生态—经济—社会系统演化机理具有科学的认知和深刻的把握，在此基础上，准确梳理“南水”对受水区水资源—生态—经济—社会系统的冲击路径，方能提出针对性更强的政策建议，这些问题都需要进一步探索。其二，南水北调中线工程水资源利用效率影响因素需要进一步探索。本研究仅通过受水区产业灰水足迹测度、灰水足迹荷载系数测度、农业和工业水资源绿色效率测度、产业虚拟水消耗、虚拟水产业间流动、虚拟水进出口等角度，探索了受水区尤其是河南受水区水资源的利用效能，但对受水区水资源利用效率影响因素探索，水资源与生态系统、经济系统、社会系统协调等问题的分析尚显薄弱，需要进一步深化。其三，“供需混动—市场联动定价”的南水北调中线工程水资源定价机制的合意性、有效性需要进一步论证。本研究仅对“供需混动—市场联动定价”的南水北调中线工程水资源定价机制的基本框架和必要保障措施进行了探索，机制的合意性需要进一步进行理论证明，机制的有效性需要进一步仿真验证。其四，研究的微观基础需要进一步强化。水资源—生态—经济—社会系统是一个典型的复杂适应系统，其适应性变化具有明显的自组织临界性，有效的政策需要把握系统演化过程中的关口事件。由于宏观涌现源自其微观主体行为的交互适应，故深入把握受水区用水主体的适应性行为需要进一步强化。

参考文献

1. 英文参考文献

［1］ ALLAN J A. Virtual water：A strategic resource global solutions to regional deficits ［J］. Ground Water，1998，36（4）：545-546.

［2］ CHAPAGAIN A K，HOEKSTRA A K. The green，blue and grey water footprint of rice from both a production and consumption perspective ［J］. Delft，The Netherlands：UNESCO-IHE，2012：749-758.

［3］ ERCIN A E，ALDAYA M M，HOEKSTRA A Y. Corporate water footprint accounting and impact assessment：The ease of the water footprint of a sugar containing carbonated beverage ［J］. Water Resources Management，2019，25（2）：721-741.

［4］ GAO C，BIN S，MEI S，et al. Interprovincial transfer of embodied primary energy in China：A complex network approach ［J］. Applied Energy，2018（215）：792-807.

［5］ HOEKSTRA A Y，CHAPAGAIN A K，ALDAYA M M，et al. 水足迹评价手册 ［M］. 北京：科学出版社，2012：181-182.

［6］ HOEKSTRA A Y，CHAPAGAIN A K，ALDAYA M M，et al. The water footprint assessment manual：Setting the global standard ［J］. London：Roufledg，2011：181-182.

［7］ HU J L，WANG S C，YEH F Y. Total-factor water efficiency of regions in China ［J］. Resources Policy，2006，31（4）：217-230.

[8] JIANG Y, CAI W, DU P, et al. Virtual water in interprovincial trade with implications for China's water policy [J]. Journal of Cleaner Production, 2015 (87): 655-665.

[9] LEONTIF W. Environmental repercussions and the economic structure: An input-output approach [M]. 1970.

[10] LI M , WIEDMANN T , LIU J , et al. Exploring consumption-based planetary boundary indicators: An absolute water footprinting assessment of Chinese provinces and cities [J]. Water Research, 2020, 184 (1): 116163.

[11] MEKONNEN M M, HOEKSTRA A Y. A global assessment of the water footprint of farm animal products [J]. Ecosystems, 2015, 15 (3): 401-415.

[12] MEKONNEN M M, HOEKSTRA A Y. National water footprint accounts: The green, blue and grey water footprint of production and consumption [J]. Value of Water Research Report Series, Delft, the Netherlands: UNESCO-IHE, 2011: 17-22.

[13] USUBIAGA-LIANO, ARTO, ACOSTA-FERNANDES, et al. Double accounting in energy footprint and related assessments: How common is it and what are the consequences? [J]. Energy, 2021 (222): 1-10.

2. 中文参考文献

[1] 安婷莉. 北京市实体水—虚拟水通量演变及统筹配置 [D]. 西安: 西北农林科技大学, 2021.

[2] 敖荣军. 我国水资源市场配置制度创新的探索 [J]. 中国人口·资源与环境, 2003 (2): 122-124.

[3] 班娟娟. 南水北调全面通水七周年: 支撑起 7 万亿 GDP, 1.4 亿人受益! [EB/OL]. [2021-12-13]. https://baijiahao.baidu.com/s?id=1718992338626232762&wfr=spider&for=pc.

[4] 卞雨, 杨侃, 何琦, 等. 基于改进鸡群算法的区域水资源配置模型研究 [J]. 人民长江, 2020 (9): 84-89.

［5］别平，邹鸿远．水价对水资源配置及水利产业的作用浅析［J］．西北水资源与水工程，2000（3）：60-62+64.

［6］蔡洁，夏显力．陕西省生态农业绩效评价与分析［J］．水土保持研究，2017（3）：277-282+287.

［7］蔡月冬，徐芹，祝秋英．建立水市场管理机制　实现水资源优化配置［J］．治淮，2005（6）：18-19.

［8］曾春芬，马劲松，杨树滩，等．南水北调东线江苏段水资源优化调度与配置研究新探［J］．江苏水利，2019（5）：43-46.

［9］曾福生，刘俊辉．区域异质性下中国农业生态效率评价与空间差异实证：基于组合 DEA 与空间自相关分析［J］．生态经济，2019（3）：107-114.

［10］曾鸣．省财政投入近 287 亿元支持南水北调中线工程，真金白银保碧水北送［N］．河南日报，2021-05-21（1）.

［11］曾雪婷，李永平，乔祥利，等．基于不确定性规划的生态灌区水资源配置模型及运用［C］．中国水利学会 2014 学术年会论文集，2014：528-537.

［12］柴国荣，冯家涛，周志星，等．水资源跨流域配置的经济学分析［J］．西北农林科技大学学报（社会科学版），2022（1）：42-45.

［13］常奂宇．WAS 模型研发改进与京津冀水资源配置应用［D］．北京：中国水利水电科学研究院水文学及水资源专业，2019.

［14］常烃，贾玉成．京津冀水资源与经济社会协调度分析［J］．人民长江，2020（2）：91-96.

［15］常文娟，马海波．国内水资源优化配置研究综述［J］．黑龙江水专学报，2009（3）：18-20.

［16］畅建霞，姜瑾．引汉济渭调水工程水资源配置研究［J］．自然资源学报，2011（1）：110-118.

［17］陈关聚，白永秀．基于随机前沿的区域工业全要素水资源效率研究［J］．资源科学，2013，35（8）：1593-1600.

［18］陈光炬．把握和践行绿水青山就是金山银山理念［N］．光明日报，

2018-09-10（6）.

［19］陈培彬，张精，曾芳芳，等．基于因子分析的福建省生态农业发展质量评价［J］．生态经济，2020（3）：112-117.

［20］陈鹏飞，顾世祥，谢波，等．分解协调技术在水资源大系统优化配置中的应用［J］．中国农村水利水电，2006（11）：44-47.

［21］陈天慧．美国重点调水工程之中央河谷工程概述［J］．科技风，2018（7）：102+133.

［22］陈修颖．区域空间结构重组：理论基础、动力机制及其实现［J］．经济地理，2003（7）：445-450.

［23］陈义忠，何理，卢宏玮，等．丰台区水资源耦合配置模型研究［J］．水资源与水工程学报，2015（6）：19-25.

［24］成金华，孙琼，郭明晶，等．中国生态效率的区域差异及动态演化研究［J］．中国人口·资源与环境，2014（1）：47-54.

［25］程相洗．南水北调中线工程通水运行管理对策研究［J］．河南科技，2015（22）：46+48.

［26］程永毅，沈满洪．要素禀赋、投入结构与工业用水效率：基于2002—2011年中国地区数据的分析［J］．自然资源学报，2014，29（12）：2001-2012.

［27］崔东文．基于MATLAB的文山州区域水资源线性多目标优化配置研究［J］．华北水利水电学院学报，2011（3）：4-7.

［28］单义明，杨侃，吴云，等．基于ITSRP模型的吕梁市水资源优化配置研究［J］．人民黄河，2020（11）：42-47.

［29］邓建绵，刘铁军．关于我国水资源优化配置的研究［J］．中国工程咨询，2004（7）：34-35.

［30］邓丽娟．基于改进粒子群算法的区域水资源配置研究［J］．水利规划与设计，2015（10）：27-28+38.

［31］丁超，胡永江，王振华，等．虚拟水社会循环视域下的水资源承载力评价［J］．自然资源学报，2021，36（2）：356-371.

［32］都瑞丰，李凡凡．南水北调中线工程水价的思考与探讨［J］．水利

水电快报，2020（4）：47-48+56.

［33］都瑞丰．南水北调中线工程水价形成机制初探［J］．人民长江，2015（6）：7-9+13.

［34］杜榜清，马国力，李欣．建立黄河水权制度和水市场实现黄河水资源的优化配置［J］．水利发展研究，2002（3）：8-11.

［35］杜红梅，蒋岚．基于SE-SBM模型的洞庭湖区农业生态效率时空差异研究［J］．生态经济，2020（4）：100-106，121.

［36］杜依杭，王钧，鲁顺子，等．城市化背景下中国虚拟水流动空间变化特征及其驱动因素研究［J］．北京大学学报（自然科学版），2019，55（6）：1141-1151.

［37］樊万选，杨朝兴，唐海峰．构建南水北调中线水源地生态经济区的思考［J］．林业经济，2012（2）：39-42.

［38］范振林，刘文敏．黄河流域水资源市场化配置思路与对策［J］．国土资源情报，2020（12）：3-11.

［39］方国华，王雪，方应学，等．基于改进粒子群优化算法的区域水量水质联合配置模型［J］．水资源保护，2022（3）：58-64.

［40］冯俊华，张沁蕊，刘静洁．生态环境保护与农业发展区域时空差异研究：基于陕西农业环境技术效率测算的分析［J］．价格理论与实践，2020（11）：169-172.

［41］冯雅倩．郑州制造业高质量发展水平测度研究［J］．合作经济与科技，2021（6）：24-26.

［42］冯子雍．南水北调通水7年，我省直接受益人口2600万人［EB/OL］．［2022-02-24］．https：//baijiahao. baidu. com/s？ id=1725615514577056302&wfr=spider&for=pc.

［43］付永锋，赵基花，郭宁．基于经济手段的水资源优化配置［J］．电网与清洁能源，2009（4）：78-80.

［44］付永虎，刘铁，刘俊青，等．基于灰水足迹的粮食主产区农业环境效率与水环境可持续性测度与评估［J］．中国农业资源与区划，2021（1）：77-87.

[45] 高磊，章雨乾，郭贵明．河南省南水北调水权交易潜力及展望[A]. //中国水利学会．中国水利学会2021学术年会论文集第一分册[M]. 郑州：黄河水利出版社，2021：302-308.

[46] 高向龙，石辉，党小虎．基于投入产出模型的黄河“几字弯”城市群用水特征与节水关键区域研究[J]. 生态学报，2022（24）：1-14.

[47] 高新才，殷颂葵．西北地区城市水资源利用效率时空演变及俱乐部趋同分析[J]. 经济经纬，2021，38（2）：5-13.

[48] 高志超．不确定环境下基于水期权的水资源优化配置模型研究[D]. 保定：河北大学管理学院，2019.

[49] 宫成．合肥市产业发展的库兹涅茨法则分析[J]. 经济师，2012（10）：200-202.

[50] 贡志飞，赵鹏．刍议南水北调中线工程与河南经济社会发展[J]. 科技创新导报，2008（35）：188.

[51] 郭晖，陈向东，刘钢．南水北调中线工程水权交易实践探析[J]. 南水北调与水利科技，2018（3）：175-182.

[52] 韩淑芬．价格杠杆在水资源配置中的作用研究：以山西省太原市为例[J]. 经济师，2010（6）：41-42.

[53] 何灏川，宋松柏，王小军，等．基于改进灰狼算法的庆阳市水资源优化配置[J]. 西北农林科技大学学报，2020，48（12）：136-146.

[54] 何立峰．深入贯彻新发展理念推动中国经济迈向高质量发展[J]. 宏观经济管理，2018（4）：4-5.

[55] 何晓光，钟茂初．水资源对经济社会发展的影响[J]. 山西财经大学学报，2002（10）：39-44.

[56] 何艳虎，等．东江流域水资源优化配置报童模式研究[J]. 水力发电学报，2015（6）：57-64.

[57] 何永煜，冯小庆，王贤斌．鄂北地区水资源配置工程水资源配置模型研究及调度方案比选[J]. 水利水电快报，2020（10）：26-29.

[58] 和刚．多水源多水厂的城市水资源优化配置研究[D]. 郑州：郑州大学水利与环境学院，2009.

［59］河南推进农业用水“革命”节水灌溉达 2700 万亩［J］. 农村科学实验，2017（10）：15.

［60］贺健，赵黎，陈琼. 追寻初心　光辉印记｜一种伟大的奉献精神：探寻南水北调中线工程的价值及时代意义［N］. 南阳日报，2021-07-29（1）.

［61］洪传春，刘某承，张雅静，等. 时空视角下京津冀农业灰水足迹强度与效率分析［J］. 河北农业大学学报，2021，44（2）：128-135.

［62］洪名勇，郑丽楠. 中国农业生态效率的区域差异及时空特征研究［J］. 统计与决策，2020（8）：56-61.

［63］洪思扬，宋志松，等. 基于基尼系数的南水北调受水区水资源空间匹配分析［J］. 北京师范大学学报（自然科学版），2017（4）：175-179.

［64］侯红昌. 对如何提升南水北调中线工程综合效益的思考［J］. 吉林水利，2020（11）：8-11.

［65］侯景伟，孔云峰，孙九林. Pareto 蚁群算法与遥感技术耦合的水资源优化配置［J］. 控制理论与应用，2012（9）：1157-1162.

［66］胡鞍钢，王亚华. 转型期水资源配置的公共政策：准市场和政治民主协商［J］. 经济研究参考，2002（20）：12-20.

［67］胡鞍钢，谢宜泽，任皓. 高质量发展：历史、逻辑与战略布局［J］. 行政管理改革，2019（1）.

［68］胡川，韦院英，胡威. 农业政策、技术创新与农业碳排放的关系研究［J］. 农业经济问题，2018（9）：66-75.

［69］胡立堂，王忠静，田伟，等. 基于初始水权的石羊河流域水资源合理配置探讨［A］//中国水利学会水资源专业委员会. 节水型社会建设的理论与实践：中国水利学会 2005 学术年会论文集［M］. 北京：中国水利水电出版社，2005：144-150.

［70］胡晓辉，黄民生，张虹，等. 福建省县域农业生态系统的能值空间差异分析［J］. 中国生态农业学报，2009（1）：155-162.

［71］黄炜，杨明非. 南水北调东线工程受水区城市水资源配置研究［J］. 江苏水利，2017（3）：6-10.

［72］黄杰，李倩倩. 中国农业用水效率的区域差异及动态演进［J］. 甘

肃理论学刊，2021（1）：105-117.

［73］荚莺敏．加快我国水市场建设，优化水资源配置［A］//会议秘书处．2004 北京城市水利建设与发展国际学术研讨会论文集［C］．2004：289-296.

［74］姜文来．建立水资源公平配置机制［N］．中国水利学报，2007-09-06.

［75］焦敏娟．湖北省 1978—2006 年产业结构变动的库兹涅茨法则分析［J］．企业导报，2009（2）：130-131.

［76］焦士兴，王安周，张崇崇，等．河南省水资源效率综合测度及时空分异［J］．水资源保护，2022，38（2）：48-55.

［77］金碚．关于“高质量发展”的经济学研究［J］．中国工业经济，2018（4）：5-18.

［78］康爱卿，魏传江，谢新民，等．水资源全要素配置框架下的三次平衡分析理论研究与应用［J］．中国水利水电科学研究院学报，2011（3）：161-167.

［79］孔群喜，王紫绮，蔡梦．新时代我国现代服务业提质增效的优势塑造［J］．改革，2018（10）：82-89.

［80］雷波．关于水资源市场配置的理论探讨：从区域间的水权配置到区域内的水商品交易［J］．中国农村水利水电，2008（1）：16-19.

［81］雷贵荣，胡震云，韩刚．基于 SFA 的工业用水节水潜力分析［J］．水资源保护，2010，26（1）：66-69.

［82］雷玉桃，黄丽萍．中国工业用水效率及其影响因素的区域差异研究：基于 SFA 的省际面板数据［J］．中国软科学，2015（4）：155-164.

［83］李波，张俊飚，李海鹏．中国农业碳排放时空特征及影响因素分解［J］．中国人口·资源与环境，2011（8）：80-86.

［84］李海红．流域级水资源使用权分配模型研究［D］．北京：清华大学水利水电工程系，2006.

［85］李浩然，郝滢洁，路紫．我国水资源特点及其对区域经济的影响［J］．国土与自然资源研究，2007（4）：63-65.

［86］李红．基于熵权法的中原城市群高质量发展研究［J］．商展经济，2021（2）：83-86.

［87］李怀，李英震，张顺．生态农业发展水平评价研究：基于辽宁省与山东省的比较［J］．哈尔滨商业大学学报（社会科学版），2017（3）：88-97.

［88］李金昌，史龙梅，徐蔼婷．高质量发展评价指标体系探讨［J］．统计研究，2019（1）：4-13.

［89］李乐乐，国立杰．中国水利网：南水北调中线工程，助力优化河南水资源配置［EB/OL］．［2021-06-23］．http：//cds.chinawater.com.cn：8088/wasdemo/detail？record=20&channelid=113513&searchword=bzqh%3D4866&keyword=bzqh%3D4866.

［90］李立元．提高水资源利用效率促进河南省经济高质量发展［J］．今日财富，2022（2）：6-9.

［91］李林，靳绍辉，赵原亮．南水北调为航空港区战略发展提供核心保障［N］．河南日报，2015-02-10（1）.

［92］李明，潘子纯，李崇光．虚拟水进口视角下中美农产品贸易效益分析［J］．世界农业，2022（5）：48-59.

［93］李其峰，谢新民，付意成．基于三次平衡的五家渠市水资源优化配置研究［J］．水电能源科学，2011（3）：16-19.

［94］李倩，石鉴．南水北调中线工程开始通水，工程资金来自四个渠道［EB/OL］．［2014-12-13］．http：//www.rmzxb.com.cn/c/2014-12-13/418260.shtml.

［95］李青松，张凤太，苏维词，等．长江经济带农业用水绿色效率测度及影响因素分析：基于超效率EBM-Geodetector模型［J］．中国农业资源与区划，2022，43（5）：40-52.

［96］李瑞．省情：河南概况［EB/OL］．［2018-05-31］．https：//www.henan.gov.cn/2018/05-31/2408.html.

［97］李竹，王龙昌．陕西省农业可持续发展能力主成分分析［J］．干旱地区农业研究，2007（2）：180-184.

［98］梁慧稳，王慧敏，仇蕾．基于委托代理关系的调水工程水资源配置

效率模型［J］. 河海大学学报（自然科学版），2009（4）：472-477.

［99］梁书民，朱立志，孙炜琳，等. 全球大型跨流域调水工程及水资源农业开发潜力［J］. 水资源与水工程学报，2019（10）：235-246.

［100］林冰. 基于 BP 算法的阜新市水资源优化配置研究［J］. 水资源开发与管理，2019（10）：42-46.

［101］林远. 南水北调中线 12 日正式通水　年均调水百亿立方米［EB/OL］.［2014-12-15］. http：//ccnews. people. com. cn/n/2014/1215/c141677-26210971. html.

［102］刘波，汪紫薇，王文鹏，等. 我国城市用水效率关键指标时空格局分析［J］. 河海大学学报（自然科学版），2020，48（6）：534-541.

［103］刘俊，黄莉，吴俐君，等. 青城后山遗产地乡村旅游直接和虚拟用水量研究［J］. 旅游学刊，2018，33（9）：108-116.

［104］刘俊超. 扛牢重大政治责任，深化污染防治，守好一库碧水，河南全力保障南水北调中线工程沿线群众喝上放心水［N］. 中国环境报，2022-02-22（1）.

［105］刘惟蓝. 以高质量发展的指标体系引领开发区建设［N］. 新华日报，2018-04-25（013）.

［106］刘伟，陈小宝，卢瑕. 南水北调中线一期工程河南省受水城市水资源配置分析［J］. 河南水利与南水北调，2007（12）：3，11.

［107］刘伟莉. 博弈论在水资源配置中的应用研究［D］. 南京：河海大学水文水资源学院，2007.

［108］刘喜峰，胡宇祥，张瑞，等. 多目标遗传算法在水资源优化配置中的应用［J］. 科技与创新，2014（7）：121-122.

［109］刘晓东，彭晓彤，白丽，等. 水足迹视阈下河北省农业用水驱动因素分析［J］. 中国农业资源与区划，2021（11）：188-198.

［110］刘晓岩，王建中，于松林，等. 黄河水市场的建立与水资源的优化配置［J］. 人民黄河，2002（2）：24-25.

［111］刘应元，冯中朝，李鹏，等. 中国生态农业绩效评价与区域差异［J］. 经济地理，2014（3）：24-29.

［112］柳长顺，乔建华．都江堰灌区水资源配置的市场机制［J］．中国水利，2004（18）：57-58.

［113］龙爱华，徐中民，张志强，等．基于边际效益的水资源空间动态优化配置研究：以黑河流域张掖地区为例［J］．冰川冻土，2002（4）：407-413.

［114］卢曦，许长新．基于三阶段 DEA 与 Malmquist 指数分解的长江经济带水资源利用效率研究［J］．长江流域资源与环境，2017，26（1）：7-14.

［115］鲁继通．我国高质量发展指标体系初探［J］．中国经贸导刊，2018（7）：4-7.

［116］陆文聪，覃琼霞．以节水和水资源优化配置为目标的水权交易机制设计［J］．水利学报，2012（3）：323-332.

［117］陆晓，吴云，杨侃，等．基于改进多目标布谷鸟算法的水资源配置研究［J］．中国农村水利水电，2020（4）：56-60.

［118］吕东辉，杨印生，孙文斌．借鉴期货交易机制优化水资源配置：基于水单的南水北调水市场交易模式研究［J］．吉林大学社会科学学报，2004（2）：103-107.

［119］吕薇．探索体现高质量发展的评价指标体系［N］．南京日报，2018-06-06（B03）.

［120］吕雁琴．构建转型期水权市场　优化我国水资源配置［J］．经济师，2003（9）：53-54.

［121］马培衢．产权视角下的灌区水资源配置研究［J］．资源科学，2006（6）：33-38.

［122］马新阳，吕杰，刘洪彬．辽宁省农林生态复合区的农业生态经济系统发展水平时空差异研究［J］．农业经济，2018（6）：15-17.

［123］孟祥兰，邢茂源．供给侧结构性改革背景下湖北高质量发展综合评价研究：基于加权因子分析法的实证研究［J］．数理统计与管理，2019，38（4）：675-687.

［124］孟志敏．水权交易市场：水资源配置的手段［J］．中国水利，2000（12）：11-12.

［125］南水北调干部学院．南水北调精神表述及诠释［EB/OL］．［2021-

07-27]. http://www.nsbdgbxy.com/article/index/id/3294/cid/56.html.

[126] 年自力. 水权改革启动新疆水资源优化配置新引擎 [J]. 水利发展研究，2014 (10)：44-46.

[127] 聂晓，张弢，冯芳. 湖北省用水效率：经济发展系统耦合协调发展研究 [J]. 中国农村水利水电，2019 (4)：132-135.

[128] 裴莹. 充分发挥水价的杠杆作用实现水资源的优化配置 [J]. 东北水利水电，2001 (12)：15-16+19.

[129] 裴源生，赵勇，张金萍. 广义水资源合理配置研究 (Ⅰ)：理论 [J]. 水利学报，2007 (1)：1-7.

[130] 彭博. 抚顺市水资源优化配置研究 [J]. 黑龙江水利科技，2020 (4)：48-51.

[131] 彭祥，胡和平. 不同水权模式下流域水资源配置博弈的一般性解释 [J]. 水利水电技术，2006 (2)：53-56.

[132] 蒲志仲. 水资源配置市场机制研究 [J]. 水利经济，2008 (4)：9-12.

[133] 秦炜琳. 浙江省森林旅游产业发展对策研究 [D]. 杭州：浙江农林大学，2011.

[134] 邱忠恩，谈昌莉，朱勤. 南水北调中线工程供水价格分析 [J]. 人民长江，2000 (7)：6-9+47.

[135] 冉锦成，苏洋，等. 新疆农业碳排放时空特征、峰值预测及影响因素研究 [J]. 中国农业资源与区划，2017 (8)：16-24.

[136] 人民日报特约调研组. 问渠哪得清如许，为有源头碧水来：南水北调中线工程水源区生态保护调查 [N]. 人民日报，2020-11-17 (2).

[137] 任保平，李禹墨. 新时代我国高质量发展评判体系的构建及其转型路径 [J]. 陕西师范大学学报 (哲学社会科学版)，2018，47 (3)：42-51.

[138] 任保平，等. 新时代中国经济高质量发展研究 (国家社科基金后期资助项目) [M]. 北京：人民出版社，2020：49.

[139] 任高珊，范立群. 多目标遗传算法优化配置水资源实例分析 [J]. 水利规划与设计，2014 (6)：36-40.

［140］任高珊，李援农，吴冠宇，等．多目标遗传算法优化配置水资源研究［J］．水资源与水工程学报，2009（4）：58-61.

［141］任永泰，于浩然，刘慧，等．基于因子分析与灰色关联的生态农业经济竞争力评价：以黑龙江省为例［J］．生态经济，2020（12）：85-92+153.

［142］任志安，刘柏阳．淮河生态经济带农业水资源绿色效率的时空差异与影响因素［J］．资源开发与市场，2019（7）：929-934.

［143］茹晴．按水权理论调节水价［N］．中国经济时报，2000-11-23（1）.

［144］芮旸，杨华，杨坤．陕西省黄河流域农业高质量发展的时空演化特征及影响机理［J］．中国农业大学学报，2021（5）：141-152.

［145］尚正永，白永平．甘肃农业地域分异及其生态农业产业化模式设计［J］．干旱地区农业研究，2005（2）：180-183+201.

［146］尚志宏，卞其栋，盛杰．水资源配置内在机制研究［J］．东北水利水电，2009（11）：65-67.

［147］沈大军．突破水价改革困境　推进落实节水优先方针［J］．中国水利，2020（7）：20-22.

［148］师博，任保平．中国省际经济高质量发展的测度与分析［J］．经济问题，2018（4）：1-6.

［149］水利部扶贫领导小组办公室编．水利扶贫：典型案例选［M］．郑州：黄河水利出版社，2017.

［150］水利部南水北调司，南水北调集团公司．南水北调：全面通水七周年筑牢“四条生命线”［EB/OL］．［2021-12-12］．https：//politics. gmw. cn/2021-12/12/content_ 35375455. htm.

［151］宋晓东．河南鹤壁：从“煤城”变“美城”［EB/OL］．［2019-09-13］．http：//henan. sina. com. cn/news/2019-09-13/detail-iicezzrq5637333. shtml.

［152］苏喜军，纪德红，何慧爽．黄淮海平原农业水资源绿色效率时空差异与影响因素研究［J］．生态经济，2021，37（3）：6-111.

［153］孙才志，韩琴，郑德凤．中国省际灰水足迹测度及荷载系数的空间关联分析［J］．生态学报，2016，36（1）：86-97.

[154] 孙冬营，佘靖雯，刘凌燕，等. 长江三角洲城市群工业用水效率评价及时空差异研究 [J]. 长江流域资源与环境，2018，27（9）：1901-1908.

[155] 谭佳音，蒋大奎. 基于水资源合作的水资源短缺区域水资源优化配置 [J]. 系统管理学报，2020（2）：377-388.

[156] 佟金萍. 基于CAS的流域水资源配置机制研究 [D]. 南京：河海大学商学院，2006.

[157] 汪恕诚. 水权和水市场，谈实现水资源优化配置的经济手段 [J]. 中国水利，2000（11）：6-9.

[158] 王安迪，康艳，宋松柏. 基于SD-MOP模型的生态型灌区水资源优化配置研究 [J]. 节水灌溉，2019（8）：68-74.

[159] 王彬，陈森林，李韩笑，等. 有计划市场的水资源优化配置理论初探 [J]. 中国农村水利水电，2008（2）：62-64+66.

[160] 王殿茹，邓思远. 南水北调来水对河北省受水区影响度评价 [J]. 河北经贸大学学报，2015（6）：125-128+143.

[161] 王风初，曹建军，王宁，等. 近20年我国虚拟水、能源消耗及耦合和需求预测 [J]. 中国环境科学，2022，42（10）：4918-4930.

[162] 王浩，刘家宏. 国家水资源与经济社会系统协同配置探讨 [J]. 中国水利，2016（17）：7-9.

[163] 王浩，龙爱华，于福亮，等. 社会水循环理论基础探析：定义内涵与动力机制 [J]. 水利学报，2011，42（4）：379-387.

[164] 王浩，秦大庸，王建华. 等. 黄淮海流域水资源合理配置 [M]. 北京：科学出版社，2003.

[165] 王浩，游进军. 中国水资源配置30年 [J]. 水利学报，2016（3）：265-282.

[166] 王浩. 我国水资源合理配置的现状和未来 [J]. 水利水电技术，2006（2）：7-14.

[167] 王慧，路梅，付学功. 基于大系统递阶模型的沧州市农业水资源优化配置研究 [J]. 河北工程技术高等专科学校学报，2016（3）：1-6.

[168] 王慧，王慧敏. 基于期权市场和现货市场的水资源配置最优策略

研究［J］. 经济纵横，2009（5）：88-90.

［169］王慧敏，朱九龙，胡震云，等. 基于供应链管理的南水北调水资源配置与调度［J］. 海河水利，2004（3）：5-8.

［170］王流泉，王晓贞. 南水北调中线工程供水经济管理的设想［J］. 水利经济，1996（3）：24-26.

［171］王喜峰，李富强. 经济安全、高质量发展与水资源承载力关系研究［J］. 价格理论与实践，2019（1）：22-26.

［172］王兴宗，张陇娟，张亮. 引洮受水区水资源多目标优化配置研究［J］. 中国水土保持，2017（9）：36-39.

［173］王旭熙，彭立，苏春江，等. 四川省农业生态系统能值分析与可持续性评估，基于五大经济区差异分析［J］. 地域研究与开发，2015（5）：128-132，166.

［174］王雅晴，冼超凡，欧阳志云. 基于灰水足迹的中国城市水资源可持续利用综合评价［J］. 生态学报，2021，41（8）：2983-2995.

［175］王亚飞. 对我国城乡一体化实现模式的探讨［J］. 经济纵横，2007（4）.

［176］王艺璇，贾浩，逯杰. 黄淮海农作区花生生产水足迹及耗水结构分析［J］. 作物学报，2022（网络首发）.

［177］王勇生. 河南：南水北调沿线城镇供水明年全部置换为“南水”［EB/OL］.［2021-09-01］. http：//hn. cnr. cn/gstjhn/20210901/t20210901_525585940. shtml.

［178］王拯. 关于“十四五”时期加强省际合作推进淮河生态经济带发展的思考［J］. 江苏科技信息，2020（7）：20-22.

［179］王卓甫，李雪淋. 南水北调中线工程水价新论［J］. 人民黄河，2008（8）：1-2+5+104.

［180］翁贞林. 国家粮食安全：现实挑战与路径选择［J］. 商业研究，2013（10）：44-49.

［181］吴海峰. 南水北调中线工程对渠首南阳市水利的影响及对策［J］. 水利经济，2005（4）：32-35+67.

［182］吴慧娟．南水北调中线工程对河南经济的影响及对策［J］．河南商业高等专科学校学报，2008（11）：61-63.

［183］吴普特，高学睿，赵西宁，等．实体水—虚拟水“二维三元”耦合流动理论基本框架［J］．农业工程学报，2016，32（12）：1-10.

［184］吴普特．实体水—虚拟水统筹管理保障国家粮食安全［J］．灌溉排水学报，2020，39（7）：1-6.

［185］吴勤堂．产业集群与区域经济发展耦合机理分析［J］．管理世界，2004（2）：133-134+136.

［186］吴涛，李姗姗．南水北调对河南省产业结构影响分析［J］．经济经纬，2009（2）：42-44+53.

［187］吴云，吴梦烟，杨侃，等．基于改进飞蛾扑火算法的区域水资源优化配置模型研究［J］．中国农村水利水电，2019（9）：8-13.

［188］吴泽宇，蒋为群，肖万格，等．南水北调中线受水区水资源配置［J］．人民长江，2007（5）：101-103.

［189］伍爱华．多目标蚁群遗传算法在区域水资源优化配置中的应用研究［J］．电脑知识与技术：学术交流，2007（23）：1392-1393+1398.

［190］席茜．聚焦南水北调立法⑦丨南阳：杜绝污染项目落地　企业不达标排放实施严罚重管［EB/OL］．［2022-02-24］．https：//baijiahao. baidu. com/s？id=1725613989345419764&wfr=spider&for=pc.

［191］席茜．南水北调通水 7 年向河南供水 154. 07 亿立方米，相当于 1400 多个杭州西湖蓄水量［EB/OL］．［2022-02-25］．https：//baijiahao. baidu. com/s？id=1725673098590202143&wfr=spider&for=pc.

［192］刘铁军．走进南水北调生命线［EB/OL］．［2005-12-30］．http：//www. cjw. gov. cn/zjzx/wxtd/bgwx/1180. html.

［193］冼超凡，潘雪莲，甄泉，等．城市生态系统污染氮足迹与灰水足迹综合评价［J］．环境科学学报，2019，39（3）：985-995.

［194］肖体琼，吴崇友，张文毅，等．国内外生态农业的差异对比研究［J］．安徽农业科学，2007（14）：4362-4363+4393.

［195］邢霞，修长百，刘玉春．黄河流域水资源利用效率与经济发展的

耦合协调关系研究［J］. 软科学，2020，34（8）：44-50.

［196］熊向阳，杨大文. 水资源配置步入“行政+市场”［N］. 中国水利报，2006-09-07（1）.

［197］徐露. 基于增长极理论的乡村旅游资源深度利用研究［J］. 农业经济，2017（8）：88-90.

［198］许继军，曾子悦. 适应高质量发展的南水北调工程水资源配置思路与对策建议［J］. 长江科学院院报，2021（10）：27-32+39.

［199］薛领，胡孝楠，陈罗烨. 新世纪以来国内外生态农业综合评估研究进展［J］. 中国人口·资源与环境，2016（6）：1-10.

［200］颜鹏东，陈义忠，张佳锋，等. 基于多层规划的武汉城市圈水量—水质耦合配置研究［J］. 水资源与水工程学报，2021（1）：72-81.

［201］杨敏学，完颜华，张国珍. 建立水权制度优化配置水资源［J］. 兰州交通大学学报（社会科学版），2004（2）：93-95+106.

［202］杨铭，宋贺勤，王冉，等. 河南粮食主产区生态农业发展路径与对策研究［J］. 粮食科技与经济，2016（1）：22-26.

［203］杨晓茹，费良军，张永永，等. 引汉济渭调水工程受水区水资源优化配置研究［J］. 水利与建筑工程学报，2012（4）：6-10+54.

［204］姚进忠，牛最荣，黄维东. 引大入秦工程水资源优化配置研究［J］. 干旱区地理，2005（3）：295-299.

［205］姚婧婧，沈琦. 忻州市生态农业指标体系的构建与评价研究［J］. 农业技术与装备，2009（2）：11-14.

［206］姚莉. 中部地区工业经济高质量发展水平评价：以湖北省为例［J］. 湖北社会科学，2020（11）：55-65.

［207］姚永鹏，罗冰凌. 甘肃省生态农业绩效评价：基于农业分区实证研究［J］. 国土与自然资源研究，2019（6）：7-12.

［208］叶舟. 流域水资源配置模式的机理研究［J］. 水利水电技术，2013（10）：1-5.

［209］叶舟. 水资源配置的二元机制研究：以北京市为例［J］. 中国农村水利水电，2007（9）：26-29.

［210］易醇，张爱民．城乡一体化背景下的城乡产业融合协同发展模式研究［J］．软科学，2018，32（4）：105–109.

［211］尹庆民，朱康宁．基于 EBM 模型的长江经济带工业用水效率时空差异及影响因素分析［J］．中国环境管理，2020，12（6）：103–109.

［212］余淑秀，陈婷，李懿程，等．基于 PSR 模型的产业结构与生态环境关系评价：以南水北调中线工程水源区十堰市为例［J］．科技风，2020（6）：152–153.

［213］袁汉明．变化环境下双牌水库灌区水资源配置优化研究［D］．长沙：长沙理工大学水利工程学院，2018.

［214］岳国峰，刘东．基于多目标遗传算法的齐齐哈尔市水资源优化配置模型研究［J］．黑龙江水利科技，2012，40（9）：16–17.

［215］岳琼，郭萍，唐毅宽，等．灌区广义水资源不确定性多目标优化配置［J］．干旱地区农业研究，2020（4）：168–174.

［216］詹卉．建立健全现代农业水权制度　提高农业用水资源配置效率［N］．中国经济导报，2016–11–12（B03）.

［217］张宝锋．南水北调中线工程的五大效应［N］．河南日报，2022–05–18（6）.

［218］张丛林，王银堂，乔海娟．推进水资源融合管理，保障高水平保护与高质量发展［J］．中国科学院院刊，2021（11）：1307–1315.

［219］张峰，宋晓娜，薛惠锋．中国工业绿色水资源效率驱动机制的时空非平稳性［J］．软科学，2021，35（6）：97–102.

［220］张华侨，窦明，张海林，等．城市水资源“双线”配置模型研究［J］．水电能源科学，2011（3）：20–23.

［221］张家欣，邓铭江，李鹏，等．虚拟水流视角下西北地区农业水资源安全格局与调控［J］．中国工程科学，2022，24（1）：131–140.

［222］张静萍．水资源水质水量优化配置分析［J］．水资源开发与管理，2016（4）：59–62.

［223］张军．城乡产业融合的规律、平台与模式研究［J］．农村经济，2018（8）：31–36.

［224］张玲玲，高亮．多目标约束下区域水资源优化配置研究［J］．水资源与水工程学报，2014（4）：16-19.

［225］张平，赵敏，郑垂勇．南水北调东线受水区水资源优化配置模型［J］．资源科学，2006（5）：88-94.

［226］张宛琳．基于熵值法的高质量发展指标构建及评价：以河南省为例［J］．枣庄学院学报，2012（3）：90-100.

［227］张伟天．构建宏观调控与水权市场相结合的水资源配置机制［J］．哈尔滨商业大学学报（社会科学版），2003（5）：108-110.

［228］张兴军．"天河"北流水清民富：南水北调中线河南段转型发展侧记［EB/OL］．［2022-06-13］．http：//ha. news. cn/reporter/reporternews/2022-06/13/c_ 1128736394. htm.

［229］张郁．美国加州"水银行"模式对我国南水北调水资源配置的启示［J］．水利经济，2006（2）：62-64.

［230］张中旺．南水北调中线工程与区域经济可持续发展［J］．安徽农业科学，2007（29）：9373-9374+9385.

［231］张子珍．中国城乡产业一体化发展水平测度及其影响［J］．广东财经大学学报，2016，31（5）：92-103.

［232］赵昌文．深刻认识"我国已进入高质量发展阶段"［N］．经济日报，2020-10-21（011）.

［233］赵连阁，韩洪云，刘强，等．流域水资源准市场配置的内在条件与制度环境［J］．沈阳农业大学学报（社会科学版），2002，4（1）：21-24.

［234］赵瑞，吴克宁，宋文，等．南水北调中线水源地县域生态红线划定与产业布局研究［J］．江西农业大学学报，2019，41（1）：197-206.

［235］赵玺．基于水质适宜性分析的水资源评价与优化配置研究：以定边县为例［D］．西安：西北大学地质学系，2017.

［236］赵燕，武鹏林，祝雪萍．基于改进萤火虫算法的水资源优化配置［J］．人民黄河，2019（5）：62-66.

［237］赵颖文，吕火明．改革开放以来我国二元经济结构的历史演变与发展对策［J］．农业经济与管理，2016（5）：21-32.

［238］赵勇，陆垂裕，秦长海，等．广义水资源合理配置研究（Ⅲ）——应用实例［J］．水利学报，2007（3）：274-281.

［239］赵勇，陆垂裕，肖伟华．广义水资源合理配置研究（Ⅱ）：模型［J］．水利学报，2007（2）：163-170.

［240］周丽，黄哲浩，贺惠萍，等．多目标非线性水资源优化配置模型的混合遗传算法［J］．水电能源科学，2005（5）：22-25.

［241］周永，齐增湘，许德莉，等．洞庭湖区生态农业空间分异［J］．江苏农业科学，2019（15）：324-329.

［242］周月书，王悦雯．二元经济结构转换与城乡资本配置效率关系实证分析［J］．中国农村经济，2015（3）：44-55+83.

［243］周振亚，罗其友，李全新，等．中国的节粮空间与粮食安全战略研究［J］．世界农业，2015（9）：107-111.

［244］朱九龙，李晓方，陶晓燕，等．南水北调中线工程水源区产业融合水平评价及提升策略［J］．水电能源科学，2021，39（1）：146-150.

［245］朱启贵．建立推动高质量发展的指标体系［N］．文汇报，2018-02-06（012）.

［246］朱伟．海绵城市建设的生态选择对水资源的保护作用［J］．环境与发展，2018，30（2）：195-196.

［247］卓拉，栗萌，吴普特，等．黄河流域作物生产与消费实体水—虚拟水耦合流动时空演变与驱动力分析［J］．水利学报，2020，51（9）：1059-1069.

重要术语索引